소설교육의 방법적 모색

김동환

도서출판 월인

본 연구는 한성대학교 교내학술연구비 지원과제임.

서문

얼마 전에 간행한 '소설교육의 맥락'에 이어 이 책을 내놓으면서 제목에 따른 고심이 적지 않았다. '맥락'이 큰 개념이다보니 이 책에 담긴 내용들이 이러저리 닿아 있기 때문이었다. 실린 글들을 다시 읽으며 처음 설계할 때 어떤 고민들로부터 시작했었는지를 떠올리다 보니 '방법'이라는 개념에 다가서게 되었다.

소설연구의 장에서 소설교육의 장으로 관심을 전이시켜 나가면서 그 차별성을 탐색해 본 적이 있었다. 그 때 마주한 개념이 방법이었다. 연구의 장에서도 방법은 늘 고민의 대상이었지만 교육의 장에서는 고민을 넘어 전제가 된다는 생각 때문이었다. 방법에 대한 고려 없이 소설교육을 논하는 일은 자기검열의 대상으로까지 인식되기도 했다.

방법과 관련된 글들을 범주화하는 일 역시 쉬운 일은 아니었다. 방법적 범주에 대한 체계적 논의들이 없었던 탓도 있지만, 교육이 학습자 또는 향유자라는 대상과의 상호작용을 토대로 삼는 일이다 보니 범주를 획정짓기가 쉽지 않다는 속성이 더 크게 작용한 탓으로 돌려 보았다. 다만, 방법적 모색의 대상이 무엇인가에 따라 범주화하는 일은 가능하지 않을까 싶었고 그에 따라 네 가지 범주로 나누어 제시하게 되었다. 이론, 내적 형식, 텍스트, 활동 등이 그 대상 범주이다.

'이론과 방법'의 장에서는 소설교육에서 가장 빈번하게 교육적 대상화로 자리잡은 시점 이론을 중심으로 방법에 대한 고민을 풀어 보았다. 시점은 중고등학교 교육 현장에서는 물론 대학의 교육현장에서도 학습자들이 소설 작품에 접근해갈 때 인물 유형과 더불어 일차적으로 거론하는 개념이다. 우리 사회의 학습 공동체 구성원들이 최대치로 공유하고 있는 개념인 시점이 교과서와 관련 문헌 등에서 서로 다르게 쓰이고 있다는 점에 주목해서 살펴보았다. 특히 몇몇 교과서나 문헌에서 '전지적 작가 시점'이라는 용어를 확정적으로 사용하고 있고 학습자들도 이후의 향유활동에서 의심의 여지없이 활용하고 있다. 하지만 텍스트 내적인 존재인 서술자의 속성을 지칭하는 구절에 텍스트 외적인 존재인 작가는 놓일 수 없기 때문이다. 그런 측면에서 시점이 어떻게 도입되어 어떤 과정을 거쳐 소설교육의 중핵적 개념으로 자리잡게 되었는지를 살펴보고자 했고 긴 시간 동안의 탐색을 통해 나름의 결론을 구성해보았다. 이어 다른 중핵적 개념들에 대한 재설정 방안과 그에 따른 수업 운용 방안까지 제시해보았다.

'내적 형식과 방법'에서는 '내적 형식'이라 할 수 있는 서사적 요소들을 중심으로 방법과의 접맥을 시도해 보았다. 이 장에 실린 글들의 출발점은 대체로 학습자나 독자, 즉 향유자들의 목소리였다. 첫 글은 대체로 난해하게 다가오는, 6·25전쟁 관련 소설을 어떻게 읽을 것인가에 대한 독자들의 고민에서 출발해서 그동안의 전쟁소설교육사를 거칠게나마 살펴 본 것이다. '암호화'와 '해호화'를 생산과 수용의 중핵으로 보고자 한 관점을 제시한 데에 요체가 있다. 이어 최근 독자들이 깊은 관심을 보이는 '치유적 기능'에 대한 접근을 시도한 글들을 엮어 넣었다. 여로구조나 병치라는 장치로 요약되는 내적 형식에 주목한 교육방법에 대한 고민들에 초점을 맞춘 글들이다. 문학교육의 장에서 '문학 치유'에 대한 논의가 좀더 구체적이고 실천적으로 이루어지기를 바라는 기대감도 포함되어 있다.

'텍스트와 방법'에서는 텍스트 제시 자체만으로도 하나의 방법적 시도가 될 수 있다는 생각이 일차적인 출발 지점이 되었고 문학교육 현장에서 '작가의 부재'라는 현상이 심각하다는 인식이 그 다음 계기점이 되었다. 텍스트 제시가 방법이라는 생각은 「소나기」의 초본을 발견하게 되면서부터이다. 많은 교과서에 실려 있는 텍스트들이 충분한 검증을 거치지 않은 채 실려 있다는 점을, 초본과 파생본들을 문장 단위로 대조 분석해 보면서 확인할 수 있었다. 정본(定本)이라는 개념을 어떻게 설정할 것인가를 제시해보는데 방점이 놓여있다. 이어 살펴 본 문제들은 학습자들이 자신이 몸담고 있는 시대가 아닌 이전 시대에 발표된 작품을 어떻게 대하도록 제안할 것인가를 집중적으로 검토해 보았다. 동시대가 아닌 이전 시대의 작품들을 배우는 일은 지극히 당연한 일이지만 문학능력의 함양이라는 목표를 고려한다면 다른 시각에서 접근해 갈 필요가 있다는 관점에서 살핀 것이다. 작가론과 텍스트의 문제는 현재의 국어 과목의 문학 영역 및 문학 과목에서 작가에 대한 정보가 생몰연대 및 대표작 중심으로 형해화되어 있다는 현상을 문제적인 것이라 보는 시각에서 비롯된 것이다. 생산과 수용 활동을 문학활동의 중심 범주로 삼고 있으면서 정작 생산의 대표적인 주체인 작가에 대한 홀대가 이치에 맞지 않는다는 점에 착안해서 작가에 대한 정보 제시를 텍스트의 차원에서 다룰 것을 제안하고 사례를 제시해보았다.

'활동의 방법'에서는 전형적인 활동의 한 양상을 비판적으로 검토해 보고 매체교육과 비평교육의 두 축을 중심으로 학습자의 경험과 능동성을 바탕으로 한 활동의 사례를 제시해보았다. 우선 대표적인 교과서 정전인 「메밀꽃 필 무렵」을 다룬 교과서들에서 제시하고 있는 활동들이 어떤 문제점을 지니고 있는지를 우선적으로 살폈다. 활동의 타당성과 학습자의 수준에 따른 용이성의 측면에서 접근해 보았다. 매체교육의 경우 학습자들의 매체 경험과 운용 능력을 바탕으로 한 활동의 예를 제시해 보았는데 매체 서사의 원리를 활용할 것을 제안했다. '비평적 에세이'를 기반으로 한 비평적 능력 신장을 위한 읽기와 쓰기의 경우 주체적인 활동이 어떤 방식으로 가능할 것인지를 사례를 통해 제시해보았다.

소설교육에서 방법적 모색을 시도하는 일이 구체성을 확보하고 독자들의 경험을 최대한 활용하는 차원에서 출발하여 소설교육 전반에 걸친 방향성으로 이어지기를 바라면서 그동안의 연구 결과들을 엮어봤다. 일부의 내용은 시의성의 측면에서 다소 낡은 논지에 머무르거나 시간차에 따른 논리적 어긋남이 나타나는 경우도 있겠지만 그간의 고민의 과정을 보여줄 수 있다는 점에서 수정을 시도하지는 않았다. 이 논의들이 소설교육의 방법에 대한 논의가 범주화, 체계화되면서 심화되는 계기가 될 수 있기를 기대해본다.

낙산 아래 연구실에서

저자 씀

차 례

❚ 내적 형식과 방법 ❚

▮ 텍스트와 방법 ▮

「소나기」의 초본(初本)과 문학교육

비 동시대적 텍스트와 소설교육

텍스트로서의 작가론과 읽기 전략

▮ 활동의 방법 ▮

「메밀꽃 필 무렵」 수용 활동 돌아보기

매체 서사의 요소와 소설 읽기의 상호작용

이론과 방법

‘시점’ 개념에 대한 반성적 고찰

1. 문제제기

이 논의는 문학교육의 측면에서 문학교육 연구자를 비롯한 문학 관련 연구자들에게 어떤 제안을 하는 성격을 지니게 될 것이다. 문학 관련 연구자들이 담당해야 할 중요한 몫 중의 하나는 문학의 독자층이 두텁게 유지되도록 하는 일일 것이다. 다음 세대들이 이상적인 독자의 모습을 갖추고, 문학의 길에 들어설 수 있는 기반과 계기를 만들어 주는 일에 충분한 노력을 가져야 할 것이다. 저변이 형성되지 않는 문화현상은 그 깊이와 넓이가 빈약해지고 결국 소수만의 자가 생산·소비의 구조 속에 머물 수밖에 없을 것이기 때문이다. 특히 문학 연구자들이 중고등학교 소설 교육에 관심을 가져야 할 이유를 여기에서 찾을 수 있다. 한 사회 구성원이 기초적인 소양과 인식을 갖춘 문화인으로서의 면모를 갖추기 위해서는 지속적이고 체계적인 교육이 필요하다. 그런데 이 교육의 과정과 단계에서 정작 중요한 역할을 해야 할 문학 연구자들의 모습이 최소화되어 있다는 우려가 이 논의의 일차적인 출발점이다.

다음은 7차 및 7차 개정 교육과정에서 제시한 '문학' 영역에 관한 내용의 일부이다.

"문학 과목이 기대하는 이상적인 학습자는 '바람직한 문학 주체'이다. 이 때 바람직하다는 것은 문학에 대한 기초적인 지식을 갖추고 문학의 수용과 창작 경험이 풍부하며, 문학에 대해 적극적이고 긍정적인 가치와 태도를 가지고 있다는 것을 뜻한다."

가. 국어 활동과 국어와 문학에 대한 기본적인 지식을 익혀, 이를 다양한 국어 사용 상황에 활용하면서 자신의 언어를 창조적으로 사용한다.
나. 담화와 글을 수용하고 생산하는 데 필요한 지식과 기능을 익혀, 다양한 유형의 담화와 글을 비판적이고 창의적으로 수용하고 생산한다.

'지식'은 '담화와 글의 수용·생산 활동에서 요구되는 형식적, 본질적, 명제적 지식'을 의미한다. 하위 요소로 소통의 본질, 담화 특성, 매체 특성을 포함한다.[1]

문학의 올바른 이해와 폭넓은 경험을 바탕으로 문학 작품을 수용하고 생산하는 능력을 기르며, 자아를 실현하고 공동체의 발전에 기여하는 태도를 함양한다.
가. 문학에 대한 지식과 경험을 바탕으로 하여 능동적으로 문학 활동을 한다.[2]

1 7차 고등학교 교육과정 '문학' 해설(1997).
2 7차 개정 고등학교 교육과정 '문학' 해설(2007).

위 내용들은 현재 병행되고 있는 교육과정의 내용 중 문학 과목의 목적과 관련된 부분들의 일부를 발췌한 것이다. 여기서 관심을 갖고자 하는 대목은 '지식'의 문제이다. 교육과정에서는 '문학에 대한 기본 지식'을 분명하게 내세우고 있다. 그러나 이 지식 내용을 어디서 제공받아 조직하고 구체화할 것인가 라는 측면에서 들여다보면 여러 문제점을 발견하게 된다. 특히 학습자들이 교육의 과정에서 지식의 내용 때문에 혼란과 곤란을 겪게 될 가능성이 매우 크다는 사실과 마주치게 된다. 이 지식의 문제는 이후 학습자들이 바람직한 문학주체로 성장해 나가는데 매우 중요한 기반이 된다는 점에서 심도있는 검토가 필요하다. 지식의 측면에서 충실하지 않은 문학교육이 이루어지고 있다면, 그리고 교육과정의 입안에 참여하지 않았다 하더라도 문학교육을 위한 지식의 생산과 제공에 적극적이지 않았다면, 문학 관련 연구자들은 그 책임으로부터 자유로울 수 없다는 것이 이 논의의 판단이다.

아직까지 문학교육에서의 이론 개념이 어떻게 존재하고 있고 작동하고 있는지에 대한 검토는 거의 전무한 상황이다. 교육과정에서 제시되는 이론 개념의 적절성, 정합성, 위계성 등의 교육적 타당성에 대해 검토할 수 있는 제도나 장치도 없을뿐더러, 그것을 바탕으로 삼아 편찬되는 교과서들에 담기는 내용도 편찬자라는 제한된 주체에 의해 형성되는 것이라서 '공적인 담론 내용'으로서의 의미를 부여하기 어렵다. 현재로서는 이론 개념들의 교육적 타당성을 검증할 수 있는 제도나 장치를 마련하기는 쉽지 않아 보인다. 따라서 이 논의에서는 우선적으로 문제를 제기하는 선에 한정될 수밖에 없는 한계를 지니게 될 것이다. 서둘러 문제를 제기하는 것은 내년도에 이루어질 7차 개정교육과정에 따른 문학 영역 교과서의 편찬에 앞서 문제의식을 공유하고자 하기 때문이다.

이 논의는 일차적으로는 현상적 사실에 대한 충실한 접근을 주된 목표로 삼게 된다. 그 대상 범위를 소설교육 분야로 한정하여, 현재의 소설교육에서 어떤 지식이 제시되고 있으며 그 지식들은 어떤 편차와 오류의 가능성을 지니고 있는지를 우선적으로 살피게 된다. 그 중에서도 대표적인 교육적 이론 개념인 '시점'을 예로 들어 그것이 소설교육의 현장에서 어떻게 실체적인 이론 개념으로 정립되고 있는지를 살펴보고자 한다. 교육현장에서 활용되는 지식은 교육의 특성 상 상당한 기간의 경과를 통해 정립되어 온 것이 일반적이므로 구체적으로 그 생산과 수용과정을 검토해 봄으로써 이후 앞으로 연구자들이 담당해야 할 역할의 방향을 모색할 수 있을 것이라고 판단했기 때문이다.

2. 소설 이론 개념의 교육 지식화의 양상 검토

1) 교육과정의 검토

여기에 제시하는 내용은 2010년부터 순차적으로 적용될 새로운 공통 교육과정 중 소설과 관련된다고 할 수 있는 항목들과 그에 대한 해설 내용이다. 그 중에서도 앞으로 문학교육과의 연관 속에서 '시점' 개념을 논하는 일과 관련된 부분을 적출해 보기로 한다. 표 안의 내용은 교육과정에서 가져온 것이고 그 아래 부분은 해설서에서 가져 온 것이다.

3학년 문학

(3) 이야기의 흐름을 파악하여 내용을 간추린다.	· 이야기의 전개 과정 파악하기 · 시간의 흐름에 따라 내용 정리하기 · 간추린 내용 발표하기

(3) 이야기의 전체적인 흐름을 인과 관계 등 이야기의 논리나 시간적 흐름

에 따라 정리하거나 간추릴 수 있도록 지도한다.

4학년 쓰기

(1) 사건이나 행동의 변화가 잘 드러나게 이야기의 내용을 요약하여 쓴다.	· 줄거리의 개념 이해하기 · 사건, 행동의 변화를 중심으로 정리하기 · 이야기의 줄거리를 친구들 앞에서 발표하기 · 줄거리 요약에 영향을 미치는 요인 이해하기

(1) 줄거리는 소설이나 희곡 속에서 연속적으로 일어난 사건의 집합을 말한다. 이야기는 사건을 중심으로 구성되며, 따라서 이야기는 사건이나 인물의 행동을 중심으로 요약하는 것이 효과적이라는 사실을 이해하도록 한다. 줄거리의 개념을 이해하도록 하면서 동시에 사건이나 행동의 개념 알기, 사건이나 행동의 관계 알기, 이러한 지식을 바탕으로 사건이나 행동의 변화가 잘 드러나게 이야기 요약하기 등의 학습활동이 가능하다.

4학년 문학

(2) 구성 요소에 주목하여 문학 작품을 이해한다.	· 작품의 구성 요소 이해하기 · 인물, 사건, 배경을 중심으로 이야기 이해하기 · 운율, 이미지 등을 중심으로 시를 이해하기

(2) 문학 작품을 이해하고, 그러한 이해를 토대로 타인과 소통하기 위해서는 문학 작품의 특성을 설명해 주는 최소한의 개념에 대한 이해가 필요하다. 그러한 개념들 가운데 작품의 구성 요소와 관련된 개념들은 문학을 이해하기 위한 가장 기초적인 것에 해당할 것이다. 그리하여 문학 작품은 전체를 이루는 하위 요소인 여러 가지 구성 요소와의 관련을 통하여 이해하고 설명할 수 있다. 이러한 기초적인 수준의 하위 요소가 시에서 운율, 이미지 등이라면 이야기에서는 인물, 사건, 배경 등과 같

은 것이다

7학년 문학

(1) 문학 작품에 드러난 인물의 심리 상태와 갈등의 해결 과정을 파악한다.	· 소설이나 희곡에서 갈등 구조 이해하기 · 갈등의 해결 과정 파악하기 · 갈등의 해결 과정에 따라 인물의 심리 상태가 어떻게 변하는지 파악하기

(1) 문학 작품에서 인물은 대개 욕망이나 욕구 또는 희망과 같이 자신의 추구하는 바를 갖고 있다. 인물은 그것을 이루기 위해서 노력하지만 흔히 그 과정에서 장애를 만나는 것이 보통이다. 두 의지의 충돌을 의미하는 갈등은 작품 속에서 해결해야 할 문제로 나타나고, 이를 통하여 삶의 의미를 탐구하려는 소설이나 극(연극, 영화, 드라마) 등의 문학 갈래에서 매우 큰 중요성을 가진다. 여기에서 학습자는 갈등의 원인과 갈등의 전개 과정 그리고 해결 과정에서 인물의 심리 상태가 구체적으로 변하는 모습을 관찰해야 한다. 그러한 관찰의 경험을 통하여 학습자는 타인을 이해하고 학습자 자신을 이해하는 데도 필요한 구체적이고 체험적인 '지식'을 경험하게 된다.

8학년 문학

(3) 문학 작품의 세계가 누구의 눈을 통해 전달되는지를 파악한다.	· 시적 화자나 소설의 서술자 특성 이해하기 · 반어(아이러니)와 풍자의 특성 이해하기 · 화자나 서술자의 특성과 주제의 연관성 이해하기
(4) 문학 작품에 나오는 인물의 행동을 사회·문화적 상황과 관련지어 파악한다.	· 인물의 행동, 사고방식 이해하기 · 인물의 행동과 사회·문화적 상황 관련짓기 · 작품과 사회·문화적 상황의 관계 파악하기

(3) 같은 내용의 이야기라도 그것이 누구의 눈을 통하여 서술되느냐에 따라 대상에 대한 이해나 판단의 내용이 달라진다. 소설에서 인물의 성격

이나 행위, 사건 등이 누구의 눈을 통하여 서술하고 있는지는 이야기 전달에 영향을 준다. 어떤 작품에서는 풍자나 반어의 방법이 사용되기도 하는데, 풍자나 반어에서는 흔히 서술자가 특별한 역할을 하게 되어 특이한 구성 방식을 취하게 된다.

위 내용들을 일별하면 기본 속성(이야기의 흐름)－구성 요소 이해－구성 요소 간 관계 이해－구조의 이해 등으로 체계적으로 단계가 설정되고 조직되고 있음을 알 수 있다. 그런데 각 항목들을 이루는 개념들을 면밀하게 검토하다 보면 문제점들이 드러난다. 몇 가지만 예를 들어 보기로 하자.

"행동의 변화를 중심으로 줄거리 정리하기"에서는 '행동의 변화'가 의미하는 바가 구체적이지 않아 학습자들이 작품을 통해 그 활동을 수행하기가 쉽지 않을 것이다. '태도의 변화'라고 한다면 쉽게 이해가 가지만 '행동의 변화'라고 할 때는 무엇을 말하는지 파악하기 어렵다는 것이 학생들의 반응이다.

"인물의 성격과 처지 파악하여 갈등 이해하기"의 경우 그 해설에서 드러나는 바와 같이 character와 quality가 혼용되고 있다. '인물의 성격과 처지 파악하기'에서 사용하고 있는 '성격'은 전자에, '갈등에는 성격과 같은 보다 주관적인 성격이 강한 원인과 객관적인 처지와 같은 보다 객관적인 성격이 강한 원인이 존재함'에서 사용하는 '성격'은 후자에 가까운 것이다. 인물과 성격이라는 말을 구별없이 사용하는 것도 역시 문제가 될 수 있다. 대학 교양 수업에서 수강생들이 거의 무의식적으로 '등장인물의 성격', '인물의 성격', '인물의 캐릭터' 등의 용어를 사용하는 것은 이러한 영향 때문이다. 연극에서 사용하게 되는 개념인 등장인물을 무의식적으로 소설로 전입시켜 온 셈이다. 보다 명확하게 한다면 '작중인물의 성격' 정도가 될 것이나, 필자의 입장으로는 '성격'이라는 말 하나만으로도 충분하다고 보는 입장이다. 그러나 사전적인 의미의 '성격'과 혼동될 여지가 많아 어려움이 따른다. 보다 적확한 용어가 정립되기 전에는 '작중 인물의 성격'이 무난하리라고 본다.

보다 큰 문제는 "문학 작품의 세계가 누구의 눈을 통해 전달되는지를 파악한다."와 같은 항목이다. 이는 시적 화자의 서술자에 대한 설명, 소설의 경우로 국한한다면 시점에 대한 내용이다. 그런데 여기서 서술자가 전달하는 대상이 무엇인가가 문제가 된다. 이 구절만 놓고 본다면 '작품의 세계'이다. 애매하고 명확하지 않은 용어이다. 이 현상은 7차 교육과정에서 보다 분명하게 드러난다. 7차 교육과정 중 "소설의 시점의 개념 파악하기, 소설에서 이야기를 전달하고 있는 이를 파악하기"(8학년 문학 (3)) 등의 학습요소를 제시하고 있는 부분의 학습 목표는 "작품이 누구의 눈을 통하여 전달되고 있는지를 파악한다."이다.

이러한 진술은 시점에 대한 명백한 오해를 불러일으킬 수 있다. 서술자를 통해 '작품' 자체가 전달될 수는 없기 때문이다. 이 항목들은 "작품의 구성 요소가 누구의 관점과 위치를 통해 그려지고 있는지를 이해한다." 정도가 무난할 것이다. '누구의 눈'이라고 했을 때는 관찰자적인 성격이 강한 서술자를 의식한 것이며, '전달된다'는 표현도 역시 서술자의 속성이 제한된다는 점에서 적확한 표현은 아니라고 본다. '관점과 위치'가 되어야 서술자의 속성을 포괄할 수 있으며, '그려지다' 정도가 형상화라는 의미를 내포할 수 있다고 본다.

이런 몇 가지 예만 보더라도 교육과정의 집필자가 처한 어려움을 읽을 수 있다. 대체로 국어교육 전공자들이기에 많은 이론 개념을 학습자들에게 어울리도록 정치하게 다듬어 제시한다는 것이 매우 지난한 일이기 때문이다. 더군다나 소설 연구자들의 관련 논저는 학습자에게 제시하기에 그 내용이 너무 깊거나 세밀한 경우가 많아 집필자가 생성을 해야 하는 경우가 대부분이다. 또한 다음에서 보겠지만 연구자들 간의 관점이나 견해 차이도 교육과정 기술에 어려움을 주는 요소이다.

2) 교과서의 검토

그렇다면 실제 교과서에서는 '시점' 개념이 어떻게 자리잡고 있는지를 살펴보기로 한다.[3] 먼저 5차, 6차, 7차 『문학』교과서의 내용 중 '시점'에 대한 설명을 적출해 보기로 한다.[4]

---

3 각 교과서들을 살피는 과정에서 '시점'뿐만 아니라 소설 제재를 다룬 대단원의 소단원 구성, 소설의 구성단계에 대한 설명, 인물의 유형 등에서도 우려할만한 문제점들을 발견할 수 있었다. 이에 대한 전반적인 검토를 진행 중이며 그 결과는 추후 발표할 예정이다.
참고로 '시점' 외에 중등교육을 받은 학생들에게 가장 익숙한 개념인 인물의 유형과 관련된 문제점을 간단히 언급하자면 '입체적 인물'과 '평면적 인물'에 대한 설명이 그 개념의 원천으로부터 변질된 형태로 제시되고 있음을 들 수 있다. 원 저작의 내용은 다음과 같은데 교과서들에서는 '입체적 인물은 성격이 변화', '평면적 인물은 성격이 미변화'라고, 강렬하게 단순화함으로써 오히려 학습자들이 중·고등과정 교육 이후 소설을 읽으면서 인물을 대하는데 방해를 주는 요소가 되었다는 판단이다. 성격이 쉽게 파악되느냐의 여부가 성격의 변화 여부로 바뀐 셈이다.
·평면적 성격: (순수하게 평면적인 성격은) 단일한 개념이나 성질을 중심으로 구성되는 성격. 한 문장으로 표현될 수 있음. "나는 미코버씨를 버리지 않겠다"는 문장으로 표현됨. 그의 모든 행동과 태도는 이것만을 위해 존재. 잘 기억됨. 희극적일 때가 가장 빼어난 존재. 희화화되는 경우가 많음.
·입체적 성격: 한 마디로 요약할 수 없으며 그가 겪는 여러 중요한 장면과 연관을 맺고서야 성질이 드러나고 기억되는 성격. 비극적인 역할을 하기에 적합. E.M. 포스터, 이성호 역, 『소설의 이해』, 문예출판사, 1987, 75쪽.

4 선택된 교과서들은 필자가 2008년과 2009년도에 소설교육과 관련된 교사연수를 진행하면서 참가 교사들(합해서 90여명)을 대상으로 이전에 사용했거나 현재 사용 중인 문학교과서를 5-7차 과정별로 조사한 결과 가장 많은 응답이 나온 교과서이다.

교과서	시점에 대한 설명
한샘 출판사 (1989)	· 1인칭 주인공: 작품 속의 주인공인 '나'가 자신의 말로써 자기 이야기를 함 (날개) · 1인칭 관찰자: 작중의 '나'가 주인공이 아니라 부차적 인물이거나 사건의 외부에서 관찰하는 위치에서 주인공의 행동과 사건을 서술할 경우 (사랑손님과 어머니) · 3인칭 관찰자: 서술자의 시점이 제한되어 있는 경우. 서술자는 인물과 행동을 외부에서 객관적으로 관찰하여 묘사할 뿐 (감자) · 전지적 작가: 서술자가 전지전능한 신과 같이 인물의 행동과 대화를 묘사. 작품 내에서 일어나는 모든 사건과 인물의 내면심리까지 알고 있는 경우 (구운몽)
지학사 (1989)	· 1인칭 주인공: 말하는 이가 1인칭 '나'로 등장하여 이야기를 전개 (날개, 무명) · 1인칭 관찰자: 말하는 이 '나'가 관찰자로 등장하여 주인공에 관한 이야기를 읽는 이에게 들려주는 경우 (빈처, 사랑손님과 어머니) · 작가 관찰자: 작가가 이야기를 전개하되 자기의 주관을 버리고 객관적인 관찰자의 태도를 취하는 경우 (소나기, 메밀꽃 필 무렵, 삼대) · 전지적 작가: 말하는 이인 작가가 인물과 사건에 대하여 마치 신처럼 다 알고 있다는 입장에서 이야기를 전개 (감자, 무정, 두 파산)
두산 동아 출판사 (1995)	· 화자가 사건을 대하고 바라보는 시점 · 3인칭 전지적 작가: 작품 안의 인물들의 내면과 외면, 사건의 앞뒤를 모두 알고 있음 · 3인칭 작가 관찰자: 등장인물을 제3자로 그리되 단 한 인물의 눈을 빌려 사건을 서술 · 1인칭 주인공: 사건 속의 화자가 직접 참여하고 주인공이 됨 · 1인칭 관찰자: 사건 속에 참여하여 관찰자로 있음
한국 교육 미디어 (2002)	· 1인칭 주인공: '나'라는 서술자가 자기 자신에 대하여 이야기하는 형식 · 1인칭 관찰자: 부수적 인물인 '나'가 주인공의 성격과 사건을 말하는 형태 · 3인칭 전지적: 전지적이고 분석적 서술자가 작중 인물의 사상과 감정 속에 들어가 서술 · 3인칭 관찰자: 서술자가 인물과 사건의 바깥에서 객관적으로 전달하는 형식

시점에 관한 내용의 문제점은 다른 요소들, 구성단계나 인물, 소단원 구성 등에 비해 보다 본질적이라 판단된다. 실제적으로 학습자들이 중등교육 이후 소설의 수용과정에서 보다 자주 긴요하게 사용하는 이론 개념임에도 불구하고, 다른 항목들에 비해 본질적인 편차가 더 드러나며, 오류의 가능성을 많이 안고 있기 때문이다.

시점을 4가지로 나누어 보는 것은 아주 오랫동안 우리 의식을 지배해오다시피해서 그러한 분류 체계를 다른 체계로 전환해 보는 일도 쉽지 않을 터이지만 그 체계만큼 교육적으로 유용한 것이 없기에,[5] 앞으로도 상당 기간 소설 교육의 주요 지식으로 남을 것으로 판단되기에 교과서 간의 편차는 상당한 우려를 낳게 된다. 그 편차를 간단히 살펴보자.

우선 1인칭 시점을 다시 주인공 시점과 관찰자 시점으로 나누는 데는 일치하고 있다. 그런데 그 세부 설명에서 서술자가 '작품 속 주인공', '말하는 이', '사건 속의 화자', '나라는 서술자' 등으로 다르게 제시되고 있다. 이같은 편차는 서술자에 대한 공유된 인식이나 심화된 인식이 부족한 상태가 아닐까라는 의문을 던져준다.

다음으로는 3인칭 시점을 설명한 내용이다. 이와 관련된 교과서들의 기술내용을 크게 나누면 시점의 명칭에 '작가'라는 개념이 들어가는지에 따라 둘로 나뉜다. '작가'라는 개념이 들어 간 경우와 그렇지 않은 경우인데, 여기서는 들어 간 경우가 문제가 된다. 기본적으로 시

5 그 체계 자체는 간단하면서도 짜여진 느낌을 주고 비교적 선명하게 각 개념 간의 차별성을 인식할 수 있다고 생각하게 만든다는 점에서 그러하다. 신비평이 한국의 문학교육에 준 영향 중 가장 강력한 것의 하나가 아닌가 판단된다. 4지택일형 객관식 평가에 적합하다는 점도 무시할 수 없는 조건의 하나일 것이다. 소설을 제시문으로 두고 "위 소설의 시점은? ①일인칭 주인공 시점, ② 1인칭 관찰자 시점, ③ 작가 관찰자 시점, ④ 전지적 작가 시점"과 같은 문제가 구성되는 것은 매우 관례적이고 보편적인 것이었다.

점의 명칭은 서술자의 속성을 말함인데 '작가'라는 요소가 개입하는 것은 적절하지 않다. 작가와 서술자는 분명하게 구별되어야 하며 작가는 서술자의 위치에 놓일 수 없다. 이같은 편차와 부적절함은 중등교육을 받은 학생들이 대학에 와서 소설 수업을 받을 때 혼란을 겪음을 보게 되는 장면에서 그 심각성을 인지할 수 있다. 소설을 읽어 가면서 끊임없이 서술자와 작가를 혼동하고 그에 따라 바람직한 수용에 이르지 못하는 경우가 많다.[6]

아주 감각적으로 보더라도 같은 작품을 서로 다른 시점으로, 예를 들어 「감자」를 '3인칭 관찰자 시점', '전지적 작가 시점'의 두 유형으로 설명하는 대목은 학습자들에게 혼란을 주기에 충분하다. 시점의 명칭에 대한 편차도 보다 본질적인 측면에서 검토를 요하는 부분이다.

3. 시점 이론의 정립 과정과 교육적 수용 양상

앞에서 살펴보았듯이 『문학』 교과서에서 '시점'은 가장 비중있는 교육의 대상이 되어 왔다. 그런데도 '시점'이라는 이론 개념의 내연과 외포가 상당히 다르고 때로는 배치되는 경우가 노출되기도 한다.

반복해서 설명하자면 가장 큰 문제점은 시점의 유형화를 하면서 '작가'라는 용어를 사용하기도 한다는 점이다. '전지적 작가 시점' (또는 '작가 전지적 시점')이나 '작가 관찰자 시점' (또는 '3인칭 작가 관찰자 시점') 등은 'narrator'와 '작가'를 동일한 범주에서 다루고 있다. 학

6 필자는 문학교육의 궁극적인 목적을 '학습자가 이상적인 독자로 성장'할 수 있도록 돕는데 있다고 본다. 이상적인 독자로 존재하기 위해서는 소설의 기본 지식 습득은 매우 중요하다. 특히 시점이나 서술자 등과 같은 방법적 지식 개념은 작품에 접근할 수 있는 틀을 마련해 주기 때문에 더욱 그러하다고 본다.

습자들에게 심각한 혼돈을 야기하는 부분에 해당한다. 분명 텍스트 외부에 존재해야 하는 작가가 내부에 존재할 수밖에 없는 서술자로 기능할 수 있다고 보는 데에 혼돈의 요체가 담겨 있다. 그렇다면 이런 현상이 어떤 과정과 요인에 의해 이루어졌는가를 살펴보고자 한다.

이는 그동안의 문학 이론 형성 및 교육 현장과의 교섭 양상에 대한 반성적 검토이자 새로운 방향 설정을 하는데 기초가 될 작업으로서의 의미도 가질 것이다. 검토 대상으로 삼은 자료들은 근대교육이 시작된 1945년 이후 발간된 문학개론 류, 대학교양국어 교재 류, 교과서, 참고서 류 등이다.

여기서 한 가지 밝혀두고 갈 일은 이 연구가 처음 의도한 것은 앞서와 같은 방식으로 교과서를 분석하면서 인물, 구성단계, 시점 등이 우리 문학사에 등장하기 시작한 이래의 과정을 추적하는 것이었다는 점이다. 그래야 보다 체계적이고 실제적인 논의 결과를 얻을 수 있기 때문일 것이다. 그러나 인물의 경우 성격이라는 개념과 맞물려 한없이 앞으로 나아가고 자료의 양이 방대해져 가기만 했다. 개화기 즈음부터 거의 모든 문예지의 월평, 비평, 선후평 등을 섭렵하며 인물과 성격이라는 개념의 사용 시작 여건과 중요한 의미변화를 추적해 보는 일은 인력과 시간을 절대적으로 필요로 하게 된다는 점 때문에 추후의 작업으로 남겨 두게 되었다. 그리고 출처가 분명하다는 점에서 대상으로서의 이점을 지니고 있는 '시점'만을 우선적으로 탐색하고자 하였다.

이 논의에서 탐색의 상한선으로 삼은 것은 1977년이다. 그것은 발표자가 현재까지 파악한 바로는 학교 교육과 직접적으로 연관되는 지점에서 '시점'을 언급한 첫 자료가 1977년에 발간된 『일류 고등국어(3학년용)』[7]이기 때문이다. 그러니까 이 참고서를 기점으로 교육현장으로 '시점'이라는 개념이 들어 왔고 이후 지속적으로 참고서들의 내용은 이 책의 내용과 크게 다르지 않게 시점을 다루어 왔다는 사실에 주목하였다.

1) '시점'의 등장과 정착 과정

현재까지 발표자가 확인한 '시점'에 대한 처음 언급은 1937년에 발간된 『鮮和兩引 모던朝鮮外來語辭典(The New Dictionary of Foreign Words in Modern Korean)』[8]에 실린 내용이다. 그런데 그 내용은 매우 소략해서 의미를 부여하기는 힘들다. 스토리나 캐릭터와 같은 유사 맥락의 항목들은 용처를 밝혀 두어 어떤 개념으로 사용하고 있었는지를 가늠할 수 있었는데, 아쉽게도 이 용어에 대해서는 용처가 없어 구체적으로 어떤 맥락에서 사용했는지는 판단하기 어렵다. 참고로 관련 용어들의 내용을 원문으로 보이면 다음과 같다.

> 스토(—)리 〔story〕 (1) 이야기(物語), 小說, 傳記(等)。(2) 脚色, 씨내리오(q.v.), '筋'。 ◉'一篇의 平凡單純한~'(李光洙)。 金起林:「스타일리스트李泰俊氏를 論함」。 新東亞創刊號」 中央日報 18υ1。 [9]

7 세운문화사 편집부가 편찬한 책으로 당시 중고등학교에 재직하면서 대학원에서 공부한 교사들이 편찬하였다. 국어교육전공 교수의 감수를 받았음을 명기하고 있다.

8 이종극(李鍾極 J. C. Lee) 이 저자이고 한성도서주식회사에서 발행한 책자이다. 본문만으로도 651쪽에 이르는 방대한 분량이다. 영문 'preface'에 이은 '自序'는 1933년도로 되어 있다. 한 가지 흥미로운 점은 이 책의 편찬자가 서문에서 밝힌 내용이다. 편찬자는 이 책을 펴낸 이유의 요지를 "요즘에는 외래어가 너무 범람하고 있다. 심각한 상황이다. 추세가 그러할진대 그 의미라도 바르게 알고 사용하자는 의도"라고 밝히고 있다.

칼레지 • 라이쯔 〔college life〕 (大學•專門學校 學生生活,
칼레지 • 리―그 〔collegiate league〕=인터칼레지 • 리―그
◉東亞日報 424[illegible], 42[illegible]7。
캐럭타 〔character〕 (1) 特質, 特性, 特色。 (2) 性質, 品
性, 人格。 (3) 人物。 ◉新東亞三 : 四。

포인트맨 〔pointsman〕 《鐵道》 轉轍手。 ◉東亞日報 4430。
포인트•아울 〔point out〕 《拳》 포인트(q.v.)로이김, 判定。
포인트 • 얿 • 쀼― 〔point of view〕 觀察點, 見地。
폴 • 점푸 〔pole-jumping〕 《競技》 棒跳。

이제 본격적으로 시점이라는 용어들이 사용된 문헌들의 내용을 제시해 보기로 한다.[10] 이 내용들에 대해서는 별다른 분석이 필요치 않아서 핵심 내용만을 추출해서 제시하기로 한다. 여기 제시한 각 논저들의 내용은 모두 필자가 직접 확인한 것이며, '비고'의 내용은 이 논의의 핵심과 관련된 내용을 분석한 결과를 분량 상의 문제로 압축 제시한 것이다.

---

9 차례대로 237쪽, 441쪽, 559쪽에 실려 있다. 여기에 사용된 용어가 '포인트 얿 뷰'가 문학영어가 아니라는 지적이 있지만 현재로서는 단정하기 어렵다. 어떤 맥락에서 사용되었는지 그 용례를 파악해야 하기 때문이다. 현재 해당 자료를 확인 중에 있고 그 결과는 추후 논의를 통해 제시하고자 한다.

10 이외 검토한 문학개론 류는 다음과 같다.

文學槪論	白 鐵	東邦文化社, 1949
文學槪論	金東里	正音社, 1952
文學槪論	趙容萬	探求堂, 1954
文學槪論	白 鐵	新丘文化社, 1955 / 1961 / 1973
文學槪論	金憲煥	精研社, 1960

백철의 경우 신비평의 도입에 중요한 역할을 했음을 말하면서도 정작 1973년도판에서도 신비평적인 접근이라 할 수 있는 부분을 보여주지 않고 있다. 73년판 문학개론에도 소설론 부분에서는 1. 소설의 특성 — "3. 소설의 테크닉"이라는 장에서 "소묘`묘사 즉 디스크립션(description)이라는 대변적인 수법"이라는 정도의 내용만 기술하고 있다(위의 책, 227). 인물의 경우 4. 소설의 종류 — 2. 성격의 묘사"에서 전형성과 개성 정도만 설명하고 있다.

논저	관련 내용	비고
A. 미국현대소설론 프레데릭 호프맨, 주요섭 역 박문출판사, 1954	작품 분석 중에 '관점', '인물성격', '시야' 등의 용어 사용	'관점'으로 번역
B. 소설기술론 퍼어시라복크, 송욱 역 일조각, 1960	1인칭의 작중설자(narrator) 3인칭의 작중설자	'관점'으로 번역
C. 문학개론 김동리 · 조연현(소설) 등 어문각, 1962	구성의 각도: 시점 주관적 시점 · 객관적 시점	'시점'으로 번역
D. 문학개론 박목월 · 김춘수 · 정한모 · 문덕수 청운출판사, 1964	구성의 문제와 시점의 문제 주관적인 시점 · 객관적 시점	point of view 제시
E. 문학의 원리 구인환 · 구창환 법문사 1969 (1973)	2. 구성 (3) 시점(point of view) 1인칭 시점, 1인칭 관찰자 시점, 작가 관찰자 시점, 전지적 작가 시점	*표1 제시[11]
F. 문학개론 곽종원 · 박목월 · 정창범 예문관, 1973. 2	소설 구성의 각도 1인칭서술시점, 전지적 작가서술(시점), 1인칭 관찰자 서술(시점) 작가관찰자서술(시점)	〈understan ding fiction〉에 근거
G. 문학개설 정한모 · 김용직 박영사 1973	주관적 시점 · 객관적 시점 (1인칭인가 3인칭 인가) 복잡한 유형이 있음만을 제시	*표2 제시
H. 문학개론 김영덕 1974 일조각	구성의 기법 전지적 시점, 중심적 시점, 주변적 시점, 객관적 시점	
I. 문학개론 박철희 형설출판사, 1975. 10	1인칭서술, 1인창관찰자서술 3인칭 관찰자 서술 전지적 작가 서술	*표3 제시
J. 문학개론 구인환 · 구창환 삼영사 1987	시점의 명칭은 기존 문학개론과 동일 (1969, 1973, 1976) 1인칭 시점→1인칭 주관적 시점	번역한 *표 4 제시

위 표의 내용을 보면 현재의 소설교육에서 사용하고 있는 '시점' 개념을 처음 소개한 경우는, 현재까지 확인한 바에 의하면 주요섭이 1954년에 번역한 『미국현대소설론』[A]이며 그 당시에는 '관점'으로 번역하였다. 소설을 쓰던 주요섭에 의해 이루어진 '소설 이론서의 번역'이라는 점에서 당대 월평과 광고를 통해 주목을 받았으나, 번역이 미숙하고 미국 소설을 대상으로 한 평론에 가까운 것이어서 실제적인 영향력은 미미했던 것으로 보인다.

'관점'이라는 말로 도입된 시저 이론에 대해 분명한 인식을 가지고 언급한 경우는 송욱이 번역한 『소설기술론』[B]이다. 송욱은 역자 서문을 통해 'point of view'를 혼동을 피하기 위해 '관점'으로 번역하고자 한다는 점을 분명히 밝히고 있다.

처음으로 '시점'이라는 말을 사용한 것은 김동리와 조연현이 주축이 되어 저술한 『문학개론』[C]이다. 구성의 각도라는 말을 사용하기도 했으며 주관적, 객관적 이라는 두 유형으로 나누고 있다. 이 저술은 당시 대학의 문예창작과에서 교재로 사용되면서 초기 소설론에서 시점이 의식되게 되는 계기를 마련한 것으로 보인다.

박목월 등의 『문학개론』[D] 역시 시점을 두 가지로 주관과 객관의 두 가지로 나누고 있는데, 번역서가 아닌 저술에서 'point of view'라는 용어를 처음으로 영어로 제시한 경우이다.

다음 표는 구인환 · 구창환의 『문학의 원리』[E]에서 제시한 것으로 4가지 유형을 수용하고 보급하는데 결정적인 역할을 한 표이다. 표 내용을 번역하지 않고 그대로 제시하고 있으며 후속 설명을 통해 4가지 시점 이론을 소개하고 있다. 이 표의 의미에 대해서는 후술하기로 한다.

---

11 1969년판과 1973년판의 내용의 차이는 없다.

[표 1]

	Internal analysis of events	External observation of events
Narrator as a character in story	1. Main character tells own story	2. Minor character tells main character's story
Narrator not a character in story	4. Analytic or omniscient author tells story, entering thoughts and feelings	3. Author tells story as external observer

다음 표는 정한모 · 김용직의 『문학개설』[G]에서 제시한 것으로 [표 1]에서 몇 가지 변화를 주고 있다. 그러나 서술자 항목을 'I'와 'He'로 표기하게 된 내역을 포함하여 시점에 관한 기술 내용 자체가 매우 소략하여 의미를 부여하기가 어려울뿐더러 자의적이고 오류에 가까운 축약을 하고 있어 이론 수용의 한 단면을 보여주고 있다. 원래 'Analytic or omniscient author'이라는 구절이 'Analytic of Omniscient'으로 변형된 부분이 대표적인 오류이다.

[표 2]

	Internal analysis of events	Outside observation of events
I	Main Character tells his story	Minor character tells character's story
He	Analytic of Omniscient (Author tells story,	Author tells story as observer

다음 표는 박철희의 『문학개론』[I]에서 제시한 것으로 [표 1]의 내용을 처음으로 번역한 경우이다. 충실한 직역을 꾀한 것으로 보이지만 '등장인물' '주인공' '부인물' 등의 용어에서 드러나는 것처럼 당시에 소설의 개념에 대한 명확한 인식이 정립되지 않았음을 보여주는 방증이기도 하다. 'character'가 인물 또는 등장인물로 번역되거나 'main character'가 주인공 또는 등장인물로 번역되고 있다.

[표 3]

	Internal analysis of events (사건의 內的分析)	*External observation of events* (사건의 外的觀察)
Narrator as a character in story (話者가 小說의 등장인물)	(1) *Main character tells own story* (主人公이 자신의 이야기를 한다)	(2) *Minor character tells main character's* (副人物이 등장인물의 이야기를 한다)
Narrator not a character in story (話者가 소설의 등장인물이 아님)	(4) *Analytic or omnicient author tells story* (分析的이며 全知的 作家가 이야기한다)	(3) *Author tells story as external observer* (작가가 觀察者로서 이야기를 한다)

다음 표는 [표 1]을 처음 제시해던 [E]의 저자들이 약 20년이 지난 후에 시도한 번역의 양상을 보여준다. [E]와 [J] 사이에 여러 판본이 있었지만 그동안 표의 내용을 영문으로만 제시하고 있다가 비로소 번역을 시도하여 제시한 것이다. [표 1]의 내용을 매우 충실하게 옮기고 있으며, 62년도에 이미 수정된 원 저작의 내용은 반영되지 않고 있다. 즉 작가가 서술자와 넘나드는 양상을 인정하고 있는 셈이다.

[표 4]

	사건의 내부적 분석	사건의 외부적 관찰
서술자가 이야기 속의 인물인 경우	1. 주인물이 자신의 이야기를 함	2. 부인물이 주인물의 이야기를 함
서술자가 이야기 속의 인물이 아닌 경우	4. 분석적 혹은 전지적 작가가 인물의 사상이나 감정속에 들어가서 이야기함	3. 작가가 외적 관찰자로서 이야기를 함

2) 문제의 소재

문제는 역시 서술자와 작가를 혼동하는 대목이다. 앞서 검토한 문학 교과서의 예를 포함하여 전체적으로 압도적인 선택 양상을 보이는 소위 '4가지 시점 설'은 1인칭 서술의 경우 학습자들에게 별다른 문제가 되지 않는다. 그러나 3인칭을 내세운 서술의 경우 작가를 개입시킬 수 있는지가 역시 관건이 된다. 그리고 그러한 명칭의 출발점은 앞장에서 살핀 『문학의 원리』[E]이다. E는 그러한 명칭부여의 근거를 Cleanth Brooks & Penn Warren의 『Understanding Fiction』이라고 명기하고 있다.

E가 나온 후 3~5년 사이에 타 문학개론 류에서 시점을 언급하는 경우 반드시 그 근거로 『Understanding Fiction』을 들고 있다. 그리고 그 판본도 잘 밝히고 있다. 그런데 앞서 제시한 [표 1]~[표 4]를 보면 분명 같은 출처를 대고 있으면서도 표의 내용이나 번역(이해) 과정에서 서로 차이를 보이고 있다. 특히 [표 2]는 가장 큰 편차를 보이고 있다. 더 중요한 점은 인용한 쪽수의 내용이 다르다는 점이다. 이는 『Understanding Fiction』라는 텍스트의 접근 경로나 경험이 달랐을 수도 있음을 말해 준다. 원전의 도입과 수용 과정이 직접적이지 않을 수도 있다는 우려도 가능한 대목이다. 같은 출처는 아니지만 분명 그 연관성을 알 터인데도 주관적이라든가 객관적 이라든가 하는 용어들을 사용하는 것도 역시 이론적 토대에 대한 충분한 고려가 없이 축자적인 수용이 이루어졌을 가능성을 말해준다고 본다.

앞서도 설명했지만 현재까지 확인된 바로는 E가 원래의 도식을 처음 소개한 텍스트라면 I는 그 도식의 내용을 번역해서 제시([표 3])한 최초의 텍스트이고 그 내용이 고스란히 참고서로 도입되게 된다. 그런데 E의 저자들은 I 직후에 나온 1976년도 『문학개론』에서도 표의 내용을 번역을 하지 않고 있다가 처음 도식을 소개한지 20여 년 만에 개정판을 내면서 [표 4]의 번역을 시도하게 된다.

소설교육과의 관련성만을 놓고 본다면 E와 I는 경쟁 텍스트가 되는 셈이다. 즉 E는 시점이라는 용어의 구체적인 내용을 처음 제시한 텍스트이고, I는 그 내용을 번역하여 제시한 텍스트라는 점에서 그렇게 볼 수 있다. 교육현장에 직접적인 영향을 미친 참고서들은 E의 설명 부분과 I의 도식을 조합하여 시점 교육의 내용을 삼게 된 것이다.[12]

그러나 문제는 이들 경쟁 텍스트가 모두 원래의 이론적인 틀이 지니는 의도와는 다르게 그 수용 과정에서 내용상 오류를 보인다는 점이다. 그 결정적인 근거는 다음의 표와 위 표들을 비교할 때 드러난다.

다음은 『Understanding Fiction』의 내용을 그대로 옮겨 놓은 것이다.[13]

		Internal analysis of events		*External analysis of events*
First person (narrator as a character in story)	1.	Main character tells own story.	2.	Minor character tells main character's story.
Third person (narrator not a character in story—mere observer, but identified)	4.	Analytic or omniscient narrator tells story, entering thoughts and feelings.	3.	Narrator (unidentified, i.e., author) tells story as observer, with or without personal judgment and interpretation.

---

12 처음 시점 이론을 제시한 참고서(각주 7참조)의 내용은 두 책이 아닌 [C.]의 『문학개론』에서 가져왔을 것으로 보인다. 그러나 그 이후에 나온 참고서들은 모두 [E]와 [I]의 내용을 표형식으로 가져오고 있다. 처음 참고서에 소개된 내용을 그대로 보이면 다음과 같다.

· 소설 구성의 각도(구성상의 시점)

① 객관적 시점: 제3자적인 입장에서 객관적으로 서술·묘사해 가는 것. 주인공이 '그' '그녀'의 3인칭이 되므로, 이런 소설을 3인칭 소설이라고도 한다.

② 주관적 시점: 작가 자신이 주인공이 되어 주관적으로 서술·묘사해 가는 것. 주인공이 '나'로 등장되므로, 이런 소설을 1인칭 소설 또는 私小說이라고 한다.

③ 주·객관적 시점: 주관적 시점과 객관적 시점이 융합된 것이라고 할 수 있으나, 서한체로 된 2인칭 소설 따위가 이에 속한다. 춘원의 '소년의 비애' 괴테의 '젊은 베르테르의 슬픔' 뷔또르의 '변심' 등.

세운문화사편집부, 『일류고등국어(3학년용)』, 세운문화사, 1975, 251쪽.

13 Cleanth Brooks, Robert Pen Warren, *Understanding Fiction*, Merdith corporationl, 1962.

이 내용을 보면 4.의 'Analytic or omniscient narrator tells story'라는 구절이나 3.의 'Narrator tells story as observer'라는 구절에서 등장하는 'narrator'가 앞의 [표 1]~[표 4]에서는 'author'로 되어 있다. 이 차이는 실로 큰 것이어서 그렇게 된 이유는 보다 분명하게 규명되어야 할 것이다.[14] 이 규명의 방향은 어떤 판본의 원전에 기대고 있는가의 측면과 그것을 수용한 연구자들의 하는 태도의 측면에서 찾을 수 있을 것이다.

아직 더 정치한 논의를 진행시켜야 하겠지만 현재의 자료 상황으로 보건대 전자의 경우에 대해서는 이런 판단이 가능할 수 있다. 『Understanding Fiction』은 1959년에 'Merdith corporation' 출판사에서 발행된 판본이 국내에 들어 왔는데. 해당 저자들은 초판 발행 이후 지속적으로 다른 학술지 등을 통해 일부 내용을 수정해 왔으며 1962년에 그 수정내용들을 반영하여 재발행 하였다. '시점'에 한정해서 보자면 59년판에서는 위 표에서 'author'로 되었던 부분을 62년판에 'narrator'로 수정하였으며 그 판본은 국내에 곧바로 도입된 것으로 확인된다. 그런데 일부 문학개론에서는 여러 부분에서 그 내용들을 참조하고 그 출처를 59년판으로 제시하고 있지만 실제로는 62년도 판에 포함된 수정된 내용도 혼재되어 있다. 그러나 '시점' 부분에서는 59년판의 내용을 그대로 고수하고 있다.

그러니까 관련 문학개론들은 초판 내용의 수정 내역을 확인하지 않았거나 확인했더라 하더라도 그 의미를 찾지 못하고 혼란스러운 수용

14 이 원인에 대해서는 실제 저자들과의 면담을 통해 이루어져야 할 것이나 구체적인 정황에 대한 기억을 얻어내기는 어려울 것으로 보이며 관련 자료들(59년 이후 발표된 해당 저자들의 논문)을 살펴볼 때 어떤 판단이 가능할 것이다. 현재 그 논문 제목은 확인되나 그것들이 수록된 논문집 들을 아직 확보하지 못한 상태이다.

양상을 보이고 있는 셈이다. 현재로서는 E가 선편을 쥐고 도입하였던 내용을 이후 문학개론들이 충분한 검토없이 재수용한 것으로 볼 수도 있다.

한편 연구자들의 태도의 측면에 대해서는 조심스럽게 판단하자면 주로 초기 문학개론 저자들의 문학관이 '계몽주의적 성향'에 가까웠고, 그 경우 'narrator'보다는 'author'가 더 효용성이 크다는 점에서 '의도적 선택'이었을 가능성이 컸을 것으로 보인다. 또한 '서술자'에 대한 이해가 부족했던 당시의 이론 수준에서 볼 때도 '작가'로 설명하는 것이 더 수월했었을 개연성도 부인하기 어렵다. 즉 59년판과 62년 판본의 내용이 공존했던 상황에서 59년 판본의 도식을 선택한 것으로 보는 것이다. 이 점은 해당 연구자들의 직접 진술 등을 토대로 후속 논의를 통해 분명하게 제시하고자 한다.

유형화 또한 검증의 대상이 된다. E에서 시도한 유형화는 다음의 내용에 근거한 것으로 보인다.[15]

Focus of narration (Point of view) The focus of narration has to do with who tells the story. We may make four basic distinctions: (1) a character may tell his own story in the first person; (2) a character may tell, in the first person, a story which he has observed; (3) the author may tell what happens in the purely objective sense—deeds, words, gestures—without going into the minds of the characters and without giving his own comment; (4) the author may tell what happens with full liberty to go into the minds of characters and to give his own comment. These four types of narration may be called: (1) first-person, (2) first-person observer, (3) author-observer, and (4) omniscient author. Combinations of these methods are, of course, possible. See pp. 127, 171–73, 294.

그런데 이 내용을 자세히 살피면 본문의 내용과는 약간 다르게 압축적으로 유형을 나눈 것이어서 그것을 본문에서 설명하고 있는 시점의 내용과 동일한 것으로 보기에는 무리가 따른다. '전지적 작가 시점'

---

15 앞의 책, Glossary, 511쪽.

이라든가 '작가 관찰자 시점' 같은 용어는 그래서 분명한 검증을 거치지 않고 수용되고 교육 현장으로 이입되게 된 것이다. 그리고 이후에도 교과서의 저자들 역시 그 이론 개념의 적절성 여부나 논리적 정합성 여부를 검증하지 않고 그대로 수용하고 기술하고 있는 셈이 된다.[16]

교육현장에서의 이론 개념들의 수용은 매우 관습적이고 고정적인 양상을 보인다. 한번 이입된 개념들은 처음 이입될 때의 영향력을 능가하는 특별한 계기가 없는 한 변경되기가 쉽지 않다. 그것은 대체로 교육 현장으로의 이입 주체들이 개별적인 차원에서 그 역할을 수행했기 때문이고, 지속적인 검증의 기제가 마련되지 않은 풍토의 영향이 컸기 때문이다.

시점이라는 이론 개념이 과연 소설을 온전하게 이해하고 비평하는데 꼭 필요한 개념이며 적절한 개념인지에 대해서는 고를 달리해서 살펴야 할 것이다. 이는 신비평의 역사성, 효용성과 맞물리는 문제이기 때문이다. 그러나 앞서 살펴보았듯이 여전히 『문학』교과서들은 이 시점 이론을 매우 가시적이고 분명한 실체를 지닌 분석의 틀로 제시하고 있으며 당연히 학습자들의 머릿속에 강렬한 인상으로 남아 있다.

---

16 다음과 같은 교육과정의 내용은 구상 과정에서 일종의 동의를 구하는 과정을 어느 정도 거친 것으로 다른 여타의 내용 요소와 비교하여 상대적으로 바람직한 것이라고 할 수 있다. 그러나 그러한 맥락이 지속적이고 체계적으로 논의되면서 발전적인 내용으로 이어지지 않았으며 오히려 퇴보하고 있다는 점이 이 논의의 문제제기의 근거가 될 것이다.

잘 짜여진 단편을 읽은 후, 누구의 입을 통해 이야기가 전달되는지 알아보고, 작품의 시점을 바꿈으로써 일어나는 효과에 대하여 생각해 보게 한다. 3인칭 시점을 1인칭 시점으로 바꾸었을 때 어떤 장면이 중요한 것으로 참가될 수 있을까? 어떤 장면은 생략될 수 있을까? 사건의 진행과정이 바뀔 수는 없을까 시점이 바뀜으로써 사건에 영향을 줄 새로운 요소가 더 참가될 수 있을까? 전체적으로 어떤 새로운 효과가 있을까? 등의 질문을 통해 시점에 따라 작품 구성의 효과가 달라짐을 깨닫게 한다.

문교부, 『중학교 교육과정 해설 문교부』, 1988, 20쪽.

대학생들이 작성하는 소설 관련 보고서에서 언제나 첫머리에 등장하는 개념이 이것이기 때문이다.

시점과 같은, 이미 용도 폐기된 것이라고 판명하기도 하는 신비평의 이론적 개념들이 여전히 현실적인 영향력을 행사하고 있고 그것을 대체할만한 분석틀을 제시하지 못하고 있는 교육적 상황이라면 그 정확성과 정밀성이라도 확보해야 하는 것은 아닌가라는 판단이다. 이 논의가 현상에 대한 비판적 검토에 머물고 있다는 한계를 지님에도 불구하고 수행하게 된 것은 이러한 맥락 때문이다.

4. 하나의 제안

시점 이론은 적어도 한국의 문학교육 현장에서는 신비평의 핵심이론의 하나로 지속적으로 수용되고 활용되고 기억되고 있다. 그렇다고 해서 현재의 입장에서 그 이론이 매우 정당하고 불가결한 것이라 보지는 않는다. 그러나 지금까지 교육과정이나 교과서에서는 이 시점을 소설 교육의 중요 범주로 설정하지 않을 수 없었다. 학생들에게 내놓을 변변한 소설의 이론 체계가 없다고 느끼는 상황에서 비교적 선명한 논리와 체계를 갖춘 이론 개념들, 즉 구성 단계나 인물, 시점 등은 그나마 소설교육의 지식 내용을 채워줄 수 있는 대안으로 인식되고 있기에 신비평의 효용성이 부정되는 단계에서도 여전히 자리를 지키고 있는 셈이다.

그렇다면 이러한 이론 개념에서 벗어날 방법은 없는 것인가. 기존의 지식체계에서 벗어나야 한다는 욕구는 강하나 막상 교과서를 집필하는 입장에 서면 무엇을 지식으로 채워 넣어야 할 지 매우 막막하다. 지식은 강조하되 강조할 지식의 체계는 쉬 잡히지 않는다는 것이 현실적인 고민이다. 교육과정이나 교과서를 집필하게 되는 경우 당연히 해당 영역 연구자의 도움이 절실하다. 그러나 현재의 소통구조는 그리 원활하지 않다. 물론 문학연구자들이 교과서 집필진의 다수를 점하기는 하지만 집필진이 구성되고 나서 어떤 지식을 구성해 나가는 일은 쉽지 않다. 적어도 교육의 근간을 이룰 지식을 구성하는 일은 단 시일 내에 이루어질 수 없는 성질의 것이다.

그래서 교육연구자들과 문학연구자들의 역할 분담과 소통이 절실하게 필요한 시점이다. 특히 내년부터는 국어 교과서 자체가 검인정으로 전환되고 그에 따른 심화과목(화법, 독서, 작문, 문법, 문학 등)의 개발도 이루어지게 된다. 그러나 여전히 소설 단원을 어떻게 구성하고 무엇으로 지식을 구성할 것인가에 대해서는 대부분의 집필진이 어려움을 겪고 있을 것이다. 이 어려움은 교과서 집필 시기가 지나면 잊혀지게 된다는 점에서도 문제적이다.

이런 맥락에서 소설의 독자와 후속 연구자의 저변을 확충해야 할 연구자들이 소설교육을 위한 이론 개념들의 체계를 마련하고 제공할 지식으로 구체화하는 일을 적극적으로 도모할 것을 제안하고자 한다. 그런데 그 일은 무엇보다도 사회적 합의와 동의를 구할 수 있는 장치를 통해 이루어지는 것이 바람직할 것이다.

무엇보다도 소설교육에서 대상으로 삼이야 하거나 삼을 수 있는 이론 개념들을 체계화하고 위계화해야 하는 일이 급선무이다. 그동안 우리 소설교육을 강력하게 지배해 온 신비평 이론들을 포함해서 우리 소설에 적합한 이론 개념들을 체계적으로 선정하고 그것들을 위계화 시티는 일이 무엇보다도 중요한 일일 것이다. 여전히 중등교육을 받고 대학에 온 학생들이 전가의 보도처럼 소설을 분석할 때 사용하는 용어들인 '구성 단계 (발단 - 전개 - 위기 - 절정 - 결말)' '인물 (평면적 인물과 입체적 인물)' '시점 (네 가지 시점)' '소설의 3요소와 구성의

3요소' 등이 과연 필요한 것이며, 필요하다면 그 속성과 기능이 무엇인지를 분명하고도 정합적으로 이끌어 내야 할 것이다.

특히 우리 소설사의 맥락과 연관을 맺는 차원에서 합의된 내용을 이끌어 내는 일은 시급하게 이루어져야 할 것이다. 자국의 민족문학을 바탕으로 이끌어낸 외국의 소설이론들이 충분한 검증을 거치지 않은 채 수용되고 학생들에게 제시되는 상황은 바람직스럽지도 않고 생산적이지도 않다. 틀은 주어졌으되 사용할 수 없는 틀인 경우가 많기 때문이다. 신비평 일변도의 이론 수용 양상도 분명하게 검토되어야 할 것이다. 이것은 문학 연구자나 문학교육 연구자 모두에게 주어진 시급한 과제이다.

이런 맥락에서 다양한 기구와 단계를 통해 다음과 같은 지식 내용들을 구성한다는 외국의 사례는 참고할 만한 경우가 아닐까 한다.[17]

Focus Skill

Point of View

You have learned that every piece of writing is told from a particular **point of view**. A story that is narrated by a character is in the **first-person** point of view. A story narrated by an outside observer is in the **third-person** point of view.

- A third-person narrator may tell what only one person in the story knows and thinks. This kind of narration is **third-person limited.**
- A third-person narrator may tell what *all* the characters know and think. This kind of narration is **third-person omniscient.** *Omniscient* means "all knowing."

17 이 내용은 필자가 '비평 능력 신장을 위한 문학 독서교육'이라는 논문(『독서연구』 20집, 2008. 6)에서 제시한 바 있다. 그런데 같은 교재의 2009년도 판에서는 내용이 일부 수정되어 기술되고 있으며 논의의 맥락 상 필요성이 있어 다시 제시한다.

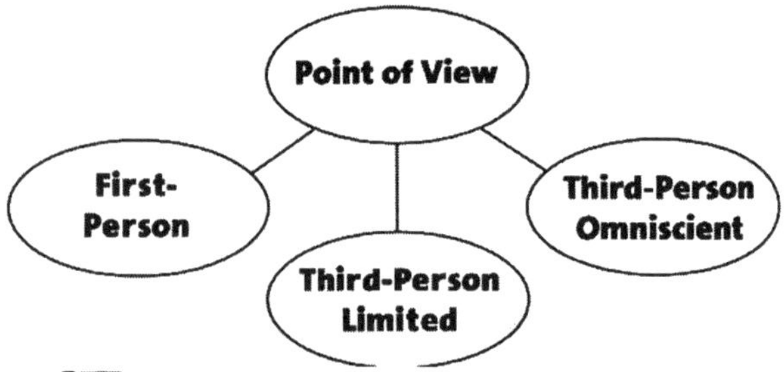

Literary Devices

No two authors tell a story in the same way. Literary devices are tools that authors use to make their writing style unique or to let readers know how they feel about a subject. The list below shows some common literary devices.

- **Dialogue** is the conversation between characters. It reveals characters' feelings and traits.
- A person, place, thing, or event that stands for something other than itself is called a **symbol**. For example, a heart is a symbol for love.
- Tone is the author's attitude about the subject. It helps set the **mood**, or overall feeling, of the story. An author's word choice reveals a story's mood and tone.
- **Irony** is a contrast between what readers expect to happen and what actually happens.

이 내용들은 미국의 대표적인 학교 교재 중의 하나인 『STORY town』(Harcourt 출판사) 2009년도 판에 실린 것(440쪽, 588쪽)이다. 최근 필자는 이 출판사 편집자로부터 회신 메일(이 책의 내용 구성을 어떻게 하는지에 대한 문의에 따른)을 받은 바, 이 교재의 주요 이론 체계를 구성하기 위해 관련 학회들에게 협조 요청－학회 간 대표자

선발－위원회 구성－주정부의 교육과정 담당자와 교감－교육 내용의 구성－공청회－확정 등의 단계를 거친다고 한다. 그 답변 내용 중에서 특히 학습자의 지적 수준과 단계를 고려한 체계화가 인상적으로 와 닿았다.[18]

소설교육에서 소설에 관한 기본 지식의 교육을 부정하지 않는다면 지식을 체계화하고 구조화는 일은 게을리 하거나 도외시할 수 없는 일이다. 물론 교육적으로 대상화된다고 해서 구성원들이 모두 동의할 수 있는 이론 체계를 새로 만들거나 재조직 할 수도 없을 것이다. 그러나 그러한 동의를 향한 연구와 공론화 과정에서 소설 연구 자체로 환원될 수 있는 방법적 개념들이 도출될 수 있을 것이라고 본다. 학회 등이 중심이 되어 사회적 합의를 도출하기 위한 공론화 과정과 그에 따른 기제 등을 설정하기 위한 노력이 이루어지기를 기대해 본다.

---

18 예를 들어 1인칭 시점을 하나로 설정한 것에 대해, "현대의 소설은 기왕의 소설들과 달리 1인칭 주인공과 1인칭 관찰자라는 서술자의 구별이 그렇게 유의미하지 않거나, 중학교 정도의 학습자들에게 그 둘을 구별하는 일이 쉽지 않거나 적절치 않다는 공감대가 형성되어 하나로 단일화하게 되었다'고 답변하고 있다.

소설 이론 개념의 정착 과정 및 재설정 방안 연구

1. 문제제기

이 논의는 소설교육의 현장에서 이루어지는 이론 개념의 학습에 대한 반성적 검토에서 비롯되었다. 구체적으로는 필자가 대학 1~2학년생들을 대상으로 수년간 소설 이론 강의를 진행하면서 중고등학교에서 학습한 이론 개념들에 대해 이해하고 있는 내용에 상당한 편차가 있다는 점을 지속적으로 확인한데서 출발하게 되었다. 또한 교과서의 필자로서 문학 관련 단원의 편찬에 참여하면서 현장 교사들과 논의를 하는 과정에서 현장에서 활용하고 있는 교과서 및 참고 교재들에서 기술하고 있는 내용들이 교과서 간에, 교과서와 참고서 간에 서로 엇갈리는 경우가 많아 혼란과 어려움을 겪고 있다는 점을 반복적으로 확인하게 된다는 점도 작용하였다.

신입생들을 대상으로 중고등학교에서 배운 주요 이론 개념에 대해 간단하게 설명해 보라는 소양평가를 실시해 본 결과 드러난 다음과 같은 양상들이 그 좋은 사례가 될 것이다.[1]

플롯

- 소설, 희곡 등의 작품을 구성하는 전반적인 줄거리
- 소설 안에서 이야기를 전개해 가기 위한 도로. 한 소설 안에 복수로 존재 가능하며 서로 다른 플롯이 교차하기도 함
- 작품 안의 덩어리. 플롯이 모여 한 작품이 된다.
- 서사 작품 속에서 개별적인 사건의 나열
- 작품 안에서 서로 다른 사건들의 나열
- 소설의 토대가 되는 줄거리
- 사건의 전개, 발달과 해소 가지의 이야기를 어떻게 배열할 것인지 하는 문제

시점

- 소설이 서술되는 방식, 작가가 작품 내에 등장하지 않는 인물 또는 그러한 관점에서 서술하는 것을 3인칭, '나'라는 화자가 등장하면 1인칭이라 하며 관찰자와 주인공, 전지적 작가 등으로 세분되기도 한다.
- 글을 서술하는 사람의 관점
- 이야기를 서술해 가는 사람의 위치. 전지적 작가 시점, 1인칭, 3인칭이 있다.
- 작가나 소설 속 인물들이나 독자가 바라보는 시선. 이에 따라 전지적, 1인칭, 3인칭 등이 있음. 주인공/관찰자 시점으로 나누기도 함.
- 소설의 내용을 서술하는 방법. 1인칭 시점은 사건 속의 내가 사건을 서술하고 3인칭 시점은 사건 밖의 누군가가 사건을 서술하며,

---

1 이 사례는 2011~2013년의 3개년에 걸쳐 연인원 150여명을 대상으로 실시한 소양평가의 내용 중에서 가져 온 것이다.

전지적 작가 시점은 소설 속 인물의 마은이나 감정까지도 서술하는 것을 의미한다.

- 소설에는 서술자가 존재하는데 서술자가 상황을 바라보고 서술하는 시각을 시점이라고 한다.

플롯과 시점의 두 개념에 대해 학생들이 기술한 위와 같은 내용에 대해서는 그것이 학생들이 중고등학교에서 배운 내용을 기억하는 선에서 이루어지고 있는 것인지, 수용 능력에 따른 결과로 나타나는 것인지, 문학에 대한 관심 여하에 따라 나타나는 것인지에 따라 그 평가가 달라질 것이다. 필자가 해당 학생들을 면담해 본 결과에 따르면 기억나는 대로 기술한 경우가 가장 비율이 높고 개별적으로 문학 공부를 한 경우는 매우 비율이 낮았다. 위의 기술 내용 중 비교적 구체적인 개념을 제시한 경우를 집중적으로 탐문해 보았을 때 학습 내용의 기억으로 답한 경우가 대부분이었다.

수년 간 이러한 소양평가를 지속해 오면서 필자가 주목한 바는 학생들이 기억하거나 습득하고 있는 개념들이 작품의 수용과 생산에 긴밀하게 작용하지 못하고 개별적인 지식의 차원으로 남아 있다는 점과 비교적 선명하게 기억하거나 학습 내용을 보관하고 있는 학생들이 기술한 내용을 통해 개념 학습이 명확하게 이루어지지 않고 있다는 점이었다. 특히 후자의 경우에는 학교 현장에 따라 서로 다르거나 어긋나는 내용도 많다는 점이 부각되었다. 즉 '개별적 지식으로서의 개념'과 '불명확한 개념 학습'이 유의미한 문제점으로 나타났다.

이 논의는 이런 관찰 결과를 바탕으로 두 가지 측면에서 개념의 재설정을 시도해 보기로 한다. 개별적인 지식이 아니라 작품의 수용과 생산에 긴밀하게 작용할 수 있는 방법적 개념으로서, 학습자에게 명료하게 다가갈 수 있는 개념으로서 대상화될 수 있도록 설정해 보고자 한다.

물론 소설교육에서 과연 개념 교육의 필요한 가에 대한 이견도 있다. 개념 학습이 오히려 문학 활동에 방해가 되고 주객전도가 될 개연성이 많다는 견해도 있을 것이다. 그러나 작품에 대한 분석적인 접근이 없이 이루어지는 소설 교육은 학습자의 잠재적인 문학 능력을 이끌어내는데 한계를 지닐 수밖에 없다. 암기의 대상이 될 것이라는 우려 때문에 지식의 성격을 띠는 개념을 학습의 대상에서 제외하게 된다면 학습자의 정서나 경험에 기반을 두는 일회적인 수용이 될 가능성이 클 것이다. 소설이 치밀한 계획과 전략 아래 이루어지는 글쓰기임을 인정한다면 그 수용 활동 또한 그에 걸맞은 과정을 거치게 될 때 학습 대상 외의 텍스트들에 대한 수용 능력이 향상될 것이라고 본다. 소설의 이론 개념 자체가 특정한 이론가들에 의해 창안된 것이 아니라 구체적인 소설 텍스트들에 대한 분석적 접근의 결과로 추출된 것이기에 더욱 그러하다고 본다. 즉, 이론 개념에는 소설의 존재론적 양상들이 내포되어 있기에 그것들이 소설을 수용하는데 긍정적이고 생산적으로 작용할 수 있는 방법적 개념으로서 규정될 수 있기 때문이다.

2. 소설 교육 관련 이론 개념에 대한 검토

1) 교육과정 상의 문제 개념 검토

그동안 교육과정에서는 이론 개념을 명시적으로 제시하지는 않았고 교육과정의 성취기준을 통해 몇 개의 개념을 제한적으로 제시하거나 성취 기준 해설을 통해 부분적으로 제시하고 있다. 그렇지만 학교

현장에서는 성취기준과 직접적으로 관련되지 않더라도 양식별로 주요 이론 개념들에 대한 학습이 이루어진다. 이는 교과서와 더불어 학교 현장의 중요 텍스트가 되는 참고서류의 부교재의 내용을 살펴보면 분명하게 드러난다. 그런데 이 이론 개념들이 교재나 부교재별로 상당한 차이를 보이고 있다. 물론 이론 개념들의 속성상 관점에 따라 그 의미 규정이 달라지는 당연하다. 문제는 그 차이가 다양성이 아니라 오류에 가까울 경우이다.

이 논의에서 문제로 삼는 것도 이 오류의 가능성이다. 교과서나 부교재별로 편찬자들이 제시하는 이론 개념이 서로 다른 데에 머물지 않고 일부가 오류에 가깝게 이루어질 경우 학습자들의 문학 능력에 상당한 영향을 끼치게 된다. 예를 들어 앞서 살펴 본 바와 같이 대학의 한 강의실에 모인, 서로 다른 교과서와 부교재를 통해 문학 학습을 한 학생들이 동일한 개념에 대해 서로 다르게 알고 있는데 그 다름이 개념들에 대한 부정확하거나 오류에 가깝게 이해하고 있는 경우를 자주 보게 된다. 그럴 경우 학생들 간의 토론과정에서 비생산적인 논쟁이 이루어지고 그것이 지식에 대한 문제로 변질되면서 중고등학교 교육 현장에 대한 불신으로 이어지기도 한다는 점에서 문제적이라 본다. 즉 논쟁 과정에서 내가 배운 지식이 잘못된 것이라는 생각에 이루게 될 때 학습자들은 당혹스러움을 느끼며 중고등학교의 문학교육에 대해 회의를 하게 되는 경우가 많다. 이는 중고등학교 문학교육이 대학과 사회에서 주체적으로 기능하게 될 문학 독자들을 형성하는데 궁극적으로 목표를 두어야 한다는 점에서 문학교육 연구자들이 반성적으로 접근해야 할 문제라고 판단된다.

이 장에서 교육과정 상의 문제 개념 사례를 살피고자 하는 일차적인 이유는 여기에 있다. 중등학교 문학교육을 위한 교육과정이 지식보다는 문학 활동을 중심으로 한 방향성을 설정해 오고 있지만 여전히 학교 현장에서는 이론 개념이 주요한 학습 대상이 되고 있다는 점에서 교육과정 상의 이론 개념은 중요한 위상을 차지하게 된다. 그런 만큼 교육과정 상의 이론 개념들은 정치하고 적확해야 한다는 생각이다. 그 개념들이 확산되어 교과서나 부교재 등의 텍스트에 반영되고 기술되기 때문이다. 이에 그동안 교육과정에서 비교적 명시적으로 드러나 있는 몇몇 이론 개념들을 적출하여 검토해 보기로 한다. 논의의 편의성을 위해 문학 교육이 강화된 양상을 보이는 5차 교육과정기부터 살펴보기로 한다.[2]

(1) 5차 교육과정

5차 교육과정에서는 고등학교 과정에서 '문학' 과목이 분리되면서 국어과 교육에서 문학이 강조되는 양상을 보여준다. 5차 교육과정의 고등학교 국어과 교육내용 중 문학교육과 관련된 항목들을 일별하면 이론 개념들을 '문학 일반에 대한 지식이 체계를 형성하기 어렵다' '문학의 본래적인 모습을 구현하기 위해 문학을 거시적이고 개방적으로 볼 필요가 있다' 등의 맥락에서 직접적인 내용 항목으로 설정하고 있지 않다.[3] 그런 이유로 인해 문학 이론 개념들이 교육과정의 내용 체계나 해설서의 내용에서 표면적으로 드러나 있지는 않다.[4]

중학교 교육과정에서는 '소설을 읽고 시점에 따른 각 작품의 구성

---

2 4차 교육과정기 까지는 교육과정의 내용 항목을 구체적으로 살펴볼 수 있는 해설서가 없다는 점도 고려하였다.

3 5차 고등학교 국어과 교육과정 해설서, 1988. 국가교육과정 정보센터(www.ncic.re.kr). 이 해설서의 '문학'과목 목표 해설 부분에서는 구체적으로 '시의 운율이나 이미지, 수사법이라든지 소설의 시점이나 인물의 기능 등을 내용 항목으로 설정하지 않고'라는 구절을 통해 이 점을 분명하게 밝히고 있다.

4 이러한 선언적인 방향성의 제시에도 불구하고 이 교육과정을 바탕으로 제작된 검인정 문학교과서들은 다른 어느 교육과정기보다도 구체적으로 문학 이론들을 제시하고 있다. 이 점에 대해서는 다음 장 참조.

효과를 살피기' '소설의 내용과 주제를 살피고 서술 양식에 따라 소설의 종류를 구별해 보기'와 같은 항목이 있어 고등학교 교육과정보다 구체적으로 이론 개념을 다루고 있지만 중학교 교육과정 해설서가 없어 어떤 방식으로 개념 규정을 하고 있는지는 파악하기 어렵다. 다만 시점을 효과적인 구성 장치로 보고 있으며 서술 양식에 따라 소설의 종류가 구분된다는 정도가 드러난다. 이 내용을 면밀히 따져 보면 '시점이 구성 효과를 위한 장치인가', '소설의 종류를 가르는 기준이 되는 서술 양식이 무엇을 의미하는가'라는 의문이 들게 된다. 특히 전자의 경우 5차의 뒤를 잇는 교육과정들에서 시점을 대체로 '사건이나 작품의 세계를 전달하는 눈'이라고 규정하고 있는데 그 규정상의 정치함으로 논외로 하고 보았을 때 구성 효과를 위한 장치로 보는 것은 당시의 환경에서는 그리 적절치 않았을 것이라는 판단이 든다. 즉 교육과정의 기술 내용이 현장에 제공하는 지식 관련 내용으로는 미달형에 가깝다는 판단을 하게 한다.

(2) 6차 교육과정

6차 교육과정에서 제시된 소설 이론 개념 중 문제적이라 판단되는 내용들을 검토해 보기로 한다.

먼저 중학교 2학년의 문학 성취기준으로 '소설에서 사건이나 문제가 어떤 과정을 거쳐 해결되었는지 토의한다'를 들 수 있다. 이 성취기준에 대해 해설서에서는 '소설은 이야기들이 유기적인 인관관계에 따라 짜임새있게 구성된 것'이라는 전제하에 구성 단계의 한 경우로 '발단 - 전개 - 위기 - 정절 - 결말'이라는 5단계론을 들고 있다. 그런데 이 설명에서 이야기, 사건, 문제, 갈등 등의 용어가 착종되어 사용되고 있다. 구체적으로 그 내용을 보면 다음과 같다.

발단: 사건의 실마리가 소개되며 이야기가 시작되는 단계

전개: 사건이 진전하고 이야기가 발전되는 단계

위기: 갈등이 점점 심화되어 위기감이 조성되는 단계

절정: 갈등이 최고조에 이르며 이야기가 긴장상태에 이르는 단계

결말: 사건이나 문제가 해결되고 갈등이 해소되는 단계

위 내용에서 드러나는 가장 큰 문제는 '사건이 진전되고 이야기가 발전된다'라는 진술처럼 사건과 이야기가 별개로 처리되면서 둘의 관계가 불분명하며, '사건이나 문제가 해결되고' 라는 진술처럼 사건이 문제와 동일시되거나 유사한 성격의 것으로 치부되면서 앞선 단계와 그 위상이나 내포적 의미가 달라진다는 점이다. 후술하겠지만 논리적으로 따지자면 인물이 어떤 상황에 놓이면서 갈등이 형성되고 그와 관련된 사건들이 전개되다가 갈등의 해소에 이르게 되는 것이 플롯이라고 할 수 있다는 점을 감안하면 상당히 혼란스러운 이론 개념 제시가 아닌가라는 판단이 든다. 4차 교육과정에서 '사건이나 삽화, 주제'를 중심으로 소설에 대한 이론적 접근을 시도한 데에 비해 다양한 용어를 통한 변화를 시도하고 있지만 '사건, 이야기, 문제, 갈등' 등의 용어의 내포적 의미가 분명하게 설정되지 않은 데서 오는 혼란스러움으로 생각된다. 이중 사건과 병렬되고 있는 '문제 해결'이라는 용어는 작문 과목에서 도입되기 시작한 용어인 '문제 해결로서의 글쓰기'를 의식한 데서 온 것이 아닐까라는 생각도 든다.[5]

다음으로 중학교 3학년의 문학 성취 기준인 '소설 속의 인물의 성격

5 교육과정의 용어로 '문제 해결'이라는 개념이 도입되는 것은 5차 교육과정에서 작문 과목의 원리 중 '문제 해결 과정으로서의 작문의 절차를 안다'라는 항목이 처음으로 보이는데 본격적인 의미 부여는 6차 교육과정에서 이루어지는 것으로 판단된다.

이나 행동 등이 누구의 눈을 통해 이야기 되고 있는지를 말하여 보고, 작품의 구성에 미치는 효과를 파악한다.'를 들 수 있다. 이 성취 기준에 따른 해설 내용은 시점의 구체적인 설명을 처음 시도하고 있다는 점에서 주목된다. 그 핵심 내용을 적시하면 다음과 같다.

> 소설의 시점은 서술자가 소설 속에 있느냐 소설 밖에 있느냐에 따라 일인칭 시점과 삼인칭 시점으로 나누어진다. 이를 세분하여 보면 '나'가 자신의 이야기를 이야기하면 '일인칭 주인공 시점'이며, 부수적 인물인 '나'가 관찰자의 입장에서 중심인물의 행동이나 모습 등을 이야기하면 '일인칭 관찰자 시점'이다. 또 작가가 소설 밖의 관찰자의 입장에서 중심 인물의 행동이나 모습 등을 이야기하면 '삼인칭 관찰자 시점'이고, 작가가 전지전능한 신과도 같은 입장에서 인물의 내부적인 심리 체계나 성격까지를 묘사하면 '전지적 작가 시점'이다.

이 기술 내용에서 문제가 되는 부분은 서술자가 '소설 밖'에 존재할 수 있다는 발상과 작가가 서술자와 동일시되는 대목이다. 어떠한 경우에도 서술자는 소설의 밖에 존재할 수 없으며 작가와 서술자는 엄격히 분리된다는 점에서 이는 중대한 오류이다. 교육과정의 해설서에 명시되었다는 점에서 무게를 얻은 이 오류는 교과서와 참고서 등 주·부교재를 통해 지속적으로 이어지면서 현재에까지 이어지는 양상을 보이고 있다.

그 다음 살펴 볼 내용은 고등학교 문학 과목의 내용 항목 중의 하나인 '각종 인물의 행위와 주제와의 관계를 이해한다.'이다. 이 항목과 관련된 해설서에서는 인물의 유형을 처음으로 구체적으로 제시하고 있는데 '작품 내에서 성격이 변하는가 변하지 않는가에 따라 평면적 인물과 입체적 인물을 대립적으로 파악하기도 한다'로 설명하고 있다.[6] 이는 일차적으로 'Character'라는 용어를 도입하면서 좀더 치밀하게 검토하지 않은 데서 비롯된 문제를 안고 있는데, 작품 내에서 성격이 변할 수 있다고 보는 맥락과 평면적이나 입체적 이라는 개념의 원래의 의미를 잘못 수용하고 있는 맥락이다. '성격'은 작가가 작품을 설계할 때 등장인물에게 부여하는 것이기에 작품 내에서 변할 수도 있고 그렇지 않을 수도 있다고 기술하는 것은 적절치 않다. 이 용어를 처음 제시한 포스터의 '소설의 이해'의 내용과는 어긋나는 진술이다.[7]

6차 교육과정에서 검토의 대상이 되는 또다른 기술 내용은 고등학교 문학의 '갈등 구조의 이해를 통해 인간의 다양한 삶의 방식과 그 의미를 이해한다.'이다. 이 항목은 갈등구조라는 용어를 교육과정 상에서 처음 제시하고 있다는 의미를 지니는데, 해설서에서는 그에 대한 접근방식이나 의미규정에 대해 적확한 설명을 제시하지 않고 있다. 인물의 개성이나 성격, 행동, 특성 등의 개념과 연관짓고 있을 뿐인데 그 요체가 분명하지 않다. '갈등의 상황에서라야 인물의 개성이 잘 드러난다' '갈등을 해결하는 방식이 곧 인물의 성격이다' '갈등 상황에서 인물이 취하는 행동이 인물의 특성을 보여 준다'와 같은 기술은 정작 갈등 구조에 대한 설명이 아닌 인물의 성격론에 가까운 것이다. 추론하건대 갈등 구조에 대한 명확한 이해가 선행되지 않은 상태에서 이루어진 기술로 보인다. 이 교육과정에 따른 교과서들에서 갈등 구조

---

6 인물의 성격에 대해서는 4차 교육과정의 고등학교 국어 I에서 처음 언급하고 있는데 거기에서는 '인물의 성격이 단순한가 복잡한가, 개성적인가 전형적인가, 성격의 변화가 있는지 없는가를 파악한다.' 정도로 설명하고 6차에서와 같이 유형론으로까지 설명하고 있지는 않다.

7 포스터는 이 용어를 작품 내에서 그 성격이 쉽게 파악되느냐, 복합적이어서 쉽게 파악되지 않느냐에 따라 평면적이거나 입체적인 성격으로 규정할 수 있다고 보았다. 자세한 내용은 3장 참조.
E.M. 포스터, 이성호 역, 『소설의 이해』, 문예출판사, 1987, 75~76쪽.

라는 용어가 선명하게 드러나지 않는 것도 여기에 기이한 것으로 보인다. 서사 이론에서 차지하는 갈등 구조의 위상을 고려할 때 '갈등구조를 통해 인간의 다양한 삶을 이해'하는 것 정도로 기술하고 있는 데서 이론 개념에 대한 인식의 수준을 보여 준다.

(3) 7차 교육과정

7차 교육과정의 7학년 문학 성취기준에 '작품 속에 드러난 갈등의 해결 과정과 인물의 심리 상태와의 관계를 파악한다'는 항목의 해설서에는 갈등이 '두 가지 이상의 상이한 힘이 충돌하여 일으키는 작용과 반작용'으로 설명되고 있다. 그런데 이러한 방식의 갈등에 대한 기술은 서사의 본래적인 양식적 속성에서 볼 때 적절치 않다는 판단이다. '두 가지 이상의 상이한 힘'이라는 말의 의미를 파악하기 어려울뿐더러 '작용과 반작용' 또한 소설 일반에서 논의하는 갈등을 설명하기에는 너무 폭이 넓고 추상적이다. 인물과 상황 간의 관계에서 비롯되는 것이 갈등이라는 점에서 그러하다. 물론 인물이 상황에 대해 작용하고 상황이 반작용을 하는 것으로 볼 수도 있지만 상황 요소는 대체로 고정적이고 작용태가 아니라는 점에서 그러하다. 더군다나 해설서에서는 갈등구조를 통해 인물의 심리상태가 변하는 양상을 파악하도록 하고 있다는 점에서 갈등에 대한 그러한 설명은 수긍하기 어려운 측면을 지니고 있다.

다음으로 검토할 항목은 8학년 문학의 성취기준 중 '작품이 누구의 눈을 통하여 전달되고 있는지를 파악한다'는 내용이다. 여기서 '누구의 눈'는 해설서의 내용에 따르면 서술자의 눈에 해당한다. 그렇다면 그 눈을 통해 전달되는 것은 작품이 아니라 이야기나 사건이어야 한다. 시점이라는 개념을 설명하는 항목인 이 성취기준은 기본적인 진술 자체가 오류인 셈이다. 상세 설명에서도 '소설에서 이야기를 전달하고 있는 이가 소설 속의 인물인지 소설 밖의 인물인지 파악하기' '소설에서 성격이나 행동을 누가 전달하고 있는지'를 파악하는 것을 소설의 시점 개념 파악하기로 보고 있다는 점을 고려할 때 오류로 판단할 수밖에 없다. 서술자는 소설 밖에 존재할 수 없기 때문이다.

(4) 2007 교육과정

2007 교육과정에서는 갈등에 대한 기술이 이전 교육과정의 오류를 어느 정도 벗어나 적절한 수준의 기술이 이루어지고 있다. 7학년 문학 성취기준 해설에서 '인물은 대개 욕망이나 욕구 또는 희망과 같이 자신의 추구하는 바를 갖고 있다. 인물은 그것을 이루기 위해 노력하지만 흔히 그 과정에서 장애를 만나는 것이 보통이다. 이 두 의지의 충돌을 의미하는 갈등은 작품 속에서 해결해야 할 문제로 나타나고'라는 기술 내용이 있는데, 이는 진전된 내용 기술로 판단된다. 욕망과 욕구 자애 등의 구체적이고 서사 양식의 본래적인 속성을 잘 드러내는 용어를 사용하고 있기 때문이다. 다만 '두 의지의 충돌'이라는 표현은 어색하다. 갈등은 욕망과 상황의 만남에서 상황이 욕망에 장애가 되는 속성을 지니고 있을 때 발생한다는 점에서 '의지의 충돌'이라는 표현은 좀더 정치하게 다듬어졌어야 한다는 판단이다.

그런데 8학년 문학 성취기준인 '문학 작품의 세계가 누구의 눈을 통해 전달되는지를 파악한다'는 항목은 여전히 문제적이다. 다행히 해설에서는 '인물의 성격이나 행위, 사건 등이 누구의 눈을 통하여 서술되고 있는지'라고 되어 있어 작품 자체가 전달의 대상은 아닌 것으로 기술되어 있고, 작품 밖 서술자라는 기술도 빠져 있어 상쇄되고는 있지만 성취 기준 자체에서는 그러한 문제들이 그대로 남아 있다는 점을 아쉬운 점이 아닐 수 없다.

(5) 2009 교육과정

2009 교육과정에서 소설 이론 개념은 중학교 1~3학년군 성취기준에서만 제시되고 고등학교 문학 I, II 성취기준에서는 제시되지 않고 있다. 물론 고등학교 검인정 문학 교과서에서는 이론 개념들이 구체적으로 제시되고 있다. 중학교 1~3학년군 성취기준에서는 두 가지 이론 개념이 제시되고 있다. 하나는 '갈등의 진행과 해결 과정을 파악하며 작품을 이해한다'이고 다른 하나는 '작품의 세계가 누구의 눈을 통해 전달되고 있는지 파악하며 작품을 수용한다'이다.

전자는 갈등을 '작중 인물이 자신의 목표를 달성하기 위해 노력하는 과정에서 만나게 되는 여러 가지 장애물과 대결하는 과정'에서 비롯되는 것으로 기술하고 있다. 이어 서사의 본질을 '자아와 세계의 대립'으로 설정하고 있다. 외면적인 기술 내용으로는 별다른 문제가 없어 보인다. 그렇지만 '자아와 세계의 대립'이라는 용어는 근대 이전의 소설에 대한 탐색에서 비롯된 것이며 장애물 역시 그와 같은 맥락에서 나온 것이라는 측면에서 아쉬움을 남긴다. 근대 이후의 소설에서는 '자와와 세계의 대립'에서 세계의 개념이 달라질 수밖에 없으며 장애물이라는 용어 역시 좀더 포괄적인 의미를 지닌 '상황'이라는 말로 대치되는 것이 적절하다고 보기 때문이다.

후자의 경우는 '작품의 세계'라는 말은 이전 교육과정에서의 표현을 그대로 이어 쓰고 있어 표현상의 문제는 고스란히 남아 있지만 해설을 통해 '작품 안에 형상화된 세계가 누구의 눈을 통하여 독자에게 전달되고 있는지'라고 설명하고 있다는 점에서 보완이 이루어지고 있다. 그러나 '형상화된 세계'와 '누구' 즉 서술자의 분리라는 문제는 여전히 남는다. 누구의 눈을 통해 전달되는가까지가 형상화에 포함되는 것이기에 형상화된 세계를 서술자가 전달한다고 보는 것은 적절치 않다고 보기 때문이다.

이상에서 살펴 본 교육과정 상의 이론 개념의 기술에서 드러나는 문제점을 살펴보았다. 이 문제점들은 갈등 구조, 시점, 인물 등의 개념에서 나타나고 있기에 이를 중심으로 교과서 기술 양상에서의 문제점을 살펴보고 재설정을 시도해 보고자 한다.

2) 교과서 상의 개념 기술의 문제

앞에서 살펴 본 교육과정 상의 개념 기술에서 나타나는 문제점들은 교과서에서도 노출이 되는데 여기서는 5,6,7차 교육과정에 따른 검인정 문학 교과서 및 2009 교육과정에 따른 문학 교과서 중 선별하여 그 양상을 살펴보기로 한다.

(1) 5, 6, 7차 교육과정기 문학 교과서

앞에서 살펴 본 교육과정 상의 이론 개념의 문제점은 교과서에서도 드러나게 되는데 여기서는 문학 과목이 분리되면서 이론 개념이 제시될 여지가 커진 5차 교육과정기 이후의 문학교과서를 대상으로 삼았다. 기술 내용의 선택은 앞서 교육과정 상의 문제가 전이되어 있거나, 교육과정상의 문제에도 불구하고 해당 문제를 해결하고자 하는 지향이 엿보이는 경우로 나눠 보았다. 우선 각 교육과정기 별로 주목되는 기술 내용을 정리해 보면 다음과 같다.[8]

8 교과서들의 출판사는 다음과 같다. A. 한샘출판사(1989) B.지학사 (1989) C. 동아출판사(1989) D. 동아출판사(1995) E. 한국교육미디어(2002) F. 문원각(2002).

<table>
<tr><th>교과서</th><th colspan="2">소설 단원 이론 개념의 제시 양상</th></tr>
<tr><td rowspan="4">A</td><td>단원 구성</td><td>소설이란 무엇인가 / 소설의 구성/소설의 인물/소설의 주제/소설의 배경/문체와 어조/서술자 · 시점 · 거리/소설의 갈래</td></tr>
<tr><td>구성 단계</td><td>발단: 갈등의 기본적인 상황이 제시되는 도입단계
전개: 갈등이 야기되는 단계로서 사건이 본격적으로 전개
위기: 갈등이 보다 발전된 단계로서 절정에 이르는 계기
절정: 갈등이 최고조로 이른 단계로서 해결로 나아가는 분기점
결말: 갈등이 해소되고 사건이 끝나는 단계</td></tr>
<tr><td>인물</td><td>주동 - 반동 // 주요 -/부차적 // 평면적 - 입체적
평면적: 작품의 처음부터 끝까지 변함이 없어 쉽게 파악되고 오래 기억.
입체적: 역동적이고 발전적인 인물. 환경이나 상황의 변화에 따라 성격이 변모.</td></tr>
<tr><td>시점</td><td>1인칭 주인공: 작품 속의 주인공인 '나'가 자신의 말로써 자기 이야기를 함 (날개)
1인칭 관찰자: 작중의 '나'가 주인공이 아니라 부차적 인물이거나 사건의 외부에서 관찰하는 위치에서 주인공의 행동과 사건을 서술할 경우 (사랑손님과 어머니)
3인칭 관찰자 :서술자의 시점이 제한되어 있는 경우. 서술자는 인물과 행동을 외부에 서 객관적으로 관찰하여 묘사할 뿐 (감자)
전지적 작가: 서술자가 전지전능한 신과 같이 인물의 행동과 대화를 묘사. 작품 내에 서 일어나는 모든 사건과 인물의 내면심리까지 알고 있는 경우 (구운몽)</td></tr>
<tr><td rowspan="4">B</td><td>단원</td><td>현대소설의 기초 - 주제/구성/문체/인물/시점/배경/갈래</td></tr>
<tr><td>구성 단계</td><td>발단→전개→(갈등, 대립, 분규)→정점→대단원
발단: 주인공의 등장 및 관련 인물의 소개, 배경의 제시, 사건의 방향 암시</td></tr>
<tr><td>인물</td><td>평면적 인물 -작품 전편을 통하여 성격이 일정 / 입체적 인물 -성격이 변화 발전
전형적-개성적 인물 / 주요인물-부차적 인물 / 주동인물-반동인물</td></tr>
<tr><td>시점</td><td>1인칭 주인공: 말하는 이가 1인칭 '나'로 등장하여 이야기를 전개 (날개, 무명)
1인칭 관찰자: 말하는 이 '나'가 관찰자로 등장하여 주인공에 관</td></tr>
</table>

		한 이야기를 읽는 이 에게 들려주는 경우 (빈처, 사랑손님과 어머니) 작가 관찰자: 작가가 이야기를 전개하되 자기의 주관을 버리고 객관적인 관찰자의 태도를 취하는 경우 (소나기, 메밀꽃 필 무렵, 삼대) 전지적 작가: 말하는 이인 작가가 인물과 사건에 대하여 마치 신처럼 다 알고 있다 는 입장에서 이야기를 전개 (감자, 무정, 두 파산)
C	단원 구성	〈이야기체 문학과 소설〉 - 이야기체와 소설 (플롯과 스토리/플롯의 짜임새/인물과 성격/인물제시방식과 유형/시점이란 무엇인가/시점의 유형 및 기능/배경의 의미과 기능/문체와 어조) / - 이야기체 문학의 구조(성장과 찾음의 이야기/원형과 빗댐의 이야기/상실과 되찾음의 이야기/물음과 풀림의 이야기)
	구성 단계	발단: 평화롭고 질서가 있는 상태에서 평화와 질서를 깨는 요소들이 등장하는 부분 전개 :깨진 질서에 대처하는 몇 가지 가능한 응전의 방식들이 연쇄적으로 이어짐 대단원: (응전의 방식은 성공과 실패의 연속된 선택의 과정) 성공과 실패라는 선택의 여지가 없어질 때 도달하게 되는 마지막 상태
	인물	평면적: 줄거리가 변화하는데도 성격에 변화가 없는 것. 정적 입체적: 줄거리의 앞뒤에서 성격이 달라지게 되어 발전적일 수 있음
	시점	사건 인물을 그려가는 방식, 처지를 뜻하는 시점 삼인칭 전지적 작가: 작품 안의 인물들을 3인칭으로 지칭하면서 그들이 엮어 내는 사건의 앞뒤, 동기, 배경 등을 모두 알고 있는 상태로 이야기를 끌어감 (성진사전) 삼인칭 제한적: 등장인물들을 제삼자가 되어 그의 한가지만, 단 한 인물에 의해서만 보고 듣고 생각되는 것만을 서술 일인칭 중심적: 사건 속의 '나'가 서술자이면서 동시에 사건의 중심인물인 경우 일인칭 주변적: 사건 속의 '나'가 중심인물은 아니지만 진행되는 사건에 참여하면서 그 사건을 관찰, 묘사하는 위치에 있음(금수회의록)

D	단원 구성	이야기와 소설의 형식/여러가지 이야기/여러가지 소설/세계의 이야기와 소설
	구성 단계	발단: 스토리가 진행되어 나가는 맨 처음 단계 전개: 등장인물 간에 갈등과 긴장이 일어나고 사건이 발전해 감 절정(클라이막스): 인물의 성격`행동`갈등이 가장 고조됨 결말(대단원): 등장인물간의 갈등이 해소되고 사건이 마무리 됨
	인물	평면적 인물: 한 인물에게 단 하나의 인간성을 부여 입체적 인물: 한 인물에게 복합적인 인간성을 부여 주동인물(주제표현의 주동적 위치)/반동인물(주동인물에 대하여 갈등의 대상이 됨)
	시점	화자가 사건을 대하고 바라보는 시점 3인칭 전지적 작가: 작품 안의 인물들의 내면과 외면, 사건의 앞뒤를 모두 알고 있음 3인칭 작가 관찰자: 등장인물을 제3자로 그리되 한 인물의 눈을 빌려 사건을 서술 1인칭 주인공: 사건 속의 화자가 직접 참여하고 주인공이 됨 1인칭 관찰자: 사건 속에 참여하여 관찰자로 있음
E	단원	사건과 구성 / 인물과 배경 / 제재와 주제 / 서술의 시각
	구성 단계	발단: 등장인물이 소개되고 배경이 제시된다 전개: 주인공과 적대자의 대립에서 갈등이 발생한다. 위기: 갈등과 분규가 위기의 상황으로 고조된다. 절정: 최고의 긴장 상태에서 전환점에 이른다. 결말(대단원): 사건의 정체가 밝혀지면서 문제가 해결된다.
	인물	평면적 인물: 성격이 고정되어 있어 어떠한 환경의 변화에도 영향을 받지 않는 인물 입체적 인물: 소설이 진행됨에 따라 그 성격이 변하고 발전하는 인물
	시점	1인칭 주인공: '나'라는 서술자가 자기 자신에 대하여 이야기하는 형식 1인칭 관찰자: 부수적 인물인 '나'가 주인공의 성격과 사건을 말하는 형태 3인칭 전지적: 전지적, 분석적 서술자가 작중 인물의 사상과 감정 속에 들어가 서술 3인칭 관찰자: 서술자가 인물과 사건의 바깥에서 객관적으로 전달하는 형식

F	단원 구성	소설의 허구와 진실/소설의 인물과 갈등/소설의 사건과 배경/소설의 시점과 문체
	인물	평면적 인물: 행동양식과 도덕적 품성이 고정된 인물 입체적 인물: 장점과 단점, 악덕과 미덕을 함께 갖추고 환경이나 상황에 따라 변함 주동-반동 / 전형적 - 개성적
	시점	1인칭 주인공 / 1인칭 관찰자 / 작가 관찰자 / 전지적 작가

위 표에서 드러나듯이 소설의 구성 단계, 인물, 시점만 놓고 보더라도 교과서 간의 편차나 이질성이 상당한 정도이다. 이러한 편차나 이질성은 관점의 차이로 볼 여지도 있으나 학습활동 등을 통해 구체적으로 접해가다 보면 해당 개념들에 대한 검토와 분석이 충분히 이루어지지 않은데서 오는 오류의 가능성이 매우 크게 나타난다. 각 교과서의 기술 내용 중 학습자의 입장에서 문제로 인식할 수 있는 대목에 대해 적시해 보면 다음과 같다.

A의 경우 구성 단계에서 발단과 전개에 대한 언급이 애매하게 이루어지고 있다. '갈등의 기본적인 상황의 제시'와 '갈등의 야기'라는 단계 구분은 매우 미세하거나 작품에 따라 동시에 이루어질 가능성이 많아 실제 작품 감상이나 분석에서 학습자들이 여기에 기대에 구성에 대한 이해를 도모하기는 쉽지 않아 보인다. 갈등과 구성의 관계에 대한 명확한 개념 인식이 필요한 대목이다. 또한 이 교과서에서는 인물에 대해 평면적·입체적 인물을 성격의 변화 양상에 따라 기술하고 있다는 점이 앞서 살펴 본 것처럼 적절하지 않은 기술에 해당한다. '쉽게 파악'되거나 '역동적'인 점을 설명하고자 한 것은 의미있는 진술에 해당한다. 시점의 경우 '전지적 작가'라는 용어를 사용한다는 점에서 일반적으로 나타나는 오류 양상을 보이고 있다. 다만 관찰자 시점에서 '제한적'이라는 용어를 사용한 것은 주목되지만 여기에 방점이 놓이지는

않는다는 점에서, 관찰자의 시선이 객관적이라 보는 점에서는 아쉬움을 준다.

B에서는 구성 단계에서 '갈등, 대립, 분규' 대립이라는 용어를 사용하여 관습적인 시선에 변화를 주고 있다는 시도하고 있다는 점에서 주목되나 발단 단계에서 등장인물의 소개, 배경의 제시가 이루어진다고 기술하고 있는 것은 적용 대상이 매우 제한적일 수 있다는 점에서 적절치 않다는 판단이다. 시점에서는 작가 관찰자, 전지적 작가라는 용어를 사용하여 역시 오류를 보여주고 있다.

C는 전반적으로 이론 개념들에 대해 전반적으로 새로운 접근을 보여주고 있다는 점에서 주목된다. 구조를 주제를 내포한 모티프의 차원에서 유기적으로 연관지어 '성장과 찾음' '원형과 빗댐' '상실과 되찾음' '물음과 풀림'으로 설명함으로써 학습자에게는 보다 구체적인 활동이 가능하도록 해줄 수 있다는 점에서 긍정적인 평가가 가능하다. 구성 단계의 경우에도 삼단계 방식을 택해 평화와 질서, 응전, 성공과 실패라는 구체적인 주제 개념으로 설명하고 있다는 점에서 긍정적이나 이러한 개념이 적용될 수 있는 작품들은 상당히 제한적이라는 점에서 한계를 지닌다. 시점의 경우에는 관찰자 시점에서 '한 인물에만 의해서만 보도 듣고 생각하는' '제한적'이라고 설명함으로써 비평이 제시한 개념에 충실한 쪽으로 제시하고 있다. 그러나 '전지적 작가'라는 용어를 여전히 사용하고 있다는 점, 일인칭에서 중심적 · 주변적이라는 불분명한 용어를 사용하고 있다는 점은 문제적이라 할 수 있다.

D는 5차 교과서의 대체적이 기술 내용보다 진전된 양상을 보여주는데 인물의 유형을 설명하면서 '성격의 변화 유무'라는 오류에 가까운 기술 대신 성격 부여의 복합성 여부에 두고 있다는 점이 가장 눈에 띈다. 물론 작가의 입장에서 '부여'하는 것이라는 설명 대신 독자들이 읽어갈 때 드러나는 양상에 초점을 두었더라면 하는 아쉬움을 준다.

시점의 경우에도 서술자의 속성을 보가 구체적으로 제시하고 있다는 점에서는 바람직하나 여전히 '작가'라는 요소를 시점 명에 사용하고 있다.

E는 대체적으로 인물의 성격에 대한 설명을 제외하고는 대체로 무난한 기술 내용을 보여주고 있다. 구성 단계에서 결말 부분의 설명에 '사건의 정체'라는 용어를 사용하고 있어 학습자에게 혼란을 줄 여지는 안고 있다. 갈등을 중심으로 설명이 이어지다가 '사건의 정체'로 귀결된다는 점에서 그러하다.

F는 3인칭 시점에서 모두 작가라는 용어를 사용하고 있어 시점에 대한 인식은 여전히 관습적으로 나타나고 있다. 인물의 경우에는 인물을 바라보는 내적 요소를 보다 구체적으로 제시하면서 '성격'에 대한 이해를 도모하고 했으나 여전히 초점을 고정과 변화에 두고 있다는 점에서 문제를 안고 있다.

(2) 2009 개정 교육과정기 문학 교과서

2013년 현재 고등학교 현장에서 사용하고 있는 문학 교과서에 기술된 이론 개념의 양상을 정리해 보면 다음과 같다.[9] 이전 교과서들과 달리 대체적으로 구성 단계에 대한 설명들이나 시점에 대한 설명들이 확정적으로 제시되지 않고 있다는 점이 우선 눈에 띈다. 여기서는 이론 개념들을 구체적으로 제시하고 있는 교과서들을 선택해서 그 내용을 검토해 보기로 한다.

---

9 A 미래엔 문학 I. B 비상 문학 I. C 좋은책 신사고 문학 I, D 지학사 문학 I, E 창비 문학 I, F 천재(가) 문학 I, G 천재(나) 문학 I, H 비상교평 문학 I.

교과서	소설 단원 이론 개념의 제시 양상	
A	구성	스토리: 스토리가 시간적 순서대로 전개되는 사건의 중심 내용 플롯: 인과 관계에 중점을 둔 사건의 서술
	인물	작가의 상상력에 의해 창조된 허구적인 인물
	서술자	작가의 목소리로 추정되는 목소리를 내는 서술자로부터 특정한 인물로 묘사되는 '나'나 '그'의 목소리를 내는 서술자까지 다양.
B	구성	발단: 인물과 배경 그리고 사건의 실마리가 제공됨 전개: 사건이 구체적으로 제시되고 갈등이 일어 남 위기: 갈등이 고조되고 심화됨 절정: 갈등이 최고조에 이름 결말: 갈등이 해소되면서 사건이 해결되고 인물의 운명이 결정됨 평면적 구성과 입체적 구성: 이야기의 수, 인과관계의 정도에 따라 달라짐
	갈등	의지적인 두 성격이 의도나 욕망의 차이에 의해 서로 맞서는 대립적인 현상 내적 갈등: 인물의 심리 내부에서 일어나는 갈등 외적 갈등: 인물과 이에 대립하는 외부 대상과의 관계에 의해 발생하는 갈등
	인물	주동과 반동 인물 / 평면적 인물과 입체적 인물 / 전형적 인물과 개성적 인물 평면적 인물: 환경이나 상황의 변화가 있더라도 처음부터 끝까지 성격의 변화가 없는 인물 입체적 인물: 환경이나 상황 변화에 따라 성격이 변하는 인물
	시점	1인칭 주인공 시점: 주인공인 '나'가 자신의 이야기를 함 1인칭 관찰자 시점: 작품 속에 등장하는 부수적 인물인 '나'가 주인공에 대해 이야기함 3인칭 전지적 작가 시점: 작품 밖의 서술자가 전지전능한 신처럼 소설에 등장하는 인물에 대해 논평하면서 그들의 내면세계까지 자유롭게 서술하는 방식 3인칭 관찰자 시점: 작품 밖의 서술자가 인물의 행동이나 사건을 객관적으로 그려 내는 서술 방식
	배경	자연적 배경: 시간적 배경과 공간적 배경 사회적 배경: 사건이 전개되는 시대적 상황이나 역사적 현실 등을 반영
C	구성	다양한 사건들로 채워짐. 여러 사건들 사이에 인과 관계를 부여

		하여 사건의 발생, 진행 및 결말을 조화롭게 연결함. 작가의 의도에 의하여 여러 요소들을 유기적으로 이어 놓은 이야기의 짜임새
	시점	1인칭 주인공 시점: 작품 속의 '나'가 주인공이 되어 자신의 이야기를 함 1인칭 관찰자 시점: 작품 속의 '나'가 관찰자가 되어 등장인물에 대해 이야기함 3인칭 전지적 작가 시점: 작품 바깥의 서술자가 인물의 내면 심리를 궤뚫어 봄 3인칭 작가 관찰자 시점: 작품 바깥의 서술자가 인물의 행동을 관찰함
	인물	인물의 성격은 주제와 밀접한 관련을 맺으며 특정한 배경 속에 존재함. 사건 속에는 특정한 시간과 공간이 설정되어야 하고 누구나 타당하다고 믿을 만한 인물이 구현되어야 함
D	인물	전형적 인물과 개성적 인물 / 평면적 인물과 입체적 인물 / 주동과 반동 인물 평면적 인물: 비교적 단일한 성격을 가진 인물로 사건의 흐름 속에서 성격의 변화를 보이지 않음 입체적 인물: 복합적인 성격을 가진 인물로 사건이 전개되는 과정에서 성격의 변화를 갖게 됨
	갈등	인물과 인물들 사이에 일어나는 대립과 충돌 또는 인물과 환경 사이의 모순과 대립을 뜻함 내적 갈등: 한 인물의 내면 속에서 일어 나는 갈등 외적 갈등: 인물과 인물 또는 인물과 그를 둘러 싼 환경 사이에서 발생
	구성	발단: 이야기의 시작. 등장인물의 소개와 사건의 실마리가 배경과 함께 제공 전개: 사건이 복잡해지고 인물의 성격이 여러 방향으로 변화를 드러냄. 갈등과 분규를 빚어 냄 위기: 갈등이 더욱 고조됨 절정: 갈등과 긴장이 최고조로 도달하는 단계. 복잡하게 발전되어 온 인물의 성격이 크게 부각되고 이야기의 흐름에 위기의 반전이 이루어짐 결말: 주인공의 운명이 분명해지고 사건의 긴장이 해소됨
	시점	1인칭 주인공 시점: 작품 속의 서술자인 '나'가 이야기를 전달할 뿐만 아니라 이야기의 주인공으로 등장

		1인칭 관찰자 시점: 작품 속의 서술자인 '나'가 이야기의 부수적 인물이 되어 주인공을 중심으로 하는 사건을 들려 줌 전지적 작가 시점: 작중 이야기 속에 직접 등장하지 않는 제3의 서술자가 마치 신처럼 작중 이야기의 모든 것을 알고 있는 상태에서 사건을 전달해 나가는 형식 3인칭 관찰자 시점: 제3의 서술자가 작중 이야기를 제한적으로, 즉 관찰자적인 위치에서 보고 들은 것만 전달하는 형식
	배경	자연적 배경: 작중 이야기가 펼쳐 지는 자연적 시간과 공간을 뜻함 사회적 배경: 배경이 자연적 의미를 넘어 사회적 의미를 띠게 되는 경우
E	인물	등장 인물은 구체적인 '성격'을 지니며 직접적 또는 간접적 방법을 통해 제시함
	갈등과 사건	갈등: 자아는 세계와 끊임없이 갈등하며 이 갈등은 서사 갈래의 중심축이면서 흥미를 고조시키고 주제를 전달하기 위한 장치임. 겉으로 드러나는 표면적 달등과 근본적이고 본질적인 이면적 갈등으로 나뉨 사건: 갈등 양상을 중심으로 상황이 변화하는 과정과 결과를 일컬음. 중심 사건과 부수 사건으로 나눔. 요약적 방법과 장면적 방법을 통해 제시됨
	구성	스토리: 사건을 일어 난 순서대로 나열한 것 구성(플롯): 수많은 사건을 인과 관계에 따라 재배열한 짜임새있는 전개 방식. 같은 소재의 이야기라도 어떤 사건을 선택하고 어떤 순서로 재조직하느냐에 따라 전혀 다른 이야기가 됨
	시점	사건의 서술 위치를 말함 작품 내적 서술자: 경험하는 주체와 서술하는 주체가 일치하는지의 여부에 따라 주인공 시점과 관찰자 시점으로 나눔 작품 외적 서술자: 전지적이냐 제한적이냐에 따라 3인칭 전지적 시점과 3인칭 관찰자 시점으로 나눔. 2인칭 사용도 가능함
F	시점	1인칭 주인공 시점: 주인공 '나'의 눈으로 대상을 보고 서술하는 것 1인칭 관찰자: 서술자 '나'가 관찰자의 눈으로 대상을 보고 서술하는 것. 전지적 작가 시점: 서술자는 사건의 전개와 등장인물의 심리, 행동의 동기 등 모든 것을 알수 있음 작가 관찰자 시점: 관찰자의 입장에서만 이야기를 서술함

	구성	이야기를 짜임새있게 전개하기 위함 방식(플롯) 사건과 사건, 인물의 행동과 심리 등을 인과 관계로 엮고 갈등의 전개와 해소라는 틀 속에 조직화함 발단: 갈등을 낳은 상황이 제시되는 단계 전개: 갈등이 드러나는 단계. 사건이 본격적으로 제시됨 위기: 갈등이 더욱 커져 절정을 향해 치닫기 시작한 단계 절정: 갈등이 최고조로 이른 단계 결말: 갈등이 해소되고 사건이 끝나는 단계
	인물	서사의 인물은 개성을 지니며 그 개성은 성격이라고도 함. 사건과 인물은 밀접하게 연관되기에 서사의 전개를 이해하기 위해 성격 파악이 중요함. 인물을 이루는 여러 요소의 총체(이름, 외모, 삶의 방식, 취향, 욕망, 정서, 도덕, 세계관 등)를 성격이라 함
G	인물	소설에서 인물은 성격이라 함. 남과 구별되는 성격이 개성이며 복합적으로 형성됨. 개성은 인물의 성격이 처음부터 끝까지 고정된 고전소설보다 인물의 성격이 변화하는 현대 소설에서 흔히 발견됨
	갈등	두 개 이상의 성격이 서로 부딪쳐서 대립하는 것. 외적 갈등: 한 인물이 다른 인물 또는 외부 환경과 빚게 되는 갈등 내적 갈등: 한 인물의 내면에서 빚어지는 갈등
	구성	발단: 갈등의 실마리가 제시되는 단계 전개: 갈등이 생겨나서 본격적으로 사건이 벌어지는 단계 위기: 갈등이 더욱 심해지는 단계 절정: 갈등이 최고조에 이른 단계 결말: 갈등이 해소되는 단계
	시점	1인칭 주인공 시점: 주인공인 '나'가 자신의 이야기를 하는 것. 독자와 서술자의 거리가 가까움 1인칭 관찰자 시점: 서술자인 '나'가 주인공의 이야기를 하는 것. '나'가 관찰할 수 있는 범위로 한정됨 3인칭 전지적 시점: 서술자가 사건의 흐름이나 인물의 내면 등 모든 것을 알고 서술함 3인칭 관찰자 시점: 서술자의 외부 사건에 대해서만 객관적으로 서술하는 시점
H	인물	주동과 반동 인물 / 전형적 인물과 개성적 인물 / 평면적 인물과 입체적 인물 평면적 인물: 행동이나 사고 방식에 변화가 없음 입체적 인물: 환경이나 사건 변화에 따라 성격의 변화를 보임

	시점	1인칭 주인공 시점: 서술자가 소설 속에 위치. 소설 속의 '나'가 자신의 이야기를 서술함 1인칭 관찰자 시점: 서술자가 소설 속에 위치. '나'의 눈에 비친 주인공과 외부 세계만을 다룸 전지적 작가 시점: 서술자가 소설 밖에 위치. 서술자가 작품 속에 개입하여 사건과 인물의 심리를 폭넓게 다룸 작가 관찰자 시점: 서술자가 소설 밖에 위치. 작가가 외부 관찰자의 입자에서 객관적으로 사건과 인물을 다룸.

이상에서 살펴 본 기술 내용들은 이전 시기 교과서들에 비해 전반적으로 개선된 양상을 보이고 있다. 그러나 시점이나 인물 유형에서는 여전히 문제적인 양상들이 지속되고 있다.

구성 단계의 경우 해당 내용을 기술한 교과서들은 대체로 여전히 5단계 구성 안을 선호하고 있다. 이는 아무래도 학교 현장에서 오래도록 유지되어 온 지식의 양상을 인정하는 맥락에서 비롯된 것으로 보인다. 학교 현장 교사가 교과서 편찬에 참여하는 비중이 높아진 것도 그 요인이 될 것이다. 그런데 이 구성 단계에 대한 기술들이 이전에 비해 정교해지고 있다는 점에서 긍정적인 면모들을 찾아 볼 수 있다. 이전의 교과서들에서 단계 설정의 기준들이 분산되고 있었다면 위 교과서들에서는 '갈등'에 초점을 맞추어 일관된 기술 방식을 보여주고 있다. 특히 교과서 F같은 경우에는 이러한 단계가 선택적인 것임을 전제로 '갈등이 드러나는 작품'의 대체적인 양상임을 분명히 하고 있다는 점에서 주목된다. 구성과 관련해서 갈등에 대한 접근들이 보다 정치해진 점들로 긍정적인 변화로 볼 수 있다. 스토리와 플롯의 관계를 선택과 재배열의 측면에서 바라 본 교과서 E의 기술 내용도 긍정적으로 판단된다.[10]

10 플롯의 개념을 선택과 배제, 재배열의 측면에서 규정하고자 한 시도는 필자가 참여한 고등학교 문학 교육 현장을 위한 참고 교재를 통해 이루어진 바 있다.

인물의 경우 유형화를 시도한 경우와 유형화하지 않고 범박하게 기술한 경우가 비슷하게 나타나고 있다는 점에서 대체로 유형화를 시도한 초기 문학 교과서와 차별화되고 있다. 그런데 유형화를 시도한 교과서들이 대부분 평면적 인물과 입체적 인물을 한 유형으로 들고 있으며 그에 대한 설명 또한 성격의 변화 여부에 초점을 맞추고 있다는 점에서 아쉬움을 준다. 인물의 성격을 상황과 관련시킨다거나 복합적 · 단일함 등의 부가 용어를 가져 오고 있다는 점에서는 변화의 양상을 보이나 핵심 요소가 변화 여부라는 점에서는 여전히 개선의 여지를 안고 있다.

시점 역시 인물과 마찬가지로 유형화를 시도한 경우과 그렇지 않은 경우로 나뉘는데 전자가 더 많은 비율을 보인다는 점에서 다르다. 그리고 여전히 드러나는 문제점은 시점이 서술자에 관련된 요소임에도 불구하고 '작품 밖'에 존재하는 것으로 설명하거나 '작가'라는 요소를 개입시키는 등의 문제가 자리잡고 있다. 3인칭에서 '전지적'과 '제한적'이라는 용어를 사용하여 기술한 교과서 E가 적확한 내용을 확보하고 있으나 그 전제로 '작품 외적' 위치를 설정하고 있다는 점에서 역시 오류의 가능성을 벗어나지 못하고 있다. 교과서 기술 내용 중 시점과 관련된 부분에서 가장 큰 문제점이라 할 수 있는 시점의 명칭에서 정확성(작가라는 요소가 배제됨)을 유지하고 있는 것은 교과서 G라 할 수 있다.

이상에서 살펴 본 이론 개념들은 학교 현장에서는 선택된 교과서에

그 내용에 대해서는 후술할 것이다.

졸고, 「소설을 어떻게 읽을 것인가」, 강진호 · 유성호 외, 『고등학교 교과서에 실린 문학 작품 바로 읽기』, 문학사상사, 2003.

의해 한정적으로 이루어진다.[11] 그래서 공교육의 현장에서는 당장 문제적이지 않을 수 있다. 그러나 대학이나 사회적 차원의 문학 학습이나 향유 과정에서는 학습자나 향유자들 사이에 학습의 원천이 된 교과서 상의 기술 내용의 상이함으로 인해 발생되는 문제들이 노출되게 된다. 문학에 대한 관점이 다양하기에 특정한 이론에 기댈 수는 없고 그렇게 해서도 곤란하지만 동일한 토대를 지니고 있는 이론 개념들에 대해서는 오류가 될 수밖에 없는 차이를 줄일 수 있는 방안 모색이 필요할 것이다. 즉 이론 개념의 본래적 의미에는 충실한 학습이 가능하도록 해야한다는 말이다.[12]

3. 주요 이론 개념의 재설정 방안

앞에서 살펴 본 이론 개념들의 문제는 최소한의 맥락에서 사회적 합의에 바탕을 둔 기술 내용을 확보할 필요가 있다고 판단된다. 당연히 그 방향은 오류의 가능성을 줄이는 쪽이다. 또한 거기에는 당연한 요소로 학습의 효용성도 확보해야 할 것이다.[13] 이런 측면에서 앞에서

---

11 이 논의를 위해 현장에서 부교재로 사용되고 있는 EBS 교재 등을 비롯한 참고서류도 검토하였고, 거기에서는 교과서들이 안고 있는 기술 내용상의 문제점들이 고스란히 노출되면서 한 권의 책속에서 모순되는 내용들이 복수로 제시되는 양상을 보이고 있다. 이들 참고서류에 대한 분석은 '문학교육과 위성텍스트의 상관성'이라는 측면에서 고를 달리해 제시하고자 한다.

12 시 교육 부분에서의 이론 교육의 양상과 방향성을 다룬 다음 저작은 이 논의의 설계에 도움이 되었다.
박윤우, 『현대시와 문화교육』, 푸른사상, 2011.
김미혜, 『비평을 통한 시 읽기 교육』, 태학사, 2009.

13 김중신의 다음 저작은 현장에서의 소설 교육의 방향성을 제시하면서 이론 개념에 대한 효용론적 접근을 시도하고 있다는 점에서 이 논의에 몇 가지 시사점을 주었다.

살펴 본 몇 가지 문제 개념들에 대해 필자 나름의 제안을 해보고자 한다.[14] 제안의 내용은 앞서 살펴 본 이론 개념상의 문제를 해소하는 데 중점을 두고자 한다. 개념의 묶음은 대체로 교과서에서 드러나는 양상을 참조하였다.

1) 인물과 사건

서사 양식에서 인물과 사건의 연관성을 매우 깊다. 따라서 이 두 요소를 묶어 설명해 보기로 한다. 물론 인물과 구성 또는 구조도 분리기 어렵지만 그동안 교과서에서 대체적으로 이렇게 연관지어 왔음을 고려하였다.

먼저 인물의 유형에 대한 그동안의 설명에서 가장 큰 문제점은 평면적 인물과 입체적 인물 유형을 나누는 기준으로 '성격의 변화' 여부

김중신, 『삼일간의 소설여행』, 대한교과서, 2006.

14 이 논의의 맥락상 당연히 특정한 이론에 바탕을 둔 재설정을 시도하지는 않는다. 교육과정과 교과서 기술 내용에서 발견된 문제적인 내용들의 오류 가능성을 줄여보자는 것이 일차적인 목적이다. 따라서 이 재설정안은 필자가 다음과 같은 저작들을 참조하여 경험적으로 재구성한 것이다.
김병욱 편역, 『현대소설의 이론』, 예림기획, 2007.
조남현, 『소설원론』, 고려원, 1982.
E.M. 포스터, 이성호 역, 『소설의 이해』, 문예출판사, 1987.
미케 발, 한용환 외 역, 『서사란 무엇인가』, 문예출판사, 1999.
부르뇌프 외, 김화영 역, 『현대소설론』, 현대문학, 1996.
부스, 최재석 외 역, 『소설의 수사학』, 한신문화사, 1987.
와트, 전철민 역, 『소설의 발생』, 열린책들, 1988.
우스펜스키, 김경수 역, 『소설 구성의 시학』, 현대소설사, 1992.
채트먼, 김경수 역, 『영화와 소설의 서사구조』, 민음사, 1990.
프랜신 프로즈, 윤병우 역, 『소설 어떻게 쓸 것인가』, 민음사, 2009.
프로프, 최애리 역, 『민담의 역사적 기원』, 문학과지성사, 1990.
힐레브란트, 박병화 외 역, 『소설의 이론』, 현대소설사, 1993.

를 들고 있다는 점이다. 앞서 살펴 본 봐와 같이 인물의 유형을 나누지 않은 교과서보다 인물의 유형을 나누어 설명하는 쪽이 대세를 이루는데 후자의 경우 거의 대부분 인물 유형으로 '입체적'과 '평면적'을 구분하고 있다. 이와 함께 주동-반동, 전형적-개성적 등의 이분법적 분류에 따라 제시하고 있다.

이러한 인물 유형이 소설을 이해하는데 꼭 필요한가에 대해서는 이론의 여지가 많다. 필자는 그러한 유형화가 그렇게 효용성이 크다는 생각을 하지 않는다. 학생들의 입장에서 단지 나누는데 그치고 있기 때문이다. 물론 이러한 유형화가 좀더 세밀하게 이루어지고 그 유형들이 작품의 분석 도구로 사용되어 깊이있는 이해에 일조를 한다면 필요할 것이나 대학 1, 2학년들의 이해 수준은 피상적인데 머무르고 있음을 확인하기 때문이다.

그럼에도 불구하고 교과서들이 이러한 유형화를 시도하는 것은 소설에 대한 접근 과정에서 일정한 분석 도구가 필요하다는 인식 때문이라고 판단된다. 하나의 개념을 통해 분석적으로 접근해 가다보면 그와 맞물려 작품 세계에 대한 이해도 도모할 수 있을 것이기 때문이다. 그렇다면 이러한 개념들이 좀더 적확하게 사용될 수 있어야 할 것이다. 그리고 그 출발은 원래의 개념애 충실할 필요가 있다고 보다. 이론 개념들이 반드시 원래적인 의미로 사용될 필요는 없으며, 상황과 맥락에 따라 변용하여 사용될 수 있지만 논리적인 오류는 피해야 할 것이라 본다.

입체적 인물과 평면적 인물을 성격이 변화하는 인물과 변화하지 않는 인물로 보는 것은 용어의 의미에서 문제가 된다. 입체와 평면이라는 말은 어떻게 보더라도 변화라는 의미로 구분될 수는 없기 때문이다. 이 용어를 처음 사용한 포스터의 저작의 수용과정에서 문제가 생긴 것으로 보인다.[15] 원저작에서 이 두 개념은 이렇게 설명된다. 평면적 인물은 '단일한 개념이나 성질을 중심으로 구성되는 인물……등장만 하면 쉽게 알아 볼 수 있는 인물'이다. 입체적 인물은 '한마디로 요약할 수 없으며 여러 중요한 장면과 연관을 맺고서야 성질이 드러나고 기억되는 성격……작품 속에 무궁한 인생을 갖고 있다……얼마나 섬세하게 평면적 인물을 입체적 인물로 옮겨 놓는가……'등으로 설명되고 있다.[16] 따라서 '성격의 변화'라는 설명은 그 연원상으로나 의미상으로 적절하지 않다는 판단이다. 여기에는 '성격'이라는 용어 자체에 대한 오해의 소지도 덧붙여진다. character를 '성격'으로 번역한다면 그것은 애초부터 한 작품 내에서 변화할 수 없는 것이다. '성격'은 작가에 의해 창조되면서 작품 내에서 일관된 요소로 기능하게 되기 때문이다.

이런 측면에서 인물과 관련된 이론 개념에서는 '성격'에 대한 설명과 그 특질이나 특성이 단순하고 쉽게 드러나는 형인지 복합적이어서 여러 과정이나 단계를 거쳐 파악될 수 있는 형인지를 중심으로 기술되는 것이 바람직할 것이다.

다음으로 사건의 문제를 살펴보기로 한다. 사건이라는 개념 자체는 교육과정이나 교과서에서 특별하게 문제 삼을 여지는 발견되지 않는다. 별다른 설명을 가하지 않고 당연한 개념으로 사용하고 있기 때문이다. 어떤 측면에서는 개념 규정이 쉽지 않다는 측면도 작용하고 있다. 그러나 중등학교 학습자들에게 이 기초 개념은 서사 양식을 규정

---

15 신비평 이론들을 중심으로 외국의 이론들이 번역되어 수용되는 과정에서 생기는 오류는, 후술하겠지만 '시점'이 가장 대표적이다. 원전의 초본과 그 개정판 사이의 수정 변화 양상을 충분히 수용하지 못하면서 생긴 문제가 지속적으로 이어져 왔음을 확인할 수 있다, 이에 대해서는 다음 참조.
졸고, 「소설교육에서의 '시점'에 대한 반성적 고찰」, 『문학교육학』 30, 2009.

16 E.M. 포스터, 앞의 책, 77~86쪽.

하는 가장 핵심적인 요소에 해당한다는 점에서 어느 정도의 개념 규정이 이루어져야 학습자에게 도움이 될 것이다.

서사에 대한 정의는 무수히 많고 굳이 그 정의들을 정리하거나 범주화할 필요는 없을 것이다. 서사란 '연속성을 지닌 사건과 행위자로 구성되는 언어적 구조물' 정도로 정의해도 소설을 이해하는데 어려움은 없을 것이다. 이러한 정의 가운데 가장 중심이 되는 개념은 '사건'이다. 그리고 사건을 설명하는 개념들 중에서 가장 생산적인 것은 '행위자에 의해 야기되거나 경험되는, 한 상태로부터 다른 상태로의 전이(轉移;transition)'라 할 수 있다.[17] 여기서 나아가면 사건은 '의미있는 변화를 야기시킨 일'이라 규정할 수 있다.

필자는 이 '전이'라는 개념을 서사성의 핵심으로 보고자 한다. 전이 속에는 한 인물의 역정뿐만 아니라 현실의 법칙까지도 고스란히 내재되기 때문이다. 예를 들어 한국 전통 서사양식에서 비중 높은 서사적 주제를 이루었던 '권선징악'도 본질적으로는 이러한 '전이'의 한 발현 양태이다. 이 주제는 "착하면 '불행(또는 비불행)에서 행복으로의 전이'가 이루어질 수 있으며, 악하면 '행복(또는 비행복)에서 불행으로의 전이'가 이루어질 수 있다"는 메시지를 담고 있기 때문이다.

아리스토텔레스의 시학에서 이끌어낼 수 있는 다음과 같은 도식은 보편적이고 기본적인 전이 양상을 보여 준다.

---

17 프로프나 톰슨, 바르트 등의 논의를 바탕으로 이끌어낼 수 있는 정의로, 미케 발의 다음 저서에서 가장 밀도 있게 사용하고 있다.
미케 발, 한용환 외 역, 『서사란 무엇인가?』, 문예출판사, 1999, 31~52쪽.

행위자	처음 상태	전이	다른 상태(끝)
善人	행복	→	행복 - A
		→	불행 - B
	불행	→	행복 - C
		→	불행 - D
惡人	행복	→	행복 - E
		→	불행 - F
	불행	→	행복 - G
		→	불행 - H

위와 같은 전이 양상은 하나의 예에 불과하지만 전이 양상과 그것을 바탕으로 한 서사성을 설명하는 데는 매우 유용할 것이다. 예를 들어 B 유형은 전형적인 '비극적 서사'에 해당할 것이며, G 유형은 '아이러니한 서사'로 볼 수 있을 것이다.

그러나 A 유형이나 H 유형은 기본적으로 이야기 거리가 되기에는 부족하다고 판단될 것이다. '착한 사람이 행복하게 살다가 행복한 상태로 죽는다'는 설정이나 '악한 사람이 불행하게 살다가 불행한 상태로 죽는다'는 설정은 이야깃거리로는 흡인력이 떨어질 것이기 때문이다. 그렇다면 A - H로 나뉘는 전이 유형은 '서사성'의 정도에 따라 구별하거나 평가하는 일이 가능할 것이다.[18]

전이를 살피는 과정에서 고려하게 되는 가장 중요한 요인은 전이의

18 아리스토텔레스, 손명현 역, 『시학』, 삼성출판사, 1998.

동인(動因)이다. 왜 그러한 전이가 이루어지게 되는가 하는 점이다. 이 도식의 경우 '착한 사람'이나 '악한 사람'과 같은 행위자의 기본 자질이 일차적으로 작용할 수 있을 것이다. 그러나 이 기본 자질은 말 그대로 일차적인 요인이지 본질적인 것은 아니다.

기본적인 자질보다 개별적인 속성을 띠고 있는 '성격'이라 부를 수 있는 요인이 보다 본질적이다. 본질적인 요인이란 서사를 이끌어가는 중심축을 이루는 것으로, 예를 들어 '자라 난 환경 때문에 포악해진 사람이 중죄를 지었다.' 는 서사에서는 그 동인이 '자라 난 환경'으로 나타난다. 아리스토텔레스가 시학에서 논의한 바를 예로 들자면 〈오이디푸스 왕〉에서 '오이디푸스의 호기심'이 그를 파멸로 몰았다고 본다면 그의 '성격'이 전이의 동인 즉 서사성의 중심이 되는 것이다.

이러한 전이는 보편성을 띠고 나타나기도 하고 특수성을 띠고 나타날 수도 있다. 예를 들어 어떤 개인이나 집단 간의 싸움을 다룬 두 개의 소설이 있다고 하자. 한 소설은 싸움의 이유가 '명예를 훼손하는 한마디 말'이었고, 다른 한 소설에서는 생존의 문제였다고 할 때, 갈등의 존재는 보편적이지만 그 갈등의 원인은 특수한 것이라 할 수 있다.

사건의 개념은 소설의 주요한 요소 중의 하나인 주인공을 설정하는 문제와도 직결된다. 주인공은 '정해진 것'이 아니라 '정해지는 것'이며 '해석되는 것'이라는 관점과도 연결된다. 즉 주인공은 '전이과정에서 가장 의미 있는 변화를 겪은 사람' (위 도식에서 선인과 악인 대신 놓이는 여러 작중 인물들 중) 으로 설정된다. 그리고 '의미있는 변화'를 판단하는 것은 학습자(독자)의 몫이라는 점에서 교육적 의미도 있다고 판단된다.[19]

---

19 예를 들어 「사랑 손님과 어머니」에서 사건을 겪은 후에 옥희와 어머니 중 누가 더 의미있는 변화를 겪었을 것으로 보느냐에 따라 주인공을 옥희로도 옥희 어머

소설의 인물이나 사건을 이러한 차원에서 접근해 간다면 학습자들에게 보다 의미있고 효율적인 이론 개념으로 작용할 수 있을 것이다.

2) 갈등구조와 욕망구조

교육과정이나 교과서에서는 구성 단계에 중점을 두어 기술하는 경향이 우세한 탓에 소설의 구조적 특성에 대한 언급은 찾아보기 어렵다. 물로 갈등 구조라는 용어는 사용하기도 하지만 당연한 개념처럼 처리하고 있다. 그러나 소설의 구조를 갈등구조라 부르는 이유에 대한 이해는 소설 수용에서 중요한 의미를 지닌다. 갈등에 대한 이해와 더불어 소설의 발생론적 성격가지 설명해 줄 수 있는 용어이기 때문이다. 학습자들에게 소설의 장르론적 성격의 일단을 이해하게 함으로써 텍스트에 대한 접근 통로를 확보해 줄 수 있기 때문이다. 그래서 필자는 다음과 같은 맥락에서 소설의 이론 개념으로 갈등 구조와 욕망 구조를 교육 현장으로 끌어 들일 필요가 있다고 본다.

소설의 구조를 갈등 구조라 부르게 되는 것은 일반적으로 소설의 중핵적 요소인 사건을 서술하는 초점이 갈등의 형성과 전개 그리고 해소 과정에 놓인다는 점을 중시한 까닭이다. 그런데 근대 이전의 단계에서는 갈등 구조보다는 욕망 구조로 부르는 것이 더 적절하다는 견해가 우세하다.

욕망과 갈등은 양면적인 것이어서 일상적인 경우에서는 어느 하나를 선택하는 일이 잘 일어나지 않지만, 소설에서는 주제를 강화하기

니로도 볼 수 있다. 흔히 일인칭 관찰자 시점이라 하여 옥희를 주인공이 아닌 관찰자로 보는 경우가 대부분인데 이는 재고해 볼 필요가 있다고 생각된다. 옥희의 정신적 성장과 어머니의 재확인(재혼 불가라는 의식) 중 어느 쪽이 의미가 있느냐라는 질문을 던지면 대부분의 학습자는 전자에 방점을 준다.

위해 어느 한 쪽에 무게를 싣게 마련이다. 근대 이전의 단계에서는 대체로 작중 인물들이 추구하는 욕망이 달성되는 쪽이 많았지만, 근대 이후의 단계에서는 사회나 인물 관계의 속성 상 욕망 달성에 어려움을 겪거나 실패하는 경우가 많다는 점을 염두에 둔 것이다. 민담이나 고전 소설 등에서 주인공들의 욕망은 여러 장애 요소를 겪기는 하지만 결국 달성됨으로써 해피엔딩으로 이루어지는 경우가 많다.

그런데 근대소설에서는 욕망이 어떤 성질을 지녔던 환경이나 사회적 상황, 관계 양상 등에 따라서 좌절되거나 아주 어렵게 달성되는 경우가 대부분이다. 그 과정에서 당연히 다양한 양상의 갈등이 발생하며 그래서 갈등의 형성과 전개, 해소 과정에 관심을 갖게 되는 것이다.[20] 그래서 욕망구조보다는 갈등구조로 보는 것이 더 적절한 것으로 보게 되는 것이다. 이렇게 설정한다면 앞서 교육과정과 교과서에서 드러난 갈등의 개념 정의상 문제점들도 해결될 수 있을 것으로 본다. 좀더 진전된 논의를 위해 다음과 같은 도식을 살펴보자.

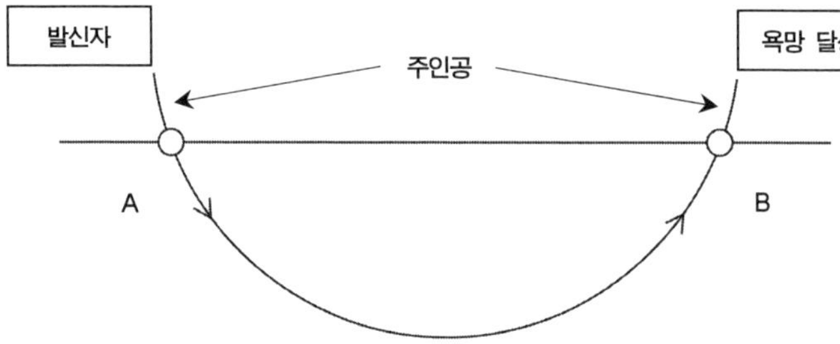

20 상당수 교과서에서 보이듯 갈등을 두 의지적 성격이나 인물의 충돌로 국한해서 보는 것은 적절치 않다고 본다. 갈등은 기본적으로 '성격'(character)이 어떤 상황(situation)과 만났을 때 형성되는 것으로 보는 것이 타당할 것이다. 그 상황이 성격과 어떤 불일치 내지 대립 양상을 보이느냐에 따라 갈등의 양상은 달라질 것이다.

이 도식은 이야기 양식의 가장 일반적인 구조를 보여준다. 주인공은 발신자가 부여한 과제(예를 들어 '납치된 공주를 구하라')를 해결하여 그 대가로 무엇인가(예를 들어 권력이나 부)를 얻고자 하는 욕망을 갖게 된다. 그리고 A(특이한 공간 — 공주가 납치된 곳 — 으로 가는 입구)와 B(특이한 공간에서 나오는 출구)를 연결하는 동선으로 이루어지는 과정에서 여러 가지 어려움(예를 들어 B를 막는 등의 부하들의 배신)을 겪지만 결국 그 과제를 해결하고 욕망을 달성하게 된다. 이는 민담과 같은 초기 단계의 이야기 양식에서 보게 되는 양상이다. 그런데 근대 이후의 이야기 양식에서는 A와 B를 잇는 과정에서 훨씬 복잡하고 힘든 과정을 겪으며 욕망 달성에 실패하기도 한다. 이 경우 주로 주인공이 겪게 되는 갈등의 양상에 초점을 맞추어 사건을 기술하게 된다. 그래서 욕망 구조 또는 갈등 구조로 부르게 된다. 따라서 소설을 읽을 때는 욕망 또는 갈등의 과정이나 추이에 주목하면서 이해하고 감상할 수 있다면 보다 풍부한 수용이 이루어질 수 있을 것이다. 갈등구조라는 용어만 당연한 개념으로 제시할 것이 아니라 이와 같은 맥락에서 욕망 구조와 더불어 제시하고 소설의 구조를 두 용어와 융합하여 지칭하는 이유까지 제시한다면 그 효용성이 충분히 확보될 수 있을 것이다.

3) 플롯과 시점

학습자들이 소설을 읽어 가면서 가장 먼저 하는 일은 아마도 줄거리를 파악하는 것과 같은, 이야기의 줄기와 흐름을 이해하는 일일 것이다. 그러나 고전소설이 아닌 현대소설을 접할 때 학습자들은 그것을 파악하는데 상당한 어려움을 느낀다. 소설이 어렵다라고 느끼는 이유 중 가장 일차적인 이유를 여기서 찾을 수 있을 것이다. 이야기의 줄거리를 파악하는 일도 쉽지 않다는 학습자들의 반응은 플롯이라는 장치에 대한 이해의 부족에서 오는 것으로 판단된다.

요즘 교과서에서는 거의 기술되지 않고 있지만 오랫동안 소설교육에서 굳건하게 자리를 잡고 있던 개념 쌍의 하나가 스토리와 플롯이었다. 스토리는 사건을 시간 순서대로 배열하는 것이고 플롯은 인과 관계에 따라 배열하는 것이라는 규정이 그 핵심이었다. 그런데 이 개념을 안다고 소설의 줄거리를 잘 읽어낼 수 있다고 생각하는 학습자들은 별로 없다. 특히 현대소설을 접할 때는 이런 식의 개념 이해는 거의 도움이 되지 않는다. 인과 관계를 따지기에 앞서 스토리의 요소들이 잘 잡히지 않는 것이 우선적인 문제로 드러난다. 스토리와 플롯을 인과 관계의 문제로 풀어 갈 당시의 소설과 그 이후의 소설들의 구성적 특성이 사뭇 달라졌으며 그에 따라 장르적 속성도 변화했기 때문이다. 필자의 소설 교육 경험으로는 플롯과 시점에 대한 인식의 전환이 필요하다고 본다.

먼저 플롯에 대해 살펴보기로 하자. 필자는 기본적으로 스토리와 플롯의 관계를 설명하는데 가장 중요한 요소는 작가의 구성 전략이라고 본다. 작가는 바탕이 되는 이야기의 요소들을 자신이 설정한 메시지를 위해 선택 또는 배제의 원리에 의해 재배열함으로서 플롯을 완성하는 것으로 보는 것이 타당할 것이다. 작가의 작벽(作癖)이나 의도에 의해 선택적으로 재배열되는 요소들이 많은가 적은가에 따라 독자들이 느끼는 어려움의 정도가 일차적으로 결정된다고 본다.

그 양상을 도식화한다면 다음과 같을 것이다.

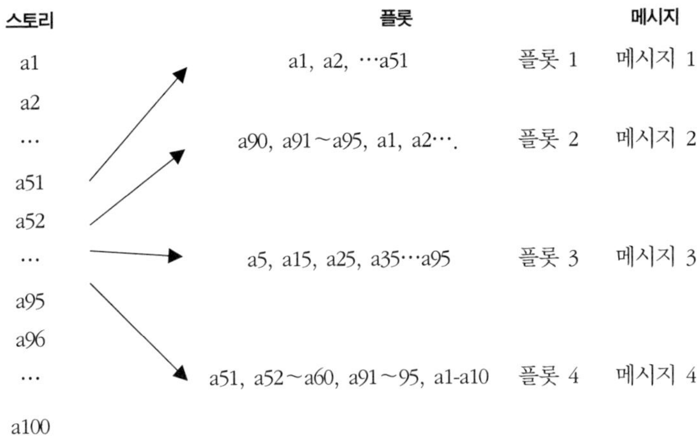

여기에서 주목하고자 하는 바는 소설에서 플롯의 핵심은 이야기의 구성 요소, 즉 이야기 정보가 모두 제시되는 것이 아니고 작가의 의도에 의해 취사선택된다는 점이다. 즉 작가는 독자들이 작품 속에서 전개되는 사건을 이해하는데 필요한 정보를 친절하게 제시하는 것이 아니라 특정한 정보들을 교묘하게 감추거나 아예 빼버리기도 한다. 이때 어떤 성격의 정보들이 주로 선택되는가 또는 어떤 종류의 정보들이 배제되느냐에 따라 플롯도, 메시지도 달라진다. 하나의 이야기에서 복수의 플롯이 산출 가능하고 그에 따라 작품의 메시지도 달라질 것이다.[21]

이야기 정보의 은닉과 배제를 플롯의 가장 중요한 원리로 볼 때 소설 읽기의 방법은 구체적으로 달라질 것이다. 이야기 정보가 다 플롯화된다고 가정할 때의 소설 읽기는 관련 정보들을 찾아 인과 관계에

21 이 도식에 대해서는 매체 언어 교육을 다룬 다음 글에서 참고적으로 제시한 바 있다.
졸고, 「소설과 매체 서사 교육의 상호작용적 방법의 모색」, 『국어교육학연구』 37, 2010.

따라 재구성하는 일에 초점이 놓인다. 그런데 이러한 선택적 재배열의 맥락에서 소설을 읽게 되면 배제된 정보다 무엇인지를 논리적으로 판단해 나가는 일이 우선되어야 한다. 이미 작가에 의해 배제되었음에도 불구하고 그것이 있다는 가정 하에 요소들을 찾아 인과 관계를 따지는 일은 매우 비생산적이다. 독자들의 입장에서는 읽기 능력의 부족으로 인식하거나 난해해서 접근하기 어려운 작품으로 치부해 버리기 쉽다.

그러나 처음부터 작가가 은닉한 정보를 찾아야 한다는 생각으로 작품을 접하게 되면 매우 능동적이고 생산적인 읽기 활동이 될 것이다.[22] 작가의 전략과 게임을 하는 방식이 되어 능동적인 수용 활동이 가능할 것이다. 소설에 대한 수용 능력의 향상과 함께 생산 활동의 수월함도 확보할 수 있을 것이다.

이 대목에서 시점의 문제가 새롭게 대두된다. 앞서 살펴 본 교과서들에서 보면 시점에 대해 상당한 비중으로 다루고 있지만 정작 그 개념을 수용과 창작 활동에서 어떻게 활용하여 방법적 개념으로 삼을 것인가에 대해서는 한계를 보이고 있다. 작품에서 시점을 찾거나 시점을 변화시키는 활동 정도에 머무르고 있다. 좀더 나아가서는 시점의 효과로 인물의 심리를 잘 보여준다거나 인물이나 사건에 대해 논평이 가능하다는 맥락을 들기도 하지만 그리 설득력있게 보이지는 않는다.

---

22 '정보의 은닉'이라는 용어에는 서술자의 신빙성 문제도 포함된다. 신빙성 없는 서술자가 전달하는 정보의 신뢰도를 판단하여 본래의 정보를 찾는 일도 은닉된 정보 찾기에 포함된다. 서술자의 신빙성과 관련해서는 다음 참조.
최인자, 「소설 화자의 맥락적 이해와 윤리적 반응 형성을 위한 소설 교육」, 『독서연구』 25, 한국독서학회, 2011.
황희종, 「소설 텍스트의 윤리적 이해 방법에 대한 연구」, 서울대학교 석사논문, 2000.

필자는 시점의 일차적인 기능을 이야기 정보를 선택하거나 배제할 때의 원리로 작용하는 것으로 보고자 한다. 작가는 자신이 의도한 메시지를 구현하기 위해 이야기를 상정하고 그 이야기의 요소들 중에서 선택하거나 배제하게 되는데 그 원리로 시점을 활용한다는 관점이다. 시점에 따라 결정되는 서술자의 속성에 따라 자연스럽고 일관되게 특정한 요소들이 선택되거나 배제됨으로써 플롯을 완성해 가는 것으로 보는 것이 근대 이후 소설들을 수용하는데 도움이 될 것이다. 또한 시점을 단순히 존재하는 장치가 아닌 구성의 핵심 전략으로 인식할 수 있어 수용과 생산 두 측면에 모두 유효한 학습 개념이 될 것이라 판단된다.

이와 맞물려 교과서 상에서 가장 문제의 소지가 많은 것으로 판단된 시점의 유형에 대한 제안도 하고자 한다. 우선 시점의 중핵적인 요소인 서술자를 지칭하는 용어에서 '작가'라는 요소는 제외되어야 할 것이다. 서술자는 엄연히 텍스트 내적 존재이기 때문이다. 그리고 서술자를 관찰자라는 용어를 통해 특정하는 것도 피해야 할 것이다. 관찰자라는 것은 인물이나 사건 만을 대상으로 할 때 가능한 용어인데 서술자가 서술해야 할 요소들은 배경, 심리, 상황 등 다양하기 때문이다. 앞서 제기한 것처럼 플롯을 정보의 조직 양상으로 보는 한에서도 그렇다. 따라서 그가 서술하는 위치가 제한적인가 전지적인가에 따라 서술자의 차별성을 두어야 할 것이다. 이는 시점이라는 용어를 처음 제시한 이론에도 충실한 접근법이 될 것이다. 시점을 가르치지 않으면 모를까 교육적 대상으로 삼아야 한다면 그 근거도 필요하기 때문이다.

덧붙여 검토하고자 하는 것은 1인칭과 3인칭이라는 명칭의 기반도 설명할 필요가 있다는 점이다. 학습자들의 거의 대부분은 1인칭과 3인칭의 구분을 서술자의 인칭적 성격에 의거해서 판단하고 있는데 그 출발은 문장의 주어라는 점을 인식하게 할 필요가 있다. 즉 문장의 주어가 1인칭인가 3인칭인가에 따라 소설자의 유형화가 비롯되는 것이다. 매우 간단한 이치인 셈인데 이 점을 간과함으로써 시점에 기반을 둔 소설의 이해에 어려움을 겪기도 한다.

한 가지 추가로 제안할 점은 1인칭 시점에서 주인공 시점과 관찰자 시점을 구분하는 일이다. 사실 최근의 대부분의 소설에서 주인공과 관찰자의 구분은 상당히 어려운 과제이기도 하다. 사건의 서술자가 사건과 인물의 관찰하는 입장에 있다고 해서 주인공이 아니라고 보는 것은 무리가 따른다. 주인공의 개념을 '사건을 겪거나 겪은 후에 가장 의미있는 변화를 겪은 인물'로 설정한다면 관찰자와 주인공의 구분하기란 쉽지 않다. 어떤 문제적 인물들을 관찰하는 일만으로도 변화의 계기가 되고 성장의 동력이 되기 때문이다. 이전 교과서들에서 가장 대표적인 1인칭 관찰자 시점으로 설명하고 있는 김동인의 '붉은 산'의 경우만 보더라도 '익호'가 주인공이고 '나'가 관찰자로 보는 데는 동의하기가 쉽지 않다. '나'는 '익호'라는 인물을 지켜보면서 인간에 대해, 삶에 대해, 민족감정에 대해 새로운 인식을 하게 되기 때문이다. '익호'는 관찰의 초점이 되는 인물이지 주인공으로 보기에는 어렵다.[23]

---

23 이런 측면에서 시점을 보완하는 개념으로 '초점화'를 도입할 것을 제안한 다음 논의들의 논지에 공감한다. 다만 학교 현장에서 오랫동안 전수되어 온 시점 개념을 대체하자는 주장이나 시점과 초점을 동일한 비중으로 다루자는 제안은 좀 더 신중한 판단이 필요하다고 본다.

임경순, 「초점화를 통한 소설교육의 연구」, 『국어교육』 95, 한국어교육학회 1997.

최시한, 「초점화와 '사랑 손님과 어머니'」, 『소설의 해석과 교육』, 문학과지성사, 2005.

박기범, 「시점-서술 교육의 반성과 개선방향」, 『국어교육학』 31, 서울대국어교육연구소, 2008.

선주원, 「이해와 표현을 위한 소설 교육 - 초점화를 중심으로」, 『문학교육학』 13, 한국문학교육학회, 2004.

이런 맥락에서 필자는 시점의 유형을 1인칭 시점, 3인칭 제한적 시점, 3인칭 전지적 시점으로 설정하는 것이 바람직하다고 본다.

정진석, 「윤리적 가치 중심의 소설 읽기 교육 연구」, 서울대학교 대학원 박사논문, 2013.

이론 개입형 소설 수업의 설계와 운용

1. 문제제기

이 글에서는 문학교육의 현장에서 소설이론이 어떤 기능을 담당하게 되는지에 대한 구체적인 논의를 해보고자 한다. 구체적으로는 학습자들에게 소설 이론을 어떤 맥락과 위상에서 제시하고 그것을 작품 수용 과정에서 어떻게 활용함으로써 소설 수용 능력을 함양할 수 있도록 할 것인지에 대한 실천적 방법의 탐구가 될 것이다.

신비평이 우리 문학교육의 방법적 틀로 자리 잡기 시작하면서 문학이론에 대한 관심이 높아졌으며, 그에 따라 다양한 관점의 이론들이 도입되고 교육현장에서 학습 대상이 되어 왔다. 그런데 이러한 이론들이 학습자의 작품 수용 능력을 함양하는 방향으로 이어지고 있는지에 대해서는 긍정적으로 답하기 어렵다. 무엇보다도 중고등학교에서 문학 수업을 받은 학습자들이 대학에 들어와서 교양이나 전공 교과를 통해 문학 강의를 수강할 때 보여주는 능력과 태도는 상당히 문제적인 경우가 대부분이다.

대학의 소설 수업 현장에서 학생들이 보여주는 가장 큰 문제는 주체적이고 창의적인 수용 활동을 원활하게 수행하지 못한다는 것이다. 주어진 작품에 대한 일차적인 정보 해석부터 시작해서 그러한 정보들을 바탕으로 주체적이고도 창의적인 수용으로 이끌어 가는데 어려움을 느끼고 있다. 소설의 주제를 설득력 있게 이끌어 내고 의미를 부여하는, 성인 독자로서 지녀야 할 기본적인 자질인 비평적 능력을 보여주지 못하고 있다.[1] '주제는 누군가에 의해 정해져 있으며 자신을 그것을 읽어내야 한다'는 식의 태도가 그 예이다.

이러한 현상의 원인에는 여러 가지가 있겠지만 필자가 오랜 경험과 실험적 접근을 통해 판단하기로는 소설이라는 장르에 대한 이론 개념을 제대로 습득하여 활용하고 있지 못하기 때문이라고 본다. 그동안 우리 문학교육에서는 소설이론을 직접적으로 내세우고 가르치는 일에 대해 '일방적인 지식 전달형 수업의 지양'이라는 측면에서 매우 소극적으로 임해 왔다. 최근 들어 그러한 경향이 완화되기는 했지만 여전히 이론 개념들은 학습자들의 텍스트에 접근하는 필수적인 도구로서 작용하는 차원에는 이르지 못하고 있다.

이 글은 소설의 이론 개념이 왜 필요하고 어떻게 가르칠 것인가에 대한 한 사례를 '사랑손님과 어머니'를 텍스트로, '주인공'과 '사건'을 대상 개념으로 삼아 제시해 보고자 한다. '사랑손님과 어머니'는 지속적으로 국어과 교과서에 실린 대표적인 교육 정저니라는 점에서, '주인공'과 '사건'은 핵심적인 이론 개념이면서 어느 교과서에서도 개념의 정의나 학습 방법에 대해 언급하고 있지 않다는 점에서 대상으로 삼

1 필자는 문학교육의 목표를 '학습자를 이상적인 독자로 형성시키는 것'으로 설정한다. '이상적인 독자'는 학습 경험을 바탕으로 언제 어디서든 불특정 소설 텍스트를 접하더라도 자신의 주체적인 해석과 감상을 할 수 있으며 나아가 또 다른 독자들에게 그 해석과 내용을 설득력 있게 전달할 수 있는 비평적 활동까지 수행할 수 있는 독자이다.

았다.

2. 수업의 초점

적어도 중고등학교 문학 수업을 받은 독자들은 〈사랑손님과 어머니〉라는 작품에 대해 알고 있다. 그런데 그들이 저장해 둔 이 소설의 주제는 '순진한 어린 아이의 눈에 비친 어른들의 사랑이야기'라는 것으로 수렴되고 있다. 그리고 그 주제는 더 이상의 수정과 변용을 허용되지 않는다. 일인칭 시점이나 서술자라는 측면에서 좀더 분석적인 접근이 이루어지고 있기는 하지만 주제의 수용은 변함이 없다. 매우 역동적이어야 할 작품 수용 활동이 '확정적이고 의심할 바 없는 주제'로 인해 정태적인 양상에 머물고 있다.

그런데 과연 이 작품의 주제는 '사랑'의 범주에서 미세한 변주를 동반하는 선에 머물러야 할 것인가? 어떤 독자가 읽어도 확정적인 범주 내에서 주제 파악이 이루어지는 작품이란 어떤 측면에서는 대단한 작품일 수 있으나 다른 측면에서는 함량이 떨어지는 작품이라 할 수 있다. 독자들이 자신들의 가치관과 경험을 바탕으로 다양하게 읽어낼 수 있는 작품이 좋은 작품이라는 데에는 대체로 동의하지만 어떤 작품을 그렇게 평가해 내는 일에 인색했던 것이 그동안 우리 문학교육의 한 풍경이었다.[2]

그렇다면 '사랑손님과 어머니'는 어떤 측면에서 다채로운 접근을 허용하는 작품으로 재탄생할 수 있는가? 이를 위해 '주인공'과 '사건'이

---

2 이 소설에 대한 주제적 접근에 대해서는 다음 논의를 참조하면 다양한 접근 사례를 접할 수 있다.

라는 서사의 기본 개념을 중심으로 살펴보기로 한다.

1) 사건과 주인공을 다시 정의하다

중고등학교에서 문학교육을 받은 성인 독자들에게 묻는다. "〈사랑손님과 어머니〉의 주인공은 누구인가?" 이 질문을 받으면 독자들은 대개 당황해하며 이렇게 반문한다. "옥희 어머니 아닌가요?" "사랑손님?" "옥희 어머니와 사랑손님 둘 다인가요?" 여기에 "옥희는 왜 주인공이 아닌가?"라는 질문에는 더욱 당황하는 모습을 보인다. "옥희는 관찰자로 배웠는데요." "그냥 순진한 1인칭 관찰자이고 믿을 수 없는 화자 아니었던가요?"[3] 이런 답들이 때로는 저항적인 목소리에 실려 나온다. 상당한 문학교육을 받은 독자로서, 그나마 매우 자신있게 답할 수 있는 내용을 질문자가 인정하고 있지 않다는 느낌을 받기 때문이다.

이 대목에서 이런 질문은 던지면 답변하는 목소리는 현저히 줄어든다. "주인공은 누굴 말하는가?" 들을 수 있는 최선 답은 '사건의 주체가 되는 인물'이다. 다시 '그렇다면 사건은 무엇인가?'라고 물으면 거의 답을 하지 않는다. 이런 풍경은 소설교육이라는 맥락에서 보면 근본적인 검토가 필요한 대목이다. 다른 개념은 몰라도 '사건'이나 '주인공'에 대해 쉽게 설명할 수 없다는 점에서, 이 개념들은 주입식 교육을 지양해야 한다고 주창하는 논자들이 상정하는 '지식'도 아니다. 작품 수용 과정에서 필수적으로 작용해야할 도구적인 개념일 따름이다 그

3 「사랑손님과 어머니」를 사례로 한 소설 수업이론수업에서 피해갈 수 없는 문제가 시점이다. 이 글에서는 시점을 분리 학습할 개념이 아닌 연관된 개념으로 살피고자 한다.

럼에도 불구하고 이런 양상이 나타나는 것은 연구자나 현장 교사들의 입장에서 분명하게 점검해야 할 현상이다.

필자가 6차 이후 문학교과서는 다시 면밀해 살펴본 결과 어느 교과서에서도 '주인공'이나 '사건'이라는 개념을 설명하는 부분을 찾아볼 수 없었다.[4] 지도서나 참고서에도 다른 수준높은 개념들에 대한 설명은 있어도 이 두 개념에 대해서는 생략하고 있다. 그러니 학습자들이 이 개념을 설명할 수 있기를 바라는 것은 무리이다.

그렇다면 이 두 개념을 가르쳐야 할 이유는 어디에 있는가?

필자는 일단 〈사랑손님과 어머니〉를 다시 읽어본다는 전제 하에 먼저 다음과 같은 개념도를 제시할 것이다.

4 문학교과서들이 제시하고 있는 개념들의 양상에 대한 상세한 검토 내용은 바로 앞의 글 참조.

이 개념도는 외국의 교재들에서 쉽게 발견할 수 있는 그런 유형이다.[5] 소설이라는 장르가 지니는 기본적인 구조를 보여줄 수 있을 뿐 아니라 '사건'이라는 개념에 대한 이해를 도모할 수 있다. 흔히 독자들은 '이 소설의 사건이 무엇이냐'에 대해 물으면 이렇게 반문하기도 한다. "소설 속에 사건은 하나인가요? 둘 이 이상일 수 있나요?" 이 질문은 plot 개념에 대한 이해의 부족도 포함되어 있다. 우리가 흔히 '사건'이라고 하는 개념은 plot을 구성하는 여러 'event' 들을 총칭해서 부르기로 한 번역 용어이다. 이 개념들에 대해 교과서를 비롯해 학습자들에게 안내 역할을 해야 할 텍스트들이 다루지 않다 보니 이런 오해가 생기는 것은 당연한 일일 터이다.

이 도식은 갈등 상태가 먼저이고 이 갈등을 해결하기 위한 과정에서 만나게 되는 일들이 '사건들'이라는 일차적인 이해가 이루어지도록 하는 기능을 한다. 흔히 인물들이라 알고 있는 '성격'과 '상황'이 서사의 기본 전제이며 그 둘의 상호작용에서 생기는 것이 '갈등'이라는, 서사 양식의 핵심 속성이 비롯된다는 '지식'의 습득은 소설 수업에서 매우 중요한 단계이다. 이는 작품에 접근할 수 있는 도구적 실체적 지식이 아닌 방법적 지식이기 때문에 작품에 접근하는 도구로서 반드시 필요하다.

이 도식에서 좀더 면밀한 접근이 필요한 부분은 '사건들'의 의미이다. 이 단계에서는 다음과 같은 도식이 추가로 사전 제시된다면 더 효과가 클 것이다.

---

5 다음 경우가 그 대표적인 사례이다.
『STORYtown』, Harcourt, 2008.

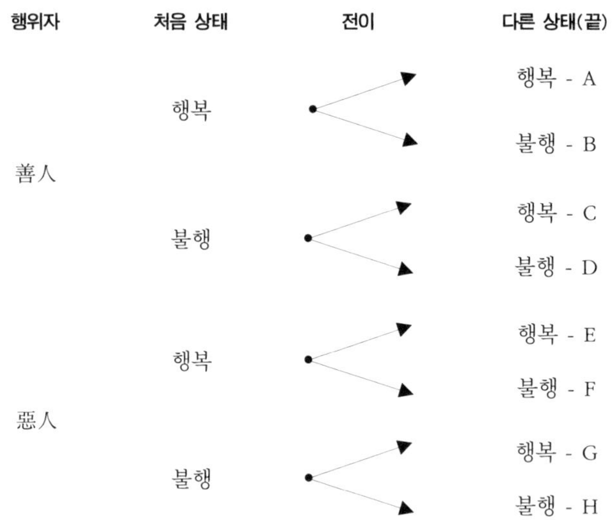

위 도식은 서사 이론에서 가정 먼저 제시된 틀에 해당할 것이다. 아리스토텔레스의 '시학'에 기반한 틀이어서 현대적인 서사를 설명하기에는 다소 부적합한 측면은 있지만 그 본질을 파악하는데는 오히려 도움이 될 것이다. 이 도식에서 읽어내야 할 핵심은 바로 '전이'라는 단어에 있다. '전이'라는 단어는 상당히 어려운 개념일 수 있지만 이 도식을 통하면 쉬 이해가 될 것이다.

이제 도구적인 개념인 '사건'을 정의할 차례이다. 위 도식에서 출발한 서사의 기본 구도는 근대 서사를 거치면서 '전이'의 내포적 개념이 점차 제한되는 양상을 보이는데, 필자는 '사건'을 이렇게 정의해 보기로 한다. '사건은 인물들에게 의미 있는 변화를 야기시키는 일이다.'

여기서 핵심은 '의미 있는' 이라는 수식어이다. 사람들은 살아가면서 당연히 변화를 겪게 되지만 그 변화에 대해 의미를 부여할 수 있을 때 '소설의 대상이 될 수 있는 변화'가 될 수 있다는 전제를 내포하고 있다. 그런데 여기서 말하는 '의미'는 누가 부여하는 것인가? 당연히 학습자 즉, 독자가 부여하는 것이다. 같은 일이라도 어떤 의미를 부여할 것인가는 바라보는 사람에 따라 다르게 나타날 수 있다.

'사랑손님과 어머니'에서 사건은 무엇인가를 말할 때, 어떤 '의미 있는' 변화를 야기시켰는가를 중심으로 삼게 되는데 이 때의 '의미'를 독자가 정할 수 있다는 시각은 작품 수용 과정에서의 독자(학습자)의 주체성과 창의성을 확보할 수 있는 장치의 확보하는 점에서 매우 유의미할 것이다. 필자가 사건 개념을 설명하고 나서 받아 든 답들은 "별다른 문제없이 살고 있는 모녀를 해결 불가능한 문제 상황에 빠지게 한 사랑손님의 등장과 퇴장", "삶의 질에 대한 새로운 인식을 갖게 한 외부인으로서의 사랑손님의 존재와 부재" "가정과 행복과 윤리 문제에 대해 눈을 뜨게 만든 만남과 헤어짐" 등이었다. 이는 '의미있는 변화'라는 개념이 없는 상태에서 제출된 사건에 대한 기술 내용과는 그 깊이와 폭이 상당히 다른 것들이었다. 이는 '사건'에 대한 개념 이해가 작품을 보는 시각을 심화시켰음을 말해주는 대목이기도 하다.

다음으로 제시되고 활동의 대상이 될 개념은 '주인공'이다. 흔히 이 개념에 대해 '사건의 주체가 되는 인물'이라거나, '집중적인 관심의 대상이 되는 인물' 정도로 설명하는 것이 일반적이다. 그런데 '의미 있는 변화'라는 사건의 개념과 연관 지어 생각해 보게 하면 그 사정을 달라진다. 필자는 '의미 있는 변화'라는 맥락과 연관 지어 생각하게 한 다음 '가장 의미 있는 변화를 겪은 인물'이라는 개념에 도달하도록 유도하는데, 이 개념을 공유하게 되면 "'사랑손님과 어머니'의 주인공은 누구인가?"라는 질문에 대한 토론 과정은 아연 활기를 띄게 된다. 이 역시 '가장 의미 있는'이라는 수식 어구의 의미를 규정하는 것은 독자 자신이기 때문이다. 대체로 '옥희'와 '어머니'로 양분되는 이 논의들은 개념의 중요성을 분명하게 말해 준다.

'옥희'를 주인공으로 설정하는 독자들은 어린 아이의 입장에서 '자기에게도 아빠가 생겨 남부럽지 않은 가정에서 생활하고 싶은 욕망'을 가지고 있었으나 사건을 겪은 뒤에 그 욕망이 이룰 수 없는 것임을 깨달았다고 할 때 부쩍 성장했을 것이라는, 즉 의식의 성숙이라는 변화를 겪었다는 점에서 세 인물 중 '가장 의미 있는 변화'를 겪은 인물로 보기에 충분하다는 것이다. '옥희 어머니'를 주인공으로 설정하는 독자들은 나이가 아주 젊은 과부로서 새로운 결혼생활에 대한 기대치가 무척 컸을 터인데 결국 그 열망을 이루기에는 자신의 '도덕적 방어선'이 매우 견고하고 그것을 넘을 용기가 부족하다는 점을 확인함으로써 그 열망을 포기하게 되었다면, 내면의식의 변화 폭이 어린 아이인 '옥희'의 그것에 비견될 바가 아니라는 점에서 '가장 의미 있는 변화'를 겪은 인물로 보기에 충분하다는 주장까지에 이르게 된다. 작품에 대한 시각과 수용 양상이 갑작스럽게 큰 폭으로 진화했다는 느낌을 갖게 되는데 이는 기본 개념에 대한 이해가 작품 수용 과정에서 어떤 기능을 하는지를 보여주는 좋은 사례가 될 것이다.

2) 주제는 내가 설정하는 것이다

앞에서 '사건'과 '주인공'이라는 매우 기본적인 개념에 대한 새로운 이해가 수용 활동에 미치는 영향을 살펴보았는데, 이는 독자 자신의 입장에서 주제를 설정할 수 있다는 인식에 도달할 수 있게 한다는 점에서도 유의미하다.

'어린 아이의 눈에 비친 어른들의 사랑'[6]이라는 범주에 갇혀 있던

---

6 이 소설이 남성중심주의 시각을 고스란히 보여주고 있는데도 불구하고 서술자의 특성 때문에 그러한 점이 간과된 채 읽히고 있다는 점에서 교육적 대상으로 적절하지 않다는 시각도 있으나 이는 접근 과정에서 읽어내야 할 문제라는 점에서 교육적 자료의 적절성으로 판단할 문제는 아니라고 본다. 이런 시각은 다음에서

주제적 접근은 매우 견고하여 독자들이 쉽사리 그 범주를 넘어서기가 쉽지 않으나, 앞서 살펴 본 사건과 주인공의 개념을 재인식한 독자들에게는, 오히려 새로운 발상의 근거가 되기도 한다는 점을 확인할 수 있었다. 그것은 '의미 있는 변화'를 자신의 가치관과 경험을 바탕으로 규정할 수 있는데서 오는 이점이기도 하다. 사실 막연한 상태에서 어떤 작품의 주제에 대해 논하는 일은 생각보다 쉽지 않다. 접근 통로가 열려 있기도 하고 발상의 출발점을 형성하기 어렵기 때문이기도 하다. 그렇지만 개념이 확정적일 때 그 통로와 출발점이 형성된다는 점에서 매우 유의미하다. '의미 있는 변화'라는 어구가 출발점을 형성해 주기도 하고, 열린 발상들을 일정 부분 제한해 주기도 하기 때문이다. 그래서 독자(학습자)는 주체적이고 창의적으로 접근할 수 있는 입구를 찾아 들어가 자신의 함량을 유감없이 발휘하게 된다.

'옥희 어머니'를 주인공으로 설정한 독자들은 그녀에게 '자기검열의 틀을 깨고 나가야 한다'는 신선한 주문을 할 수도 있다. '의미 있는 변화'를 겪었다면 그 인식이 전환되어야 한다는 점에서 주제를 설정할 수 있다고 보기 때문이다. 이런 독자에게 "'사랑'은 사치스러운 일이며 인간으로서의 '애정적 권리'의 회복이라는 본질적인 문제제기를 하고 있다"는 시각과 태도로 읽어보자는 필자의 제안은 더 이상 새로운 것이 아니게 된다. 독자들은 오히려 더 깊은 시각과 태도를 보여주기까지 한다.

'옥희'를 주인공으로 설정한 독자들은 현실의 기제를 이해하고 그에 걸맞은 인식을 갖추려 할 것이라는 점에서 '성장소설'로도 볼 수 있다는 필자의 제안에서 나아가 '환멸소설'의 개념까지 들먹이기도 한다.

확인할 수 있다.

최시한, 『소설 어떻게 읽을 것인가』, 문학과지성사, 2010.

사건과 주인공의 개념에서 나아가 다른 개념들, 특히 갈등구조에 대해 확장된 학습을 한 결과이기도 하다.

이렇듯 주제가 고정된 것이 아니라 스스로 찾아 부여할 수 있는 것이라는 요구에 대해 이상적인 생각일 뿐이라는 인식에 깊이 침윤되어 있던 독자(학습자)들이 기본 개념 한 두 가지를 새롭게 습득하고 나서 보여주는 변화의 폭은 매우 커서 그러한 수업의 진행자인 필자로서도 놀라지 않을 수 없었다. 그리고 그러한 독자들의 반응과 태도는 본래 문학교육 학습자들이 능력이 부족해서가 아니라 잠재된 역량을 이끌어내지 못한데서 오는 결과라는 점을 보여주는 것이며 그 출구의 하나가 '방법적 지식'으로서의 기본 개념들임을 확인할 수 있었다.

3. 제안

필자는 오랫동안 소설이라는 장르의 양식적 속성을 제어해 주는 이론 개념들의 습득이 문학교육에서 매우 중요하게 다루어져야 한다는 생각을 가져왔다. 그리고 그 개념들을 재정립하려는 노력을 기울여왔다. 이 글에서 제시한 '사건'과 '주인공'이라는 기본적인 개념이 어떻게 독자(학습자)의 시각과 태도 변화를 이끌어 낼 수 있는지에 대해 살펴보았거니와, 이후 이러한 개념 재정립과 문학교육 현장에서의 활용 방안에 대한 심도이고 폭넓은 논의가 이루어지기를 원하고 있다.

문학 교육의 현장에서도 자체적으로 기본 개념들에 대한 접근 방안과 학습 방안에 대한 탐구가 이루어져 학습자의 문학적 능력이 최대치로 발휘될 수 있도록 통로를 열어주는 노력이 경주될 수 있기를 기대한다.

내적 형식과 방법

암호화(暗號化)화된 기억과 해호화(解號化)로서의 문학교육
- 6·25 전쟁의 교육적 대상화

1. 문제제기

1) 교육의 한 제어기제로서의 전쟁

6·25 전쟁이 현상적으로 종료된 지 60년이 다 돼 가지만 전쟁은 여전히 강력한 후경으로 자리 잡고 있으면서 우리 교육을 제어하는 한 기제로 작용하고 있다. 보수와 진보로 통칭되는 교육적 이념의 양분화의 뿌리는 전쟁의 직접적인 결과물인 분단의 산물로 인식할 수 있을 것이며, 교과서 편찬의 과정에서 자기 내적 및 외적 검열의 준거의 하나가 전쟁을 원인(遠因)으로 하여 형성된 금기임을 부인하기 어려울 것이다. 우리 교과서의 역사를 달리 표현하여 '금기의 역사'라 부를 수 있는데[1] 동의한다면 '성'과 '이데올로기'라는 두 금기 중에서 후

---

1 교과서의 역사를 '금기의 역사'로 본 맥락에 대해서는 다음 논의 참조.
졸고, 「초본과 문학교육」, 『문학교육학』 26호, 2008.
____, 「〈문장〉과 국어교육」, 『한국근대문학』 20호, 2009.

자가 6 · 25 전쟁이 그 전경(前景)의 중핵임은 쉽게 인지할 수 있을 것이다.

교육 내적인 측면에서도 전쟁은 유의미하게 다루어져야 한다. 우리의 현재적 삶과 의식을 지배해 온 실제적인 현상이라는 점에서도 그렇고, 인류 보편의 가치 측면에서도 다루어져야 할 대상이라는 점에서도 그렇다. 전쟁은 사랑, 죽음과 더불어 문학과 예술의 영원한 중심 주제였음을 보아서도 우리는 그것이 교육 내용의 한 대상으로서의 의미를 당위적으로 지니고 있다고도 할 수 있을 것이다.

그럼에도 현재의 교육 현장에서 6 · 25 전쟁의 교육적 대상화의 양상은 빈약하다. 전체적인 교과에서도 그러하고 국어교과에서도 그러하다. 전쟁이 우리의 삶은 물론이고 국어 문화에도 심대한 영향력을 미친 현상임을 감안할 때 국어교과에서 밀도 있게 접근해 가야 할 대상이어야 한다고 믿는 입장에서 많은 아쉬움을 갖게 된다. 이번 학술대회의 기획주제에 따른 논의의 출발점을 여기에서 마련하고자 한다.

2) 교육 현장의 양상들

국어교육의 자장 내에서의 6 · 25 전쟁 교육의 양상을 살피기 위해 두 가지 자료를 제시해 본다. 하나는 현직 국어교사를 대상으로 한 몇 가지 설문조사의 결과이다.[2] 다른 하나는 전쟁을 직접 겪은 교사의

2 이 설문은 경기도 교육청 국어과 1급 정교사 연수(2010. 8. 4 서울대 국어교육과)에 참여한 교사 170여 명을 대상으로 이루어졌다. 170여 명 중 130명이 응답해 주었다. 응답해 준 선생님들께 감사를 드린다. 응답자들의 기본적인 사항은 다음과 같다.

교직 경력		연령대		재직교	
4년 미만	37%	20대 후반	43%	중학교	46%

전쟁 교육에 대한 태도에 대한 증언 자료이다. 설문의 결과와 증언 자료의 내용을 정리하면 다음과 같다.

설문에 응한 교사들은 전쟁의 명칭에 대해 '한국전쟁' 40%, '6 · 25 전쟁' 51%(무응답 9%)의 비율로 응답했다. "1950년 6월 25일에 발발한 그 전쟁을 어떻게 부르는 것이 적절하다고 보는가?"에 대한 답이었다. 10% 정도의 교사들은 이유까지 밝혔는데 거의 대부분이 '한국전쟁'으로 부르는 것이 부적절한 이유에 대해서였다. 이 명칭은 선택의 문제로 보기는 어렵다는 점에서 6 · 25 전쟁에 대한 교사들의 인식의 양상을 엿볼 수 있다.

"중고등학교 시절에 그 전쟁에 대한 교육을 받았는가?"라는 질문에 대해서는 '어느 정도는 받았다' 51%, '별다른 기억은 없다' 43%, '충분히 받았다' 5%, '받지 않았다' 1%의 응답률을 보였다. 전쟁 교육이 의식 형성에 의미 있는 영향을 주지 않았다고 판단하는 것으로 해석할 수 있는 대목이다.

"'그 전쟁'에 대한 교육의 필요성"에 대해서는 '적극적일 필요는 없지만 의무적으로 이루어져야 한다' 53%, '적극적으로 이루어져야 한다' 35%, '필요에 따라 이루어지면 된다' 9%, 기타 3% 등의 응답률을 보였다. 자신들이 받은 교육보다 강화될 필요가 있다고 보는 시각이 드러나는 것으로 판단된다.

"'그 전쟁'에 대한 교육이 이루어져야 한다면 어느 교과에서 주로 담당하는 것이 바람직하다고 보는가?"에 대해서는 '교과 전반' 59%,

---

4년차	42%	30대 초반	41%	고등학교	54%
5년차	14%	30대 중반	11%		
6년차	5%	30대 후반	3%		
7년 이상	2%	40대 이후	2%		

'사회과' 29%, '국어과' 2%, 기타 10%의 응답률을 보였다. 6·25 전쟁이 전반적으로 이루어져야 한다고 생각하는 것으로 나타나는데 국어나 사회 이외의 교과 중 예술 교과와 외국어 교과를 제시한 것이 눈에 띈다. 일부 부기된 내용을 통해 추정하자면 국내외 전쟁 영화나 드라마 향유의 영향으로 판단된다.

"국어과에서 '그 전쟁'에 대한 교육을 다루게 된다면 어떤 제재를 통하는 것이 바람직하다고 보는가?"에 대해서는 '복합적으로' 59%, '문학 텍스트' 30%, '매체 텍스트' 8%, '비문학 텍스트' 3%의 응답률을 보였다. 다양한 속성의 텍스트를 통해 전쟁 교육을 다루는 것이 필요하다는 생각을 엿볼 수 있는데, '영화'와 같은 텍스트의 필요성을 부기한 응답이 상당수에 이른다.

이어진 "복합적으로 제재를 구성한다면 그 비중은 어떻게 하는 것이 좋다고 보는가?"에 대해서는 '문학－매체－비문학' 39%, '매체－문학－비문학' 19%, '문학－비문학－매체' 14%, '비문학－문학－매체' '매체－비문학－문학' 각 10%, '비문학－매체－문학' 8%의 응답률을 보였다. 문학의 비중 순위가 필자의 예상보다 낮은 것으로 나타났다. 확대 해석한다면 전쟁 교육에 적절한 '교과서용 문학 작품'이 빈약하다는 판단이 작용하고 있다고도 할 수 있을 것이다.

"'그 전쟁'에 문학 작품을 통해 접근해 간다고 할 때 어떤 작품을 추천하겠는가?"에 대해서는 다음과 같은 빈도로 응답했다(응답자 수 / 복수 응답).

> 중학교: 기억속의 들꽃 37 / 수난이대 30 / 학 12 / 장마 9 / 흰 종이 수염 8 / 학마을 사람들 7 / 목넘이 마을의 개 4 / 태극기 휘날리며 · 공동경비구역 각 2 / 오발탄 · 휴전선 · 몽실언니 · 국군묘지 앞에서 · 너와 나만의 시간 등

고등학교: 장마 46 / 유예 31 / 비오는 날 19 / 광장 15 / 학 15 / 엄마의 말뚝 12 / 병신과 머저리 12 / 태백산맥 11 / 오발탄 9 / 나목 · 그 많던 싱아는— 각 6 / 휴전선 · 초토의 시 각 4 / 나무들 비탈에— · 어둠의 혼 · 불신시대 각 3 / 노근리 그해 여름 · 마당깊은 집 · 목넘이 마을의 개 · 그 여자네 집 · 태극기 휘날리며 · 웰컴 투 동막골 · 불꽃 · 일기 · 종군시 등

이 양상을 보면 현재 교과서에 실려 있는 작품들이 높은 빈도를 보이는데, 국어 교과서의 영향력이 압도적이며 교사들의 대중매체 체험이 상당하게 작용하고 있음을 볼 수 있다. '유예'가 높은 빈도수를 보인다는 점, 교사 자신의 학습보다 교수 경험이 더 크게 작용했음도 드러난다. 그러나 많은 응답자들이 대상 작품을 자신 있게 추천할만한 독서경험이나 인식이 부족함을 부기로 '고백'하고 있음은 아쉬운 대목이 아닐 수 없다.

이 설문 결과를 통해 전쟁 교육의 한 축이자 '매개자'가 될 교사의 직 · 간접 '경험'과 '기억'의 양상에 대해 판단할 수 있는데, 교사—학생으로 이어지는 교육적 재생산의 구조를 고려할 때 이후 세대에서 전쟁 교육이 의미를 지닐지에 대한 우려를 떨쳐 버리기 어렵다는 생각이 든다.[3]

두 번째 자료는 필자가 3년 정도에 걸쳐 간헐적으로 수집한 것들[4]

3 설문 대상 교사들이 한 년도의 일정 연수자들로 구성되어 있다는 점은 약점이자 강점이 될 수 있을 것이라고 본다. 대상자가 지나치게 한정적이라는 점에서는 약점이나 이후 문학교육의 중추적 담당자가 될 현재적인 교수 주체라는 점에서는 장점이 될 수도 있을 것이다. 상당한 기간 동안 이들의 영향력이 교육현장에 미치게 될 것이기에 현재의 양상에 대한 접근이 필요하기 때문이다.

중에 포함된 국어 교사의 증언 자료이다. 선택해서 살펴보고자 한 내용 중 두 경우만 정리해서 제시하면 다음과 같다.

> "나는 13세 때에 전쟁을 경험했다. 남도지방에서 살던 나에게 전쟁은 처음에는 의외로 단순했다. 많은 피난민들을 겪으면서 세상에는 참 다양한 사람들이 있구나, 이런 것을 느끼게 해 준 사건이었다. 그러나 빨치산과 연관되는 지역적 특성 때문에 점차 깊숙한 생각을 갖게 되었다. 어릴 때 읽었던 외국의 전쟁 이야기와는 사뭇 다른 점을 느끼기 시작했다. 전쟁 속에 피어 난 사랑, 영웅적 존재로서의 장군들의 모습은 정말 남의 나라 이야기였다. 슬프고 이해할 수 없는 이야기들로 내 기억이 채워져 갔다. 26세에 국어교사가 되면서 나는 내 기억을 점차 감추어야 했다. 60년대 중반 이후에 수업 시간에 전쟁을, 내가 겪은 전쟁을 이야기 할 수 없었다. 교과서에서 전쟁을 말하는 단원도 없었고, 교육과정에도 없었다. 한번은 어떤 희곡인가를(차범석의 '고구마' / 1965년 작 / 〈2차 중학 국어〉 소재－발표자 확인) 가르치면서 내 기억을 실어 보았다. 전쟁과는 관련없는 이야기였지만 '고구마'와 얽힌 기억을 떠올리며 전쟁을 이야기했다. 슬픈 이야기였다. 다음 날 교장으로부터 호된 질책을 받았다. '전쟁같은 것을 가르쳐서는 안된다, 학생들의 정서에 맞지 않는다. 굳이 가르치려면 공산주의를 이기자는 방향으로 하라'는 것이 요지였다. 그 이후 내 기억은 시간과 더불어 교육현장에서 점차 희미해져 갔다.
>
> \- 2006년 당시 79세, 전직 국어교사

---

4 한성대학교의 '전쟁과 평화 연구소'의 한 연구에 참여하면서 얻게 된 채록 자료이다. 연구결과에 대해서는 다음 참조.
김귀옥・김동환 외, 『전쟁의 기억 냉전의 구술』, 선인, 2008.

"내 고등학교 국어 선생님은 학도병 출신이었다. 전쟁 당시에 20세의 대학생이셨다. 나와 선생님은 1960년대 말에 한 지방 도시 학교에서 만났다. 그 때 나는 17살이었고 선생님은 30후반에 접어들고 있었다. 열정적인 선생님은 늘 우리에게 전쟁에 대해 이야기하고자 하셨다. 전쟁은 인간이 성숙할 수 있는 계기이자 삶을 이해할 수 있는 곳이라는 요지였다. 교과서의 수필(이은상의 '피어린 육백리' / 〈2차 고등국어〉)에 대해 공부하면서 적이 된 친구와의 인연을 이야기하셨다. '인공 때'라는 말로 표현하며 적개심만을 강하게 내세우시는 부모님이 직접 겪고 이야기해 준 전쟁과는 사뭇 다른 것이었다. 그 차이 때문에 혼란스러웠다. 그리고 그 후 나는 70년대 말에 국어교사가 되었다. 나는 학생들에게 전쟁을 이야기하는 것이 조심스러웠다. 여전히 부모님과 선생님의 경험과 기억의 차이, 내가 이러저러해서 배운 지식들, 그리고 교과서의 전쟁 모습들 간의 간격 때문에도 그러했다. 내가 교과서 단원 내용 외에 덧붙여야 할 내용은 이런 식이었다. '내 선생님께서 기억하고 계셨던' '내 부모님께서 겪고 들려주신 이야기에 의하면'. 그런데 선생님이나 부모님의 경험이나 기억은 늘 같았던 것 같은데 내 '기억'은 늘 조금씩 달라져 가고 있었다."

- 2006년 당시 54세

이 증언 자료들은 전쟁 교육의 내용과 방법에 대한 시사점을 던져주고 있다. 체험과 기억, 그리고 재생산된 기억들이 그것인데, 외적 시간의 개입에 따른 문제를 고스란히 드러내주고 있다. 현장 교사들의 설문 응답에 따른 문제와 더불어 오늘 이 시점에서 우리가 전쟁 교육의 필요성에 대해 공감하고 생산적인 논의를 해야 한다면 무엇을 어떻게 논해야 할지를 말해주는 것이라 판단된다.

3) 대상과 방법 개념으로서의 '기억'

필자는 이 시점의 한국 사회의 구성원들에게 전쟁은 〈기억〉, 〈기억+지식(학습)〉, 〈지식(학습)〉의 세 가지 형태로 자리 잡고 있을 것이라는 가설을 설정한 바 있다.[5] 전쟁이라는 현상으로부터의 시간적 경과와 담론구조의 영향을 고려한 때문이었다. 전쟁 교육에서도 이러한 가설의 구조는 여전히 유효할 것으로 판단하고 있다. 그것은 앞서 살펴 본 자료에서 확인할 수 있듯이 교육의 구성체인 교사와 학생 모두에게서 전쟁은 체험의 대상으로 존재할 수 없는 현상이다. 움직일 수 없는 시간적 거리가 이미 개입하고 있기 때문이다.

전쟁을 직접 겪은 세대가 현장에서 교육을 할 수 있는 물리적 시간은 이미 경과하였고, 증언 자료 두 번째에서와 같이 직접 체험자로부터 교육적 원천을 대물림 받은 경험을 바탕으로 삼을 수 있는 층도 매우 제한적인 시점이다. 이러한 시점에서는 교과서의 영향력이 최대치에 이를 수밖에 없을 것이다. 어떤 제재를 통해 어떤 방법으로 교육이 이루어지는가에 따라 그 교육적 결과는 사뭇 달라질 것이기 때문이다. 이번 학술대회의 주제와 같이 문학교육의 효용성이 다시금 주목되는 대목이기도 하다.

전쟁 교육에서 경험과 기억이 핵심어로 등장하게 되는 것은 필연적 현상이다. 다른 현상과 마찬가지로 전쟁이라는 현상은 그것이 하나의 언어적 표현행위로 전화되는 순간부터 '기억'이라는 정신현상이 작동하게 된다. 그런데 전쟁이라는 현상은 특히 공적인 표현물을 통해 기억으로 전화되는 양상이 매우 '선택적'이라는 점이 특징적이다. 전쟁은 광범위한 집단적 현상이며 공적인 형태로 표현되는 과정에서 직·

---

5 앞의 책, 190쪽.

간접으로 작용하는 요인들이 많고 크기 때문이다.[6]

기억이라는 정신현상 활동은 대상과 방법의 차원에서 전쟁 교육, 특히 문학 교육의 한 범주로서의 교육에서 주요한 기제로 작용하게 된다. 언어적 표현물을 통하게 된다는 점에서 '전쟁에 대한 기억'들이 교육의 내용이 될 것이며, 교육의 과정에서 기억에 의한 교수 학습이 한 몫을 차지하게 될 것이기 때문이다. 그렇다면 이 논의과정에서는 형성된 기억, 매개로서의 기억, 결과로서의 기억 등이 주요 대상이 될 것이다. 이를 다시 분류한다면 체험으로부터 생산된 기억과 교육의 과정에서 재생산된 기억으로 나눌 수 있을 것이다. 전쟁 교육에서는 공동체의 구성원으로 성장하는데 필요한, 바람직한 기억의 재생산이 되어야 할 것이라는 전제에서, 그리고 교육의 한 방향성을 제시해 본다는 목표 하에 이 논의를 진행해 나가고자 한다.

2. 전사(前史)로서의 국어과 교과서에 표상된 기억들의 양상

전쟁 교육의 한 방향성 탐색을 위해 전쟁 교육 그동안 우리 국어교육에서는 전쟁의 기억들이 어떤 양상으로 자리잡고 있었는지를 국정 국어 교과서의 변천과정을 중심으로 살펴보고자 한다.

---

6 선택적 기억이라는 용어는 필자가 다음 논의들을 살피는 과정에서 만들어 본 개념이다. 특히 월남가족과 월북가족의 경우를 예로 들어 '말하기와 침묵하기'의 양상을 고찰한 조은의 논의에서 시사받은 바가 크다.
조은, 「전쟁과 분단의 일상화와 기억의 장치」, 김귀옥 외 앞의 책,
앙리 베르그송, 홍경실 역, 『물질과 기억』, 교보문고, 1991.
윤택림, 『구술사 기억으로 쓰는 역사』, 아르케, 2010.
비교역사문화연구소, 『기억과 전쟁』, 휴머니스트, 2009.
남수영, 『이미지시대의 역사기억』, 새물결, 2009.

1) 집합적 기억과 기억의 공백

국어 교과서 중 처음 전쟁에 대한 접근을 시도하고 있는 것은 전시(戰時) 교과서에서이다. 현재까지 알려진 바로는[7] 전쟁 당시 문교부는 초등학교용 9종, 중학교용 3종 등 총 12종의 전시 교과서를 발행했다. 초등학교용은 '전시생활1(1 · 2학년용)' '전시생활2(3 · 4학년용)' '전시생활3(5 · 6학년용)' 등으로 나누어 각각 3종의 교과서를 제작했다. 1 · 2학년용으로 '비행기' '탕크' '군함' 등 3종, 3 · 4학년용 '싸우는 우리나라' '우리는 반드시 이긴다' '씩씩한 우리겨레' 등 3종, 5 · 6학년용 '우리나라와 국제연합' '국군과 유엔군은 어떻게 싸워왔나' '우리도 싸운다' 등 3종이다. 중학교 교과서는 '침략자는 누구냐?' '자유의 투쟁' '겨레를 구원하는 정신' 등 3종으로 '전시독본'이라는 이름이 붙여져 있다.

그런데 이들 교과서들은 기억의 측면에서 본다면 전쟁에 대해 집단적 기억을 유도하고 있다는 점을 지적할 수 있다. 아직 사물과 현상에 대한 인식 능력이 떨어지는 학생들에게 '현재 벌어지고 있는 전쟁'에 대해 '기억해야 할 방향'을 분명하고도 강력하게 전달하고 있다. 구체적인 내용의 예를 들어보면 이렇다.

초등학교 교과서는 철수와 영이를 등장시켜 대화를 시키고 "군함 위에서 비행기가 떠오릅니다. 공산군을 쳐부수러 북쪽 하늘로 기운차

---

7 전시 교과서와 관련된 자료는 필자가 확인한 외의 경우 다음 저작들을 참조하였음. 특히 전갑주가 최근 공개한 자료들은 중요한 의미를 지니고 있다.
이종국, 『한국의 교과서 출판 변천 연구』, 일진사, 2001.
윤여탁 외, 『국어교육100년사 Ⅰ, Ⅱ』, 서울대학교출판부, 2006.
강진호 외, 『국어교과서와 국가 이데올로기』, 글누림, 2007.
전갑주, 「나와 6 · 25」, 『조선일보』, 2010.3.12.

게 날아갑니다. '만세! 만세!' 영이와 철수는 만세를 불렀습니다."라는 표현으로 마무리를 하는 방식들을 취하고 있는 것은 초등학교 저학년용이다. 김 일등병 부대가 514고지를 넘어 '중공 오랑캐'를 무찌르는 과정을 실감나게 그리거나 '국군과 유엔군은 어떻게 싸워왔나?'라는 제하에 전쟁의 배경과 진행 과정을 소개하면서 '우리 군대는 어째서 후퇴하며 싸우게 되었던가'를 시작으로 '뜻밖의 침략을 막기 위하여 → 승리의 진군 → 한발짝 앞에 놓인 조국의 통일 → 새로운 침략자 중공군이 몰려오다' 순으로 소제목을 설정해 전황을 상세히 서술하고 있는 방식은 고학년용이다. 중간 중간에 삐라를 연상케 하는 그림들을 큼직하게 그려 넣기도 했다.

중학교 교과서는 전쟁에 대한 접근 시각이 보다 구체적이고 제시되고 있다. '침략자는 누구냐?'에서는 "흉물 김일성이가 초상집 개와 같이 자주 소련을 드나들다가 지령을 받아 6월 25일 고요한 강산을 포성으로 뒤흔든 것"으로, '자유의 투쟁'에서는 6·25전쟁을 '단순히 국군과 공산군과의 전쟁이 아니라 중공과 소련 세력이 번지는 것을 막기 위한 것'으로 규정하고 있다.

이 같은 전시 교과서는 '우리'라는 말을 매우 빈번하게 사용하면서 전쟁에 대한 기억을 형성시키고 있다. 거의 대부분의 내용들이 개인으로서는 파악하기 어려운 맥락에 놓여 있는 사항들을 제시하고 그것을 바탕으로 집단적 의식을 유도하고 있다. 학생들의 기억이 집단적 성격을 띠게 될 것임은 굳이 설명하지 않아도 될 것이다.

전쟁에 대한 접근은 전시 교과서 이후 1차 교육과정기(1955~1964)까지 발행된 교과서들에서는 두 편의 시와 한 편의 편지를 제외하고는 거의 공백에 가깝다. 필자가 현재까지 확인한 바로는 1952년에 발행된 〈중등 국어 2-I〉에 실린 유치환의 '원수의 피로 씻는 지역

— 서울 재탈환의 날에'와, 같은 해에 발행된 〈중등 국어 3-II〉에 실린 모윤숙의 '국군은 죽어서 말한다— 나는 광주 산곡을 헤매다가 문득 혼자 죽어 넘어진 국군을 만났다', 1953년에 발행된 〈중학 국어 2-II〉에 실린 이명온의 '일선에 있는 아들에게'정도가 전쟁에 대해 언급하고 있을 뿐이다. 그 외 사설 한편(같은 해 2-I 교과서)을 통해 '전시에 미신행위와 사교를 물리치자'는 논지로 전쟁에 대한 언급을 하고 있을 정도이다.[8]

이들 교과서와 제재들은 전쟁의 후기에 편찬된 교과서임을 감안한다면 '매우 개인적인 감정의 격정적 토로'의 차원의 것이지 교육적 차원에서의 전쟁 기억의 형성과는 거리가 먼 것들이다. 이 시나 편지들에 쓰인 '우리의 군병'이나 '국군' '젊은이'는 실체라기보다 형해화된 우상에 가깝기 때문이다.

전쟁에 대한 접근을 시도하는 표현물이 전쟁 후 거의 10년 넘게 공백을 보이는 것은, 전시와 달리 전쟁에 대한 개인들의 기억이 강렬하게 주체적으로 작용할 시기인데다, 교과서에 게재하기 적절한 표현물을 찾기 어려웠던 사정이 작용한 것으로 판단된다. 교육정책의 주요 기조 중의 하나가 반공 이데올로기였음을 감안할 때[9] 전쟁에 대한 접근이 공백에 가깝다는 점이 설명되기 어렵기 때문이다. 전쟁에 대한 의식 형성의 바탕이 될 기억들의 전승 작용[10]이 제대로 이루어지지 않

8 1952년 〈중등 국어 2-I〉에 실린 오영진의 시나리오 '바다'는 밀수를 하는 '중화인민공화국 무리들을 소탕하는 한국 해군'의 무용담을 다루고 있고, 1954년 〈중학 국어 1-II〉에 실린 강소천의 '방패연'은 '38선을 만들어낸 일제 36년보다 더 무서운 해방 후 5년'에 대한 적개심을 드러내는 소년의 이야기를, 같은 교과서에 실린 정비석의 '애국가의 힘'은 '38선 이북 동포들에게 애국가를 들려주는 감격의 장면'을 그려내고 있다는 점에서 전쟁과 무관하지는 않으나 우회적이고 간접적인 점에서 고려의 대상으로 삼지 않았다.

9 이에 대해서는 강진호 외(2007) 참조.

10 교육에서 기억의 전승은 중요한 의미를 지닐 것이다. 앞서 살펴본 증언 자료에서

게 되는 계기를 제공하게 되었다는 측면에서 문제적인 시기였다.

2) 가공되거나 위장된 기억

전쟁 기억의 공백기를 거치고 난 후 1960년대 중반에서 1980년대 초반까지도 전쟁에 대한 바람직한 기억들을 재생산하는데 필요한 교육적 방안들은 여전히 적극적으로 고려되지 않고 있었다. 그런데 이 시기에 국어 교과서에서는 이와 관련하여 문제적인 인물 두 사람이 적극적인 역할을 담당하고 있었다. 이은상과 유치진이다.

이은상의 교과서 내 역할은 전시 교과서부터 시작해서 1980년대 초반의 교과서까지 주요한 필자로 자리매김되고 있다. 그리고 전쟁에 대한 기억의 형성에 상당한 영향을 끼친 것으로 판단된다.

우선 전시 교과서에서 이은상의 역할은 후경(後景)에 가깝다. 앞서 살펴 본 전시 교과서 중 중학교용의 각권 뒷면에는 그의 시 '낙동강'과 '조국에 바치는 노래'가 실려 있다. '낙동강'의 내용은 다음과 같다.

> 보아라 신라 가야 빛나는 역사 / 흐르듯 담겨있는 기나긴 강물 / 잊지 마라 예서 자란 사나이들아 / 이 강물 네 혈관에 피가 될 줄은 / 오호 낙동강강 오호 낙동강 / 끊임없이 흐르는 / 전통의 낙동강 승리의 낙동강

이 시는 원래 노랫말로 6·25 전쟁 당시 낙동강 전선에서 혈전을 벌이고 있을 때 국민들의 사기를 진작하기 위해 만든 것이며 3절(전통의 낙동강, 승리의 낙동강, 희망의 낙동강)의 가사에 윤이상이 곡을

도 전승의 문제가 드러나고 있다. 이 시기는 교과서를 통해 전쟁에 대한 기억의 전승이 가장 유의미하게 진행될 수 있었던 시기라는 점에서도 주목된다.

붙였다. 당시 국민학교 조회 시간에 이 노래를 부르기도 했으며 이 노래를 주제곡으로 해서 1951년에 제작해 52년에 개봉한 영화 '낙동강'이 탄생해기도 했다.[11] 한편 '조국에 바치는 노래'는 전시 교과서의 후경 역할을 벗어나 1954년 〈중학 국어 1-II〉에 제재로 자리잡게 된다.

이은상이 본격적으로 교과서 무대에 등장하는 것은 1952년에 발행된 〈중학국어 1-I〉에 실린 '화랑 소년 관창'과 '가고파'를 통해서이다. 이후 교과서의 주요 필자로 자리잡게 되는데 1965년 고등학교 국어 교과서에 실린 '피어린 육백리'가 그 절정에 해당한다.[12]

'피어린 육백리'는 이후 4차 교과서(1984)까지 이어지면서 전쟁 기억의 형성에 영향을 미치게 된다. 이 기행수필은 10일간의 여정으로 이루어진 것으로 이중 10일째 해당하는 내용이 교과서에 실리게 된다. 수십 편의 삽입시가 들어있는 이 글에서 전쟁의 기억은 '감각적 현재화'의 양상을 보이고 있다. 10년이 지난 시점에서 전쟁은 한 시인의 서정적 글쓰기를 통해 고스란히 재현되는 듯 보인다. 그러나 거기에 담긴 전쟁 기억은 그 원천이 되는 전쟁의 모습이 철저하게 글쓰는 시점의 시인의 정서에 맞춰 재구성되고 있다는 점에서 온전하지 못하다. 삽입시의 존재가 말해주듯이 기억되어야 할 상황이나 장면들은 파편화되어 감정의 틀에 의해 다시 조립되고 있는 형국이다.

이성적이고 냉정해야 할 전쟁의 기억은 자연이라는 객체를 기반으

---

11 이승기, 「추억의 봉래극장」, 『연합신문』, 2005. 11. 17.
『부산일보』, 2010. 5. 4 기사
그런데 이후 이은상 시비(낙동강변 소재)와 〈조국강산〉에 실릴 때는 뒤 3행이나 마지막 구절(승리의 낙동강)이 삭제되어 있다. 이를 통해 이 시가 교과서에 실리게 된 것이 전쟁 수행과 관련된 의미를 부여받았기 때문이었다.

12 시조 '고지가 바로 저긴데'(1, 2, 3차 교과서)를 통한 전쟁 기억의 형성에도 영향을 미친 것으로 볼 수 있으나 그 영향력은 '피어린 육백리'에 미치지 못하는 것으로 판단하였다.

로 한 '조국의 찬송가'[13]로 흡수되면서 현재적으로 가공되고 있을 따름이다. 이러한 제재를 통한 전쟁 교육은 결국 전쟁에 대한 왜곡된 기억을 재생산하는 쪽으로 이어졌을 것으로 판단된다.

유치진은 1952년 발행된 〈중학 국어 3-II〉에 실린 '원술랑'을 통해 교과서에 데뷔하게 된다. 광복 후 47년 2월까지 은둔에 가까운 모습을 보이다가 1947년 2월 '조국'으로 재기한 이래 가장 공적인 등장이라 할 수 있다.[14] 이후 2차(1965) 중학교 교과서 I, II에 '별'과 '사육신'이, 3차(1975) 고등학교 국어교과서1, 2에 '조국'과 '청춘은 조국과 더불어'가 연달아 실리면서 이은상과 더불어 주요 필자로 급부상하게 된다.

'청춘은 조국과 더불어'는 전쟁의 모습을 '애정(愛情)'이라는 감정 영역 속으로 전이시켜 형상화함으로써 바람직한 전쟁 기억과는 거리가 먼 미달형 기억을 재생산하는데 기여하게 된다. 이는 '조국'을 통해 독립운동의 기억을 '모성(母性)'속으로 전이시킨 것과 대비된다. 쟁정 관계로 인한 갈등 구조의 해결을 위기에 처한 조국에 대한 애국심으로 해결한다는 식의 접근은 형성 단계에 있는 학생들에게 전쟁의 모습이 지극히 개인적이고 파편화된 현상의 하나로 인식될 수 있도록 할 수 있다는 점에서 부정적 기억의 재생산 구조에 기여하는 것으로 볼 수 있다.

'자연'과 '애정'이라는 대상으로의 전이를 통한 전쟁의 형상화는 두 문인의 경력과도 무관하지 않을 것으로 판단된다.[15] 조심스럽기는 하

13 이은상, 『조국강산』, 평화당인쇄, 1974, 머리말.

14 김성현, 해방 후 유치진의 연극이론 전개 과정과 남한 극계의 형성, "문학권력과 정전의 탄생", 문학과비평 연구회 심포지움 자료집, 2003.

15 이런 맥락은 '친일'의 문제와도 맞닿아 있을 것이다. 매우 선정적으로 들릴 수 있을지 모르나 '교과서를 통한, 반공을 앞세운, 친일 경력의 세탁'이라는 표현도 생각해 볼 수 있는 대목이다.

지만 두 문인의 두 작품은 과거의 경력을 대중들의 기억 속에서 지우고 굳건한 반공과 조국애의 수행자로 인식되는 결과를 가져왔을 개연성을 부인하기 어려울 것이다. 이런 측면까지 고려하다면 이들 작품에 나타난 전쟁의 기억은 가공되거나 위장된 기억으로, '바람직한 기억'[16]의 재생산과는 거리가 있는 경우로 보는 것이 타당할 것이다.

3) 추상화되고 암호화된 기억

앞서 살펴 본 작품들과 달리 전쟁 교육의 측면에서 긍정적인 기억의 재생산의 가능성을 열게 되는 작품들이 교과서에 실리게 되는 것은 4차 국어교과서(1984)에서야 이르러서이다. 황순원의 '학'이 4차 〈고등 국어 3〉에 실린 이후 하근찬의 '수난이대'와 '흰 종이 수염'이 각각 6차 〈고등 국어 상〉과 7차 〈중학 국어 1-2〉에, 윤흥길의 '기억 속의 들꽃'과 '장마'가 각각 7차 〈중학 국어 2-1〉과 〈고등 국어 상〉에 실리게 된다.

이 소설들은 앞선 시기의 작품들과 달리 전쟁에 대한 접근이 보다 의미 있게 이루어지고 있다는 점에서 전쟁 교육의 한 가능성을 엿볼 수 있게 한다. 그런데 이 소설들을 다루는 방향에서는 기대치와는 거리가 있어 보인다. 학습활동이라는 내용을 통해 이 점을 확인해 보기로 한다.

---

16 분석적이고 논리적인 접근을 해가야 하는 논문에서 이러한 용어가 적절하지는 않다는 판단이다. 이 논문의 큰 약점이기도 하지만 보다 보편적이고 학문적인 성격을 띤 개념을 현재로서는 제시하기가 쉽지 않다. '생산적 기억'이나 '활성화될 기억' 등의 용어를 떠올려 보았으나 그리 적합한 것은 아니라는 판단이다. 추후 논의를 통해 적확한 개념을 설정해 보고자 한다.

〈흰 종이 수염〉

· 등장인물의 갈등 이유

· 사건의 전개와 감정 변화

· 배경과 주제

〈수난 이대〉

· 당대의 삶을 상징적으로 대표

· 작품이 상징하는 바

· 작품 결말이 지니는 전통성

· 전형적인 인물의 심리

〈기억 속의 들꽃〉

· 중요 사건 정리

· 성격 추측

· 제목의 이유

· 행동의 이유

· 글쓴이의 말하고자 하는 바

· 전쟁이 벌어지는 곳에 있다면 나의 삶의 변화는?

〈장마〉

· 구렁이의 상징적 의미 알아보기

· 외할머니 행동의 이유를 상황맥락과 관련하여 알아보기

· 할머니가 말할 (유언으로) 내용 추론해보기

위의 내용들을 살피건대 학습활동을 통해 학생들이 수행하게 되는 학습은 전쟁 교육과는 거리가 멀다. 대부분 단원의 목표에 따라 이루

어지며 단원의 목표가 전쟁이라는 현상과의 접합점이 크다 하더라도 너무 폭넓게 제시되고 있다. 전쟁 교육의 측면에서는 그 접근방향이 추상화되고 있는 셈이다.

예를 들어 '장마'같은 경우 교사들은 전쟁 교육의 대상으로 매우 비중 있게 생각하고 있으나 실제 교과서에서는 다른 측면에서 접근할 것을 요구하고 있다. 단원의 목표가 '상황에 따라 말하고 쓰기'로 되어 있다 보니 전쟁과 관련된 문제는 애써 피해가고 있는 형국이 되고 있다. 소설사에서 '장마'가 차지하는 비중을 감안할 때 교육적 효용성이 매우 낮은 편이라 할 수 있다.

중학교용 작품으로 교사들의 추천 빈도가 가장 높았던 '기억 속의 들꽃' 역시 "삶과 문학"이라는 대단원명에도 불구하고 삶에 대한 접근이 추상화되어 있다. 삶의 모습을 인물의 행동을 통해 파악하는 정도에 그치고 머물고 있다. 중학교 학생들임을 감안하더라도 적극적인 접근이 아쉬운 대목이다.

다음으로 논의할 수 있는 부분은 '상징'의 문제이다. 예를 들면 '장마'에서 '구렁이의 상징적 의미' '기억 속의 들꽃'에서 '쥐바라숭꽃'이나 '반지'의 상징성 등에 대해 접근하고 있는데 이 상징들이 일차적인 차원에서 의미 해석의 대상이 되고 있음을 지적할 수 있다. 이는 '수난이대'나 '흰 종이수염'에서 인물이나 삶의 모습을 상징과 전형성의 측면에서 바라볼 것은 요구하는 맥락과 상통한다. 어느 쪽이든 텍스트 내적 체계를 통해서 확인 가능한 상징성과 전형성을 파악하는데 머물 수밖에 없는 접근이 이루어지고 있다.

문학교육 특히 소설교육에서 상징체계에 대한 이해는 중요한 활동의 목표이다. 그러나 그 상징이 전쟁이라는 현상과 관련되는 것이라면 문제가 달라진다. 구조적 차원의 유추나 논리적인 추론에 머물러서는 작품이 지닌 함량을 최대치에 이르게 하기에는 매우 어려움이 많다. 전쟁과 관련된 체험, 경험, 전승된 기억 등이 부족하다면 그 상징은 하나의 장치에 불과하게 된다. 더욱 작가들조차 전쟁에 대해 조망하거나 통찰하기가 매우 어려운 일이기에 고도의 추상화나 상징화를 통해 전쟁을 형상화하게 되는 것이기에 학생들이 그 작품들을 통해 전쟁의 이해에 다가가기란 더욱 어려운 일이 아닐 수 없다. 인물의 침묵도 소설적 기억 방식의 하나라는 지적을 참조한다면[17] 한다면 그 어려움은 가중될 것이다.

현재와 같은 교과서에 실린 소설 작품들을 통해 제시되는 전쟁에 대한 이해는, 학생들에게는 일종의 암호 풀기와 같은 것이라는 판단을 하게 된다. 편찬자들이 학생들의 수준과 학습능력을 고려하여 고르고 고른 작품들이지만 전쟁에 대한 기억의 재생산구조 속에 놓여보지 못한 학생들에게는 전쟁을 형상화하고 있는 하나의 상징 또는 상징체계는 기호를 넘어 암호에 가깝게 느껴질 것이라 본다. 전쟁에 대해 지식(학습)의 결과물을 통해서만 접근해 갈 수 있는 필자 같은 경우에도 '장마'의 구렁이에 대한 해석은 난감할 수밖에 없다. 작가의 다른 작품인 '완장'에 등장하는 '완장' '죽창' 등의 기호에 대해서는 어느 정도 파악이 가능하지만 전쟁을 그나마 소년 시절에라도 전쟁을 겪은 작가의 기억으로 이야기되는 '구렁이'는 난해하기만 한 기호이자 암호이다.

최근의 교과서들에 실린 작품들이 추상화되고 암호화된 기억에 의지하고 있다고 보는 것은 물론 교육적 측면에서이다. 성인 독자들은 여러 기제를 동원해서 그 기억에 다가갈 수 있는 여지가 있기 때문이다. 그러나 학생들의 입장에서는 그러한 기제를 마련하기가 쉽지 않다. 현재의 학생들의 부모 세대는 물론이고 교사 세대도 이제 전쟁의

17 심진경, 「이야기꾼의 두 가지 존재방식」, 『Paran21』 여름호, 2003.

기억을 고스란히 전해줄 수 있는 세대가 아닌 것이 일차적인 어려움의 근거이다. 그래서 학생들에게 전쟁에 대한 바람직한 기억의 형성은 암호의 해독이라는 장애를 넘어서야 가능하리라 판단된다.

3. 해호화(解號化)를 위한 문학교육의 한 방향

문학교육의 목표란 논자에 따라 충분히 다양하게 설정될 수 있을 것이다. 이 논의에서는 '공동체의 문화 전승'[18]이라는 기능적 목표에 주목하는 입장이다. 한국 사회에서 전쟁은 그 정체성이 부정적이든 긍정적으로 형성되었든 문화적 원천[19]으로서의 의미를 지니고 있다. 그럼에도 불구하고 정작 교육의 현장에서는 교육내용으로서 별다른

---

18 이 목표는 여러 차례의 교육과정에서 반복되어 설정되어 왔다. 그런데 가장 높은 단계에서 제시되고 있는 만큼 구체적인 전승의 내용이나 범위 등은 찾아보기 어려웠다. 필자가 생각하는 전승의 한 양상에는 기억도 포함된다. 구체적인 현상에 대한 기억이나 아주 낮은 단계로는 '작품을 읽은 기억'도 상정할 수 있다. 예를 들어 작품성이나 작가, 문학사적 평가의 측면에서 논란의 대상이 되곤 했던, 국어교과서에 정비석의 '산정무한'이 지속적으로 실리게 된 연유에 대해 이렇게 접근할 수도 있을 것이다. 할아버지－아버지－나로 이어지는 세대 간에 공통된 대화의 화제로 '나도 산정무한을 배웠다'는 기억을 들 수 있으리라는 생각이다. 이 세대 간에 그 작품에서 먼저 떠오르는 현란한 수사나 감성적 문체 등을 기억하는 독자들로 참여하는 대화의 장이 형성할 수 있다면 이 역시 문화 전승으로서의 '기억'의 양상으로 볼 수 있을 것이다. 이런 발상은 다음 책의 저술과정에 참여하면서 얻게 된 것이다.
김대행 외, 『문학교육원론』, 서울대학교출판부, 2000.

19 이러한 접근은 문화에 대한 정의를 어떻게 내리느냐에 따라 달라질 수 있을 것이다. 여기서는 수많은 문화 논의 중, 문화를 산물(product), 관념(idea), 행동(behaviour)의 세 분야로 나누고 있는 Tomalin & Stemplski의 견해와 문화교육의 내용을 지식, 경험, 수행, 태도로 설정한 김대행의 견해를 근저로 삼았다.
Tomalin & Stemplski, *Cultural Awareness*, Oxford University Press, 1994.
김대행, 「언어교육과 문화인식, 한국어교육에서의 문화교육의 내용과 방법」, 국제한국언어문화학회 5차 학술대회 자료집, 2008.5.

위상을 갖고 있지 못하며 방법적 모색도 거의 이루어지지 않고 있다.

이러한 현상은 우리 교육 또는 교과서를 제어하고 있는 몇 가지 금기 중의 하나가 이데올로기이며 그 이데올로기의 근원이 전쟁이었음을 감안할 때 전쟁 자체에 대한 접근도 매우 조심스러웠기 때문에 빚어진 것으로 볼 수 있다. 그러나 이제는 그러한 금기로부터 벗어날 수 있어야 하며 일정한 정도의 환경 변화가 이루어졌다는 판단이다. 국정교과서의 폐지도 그 환경 변화의 하나로 볼 수 있을 것이다. 이제 전쟁의 기억이 공동체의 문화 전승이라는 문학교육의 목표에 따른 교육내용으로 적극적으로 수용되고 그에 따른 방법적 모색이 필요한 때이다. 그리고 그 방법적 모색의 핵심은 앞서 제시한 기억 전승의 장애의 일차적인 원인인 암호의 '해호화'에 놓여야 할 것이라고 본다.[20] 이제 거칠게나마 그 방법적 모색의 한 방향을 제시해 보고자 한다.

---

20 이와 관련해서 외국의 한국문학 연구자들이 가진 다음과 같은 견해는 이 전쟁 기억의 전승이 우리 문학교육의 범주를 벗어나 한국문학의 세계화와도 관련이 됨을 말해주고 있다는 점에서 주목할 필요가 있다. 물론 우리 사회에서의 전쟁의 교육적 대상화가 오히려 잘 이루어지지 않고 있음을 반성적으로 되돌아보게 한다는 점을 우선적으로 생각해야 할 것이다.
"한국문학을 처음 접했을 때는 남북분단이 한국문학에 있어 중요한 주제라는 것을 실감했고, 다른 작품들을 읽으면서 다양한 주제를 다루는 흥미롭고 열린 문학이라는 것을 느꼈다."(프랑스 파리 통번역대학원에서 소수언어 특별과정을 맡고 있는 주느비에브 루 포카르)
"중국 학생이 한국어과 대학원까지 나와도 한국문학을 번역하기에는 부족함이 있다. 가령 한국의 수난사를 한 편의 소설로 녹여 넣은 하근찬의 '수난이대'의 경우 한국의 역사와 문화를 이해하지 못하면 제대로 번역하기가 쉽지 않다."(중국 지린대 교수 권혁률)
이 언급들은 2009년 9월 서울에서 열린 제3회 세계번역가대회에 앞서 이루어진 기자회견에서 제시된 것이다. 연합뉴스 2009.9.22 기사 참조.

1) 지식과 맥락의 활성화

현재 시점에서 전쟁은 현저하게 추상화된 존재로 작용하고 있다. 그 속성상 실체를 파악하기도 어렵지만 실체의 일부라도 경험한 세대들도 점차 현실에서 멀어져감에 따라 매개자의 역할을 수행하는 주체들의 존재감도 희미해져 가고 있다. 교육현장의 상황은 그 정도가 더욱 커지고 있다. 교사와 학생 모두가 실체로부터 멀어져 있다. 그러다 보니 기억 전승의 양상은 밀도가 현저히 떨어지고 있다. 국어교육의 현장에서 문학작품에 기댈 수 있는 것이 최대치로 설정될 수밖에 없는 듯하다. 그러나 앞서 살펴본 바와 같이 문학작품의 속성상 또는 교육적 환경 상 교사나 학생들에게 암호화된 대상으로 수용될 가능성이 크다고 보았다.

이런 판단에서 이 논의에서는 전쟁이나 전쟁을 다룬 문학작품의 수용과 관련된 지식과 맥락의 활성화가 우선적으로 필요하다고 본다. 지식과 맥락이라는 개념을 동원하는 것은 현행 교육과정에 토대를 두고 논의를 진행하는 것이 필요하다는 판단에서이다.

이 논의가 구상한 지식과 맥락의 활성화는 크게 다음 두 가지이다.

첫째, 작가의 부활이다.

현재 우리 교과서는 '작가의 부재' 상태라고 할 수 있다. 문학 텍스트이든 비문학 텍스트이든 글쓴이에 대한 정보는 3~4줄 정도로 형해화되어 있다. 그나마 문학 텍스트는 조금 나은 편이다. 그러나 3~4줄 정도의 건조하고 압축적으로 기술된 정보는 최소한의 기능을 하기에도 어렵다. 특히 전쟁을 다룬 문학작품의 경우 체험과 기억의 소산이라는 점을 염두에 둔다면 더욱 작가에 대한 접근이 필요하다.[21]

현행 교육과정에서는 '문학작품에 나타난 사회문화적 상황과 관련지어 창작동기와 의도를 파악한다.'(9학년 문학) '문학 작품에 드러난 작가의 개성을 이해한다'(10학년 문학)는 성취기준을 두어 작가에 대한 접근 통로를 열어두고 있기는 하다. 그러나 이 성취기준들은 작품에 국한된 접근을 유도 하고 있어서 이 논의가 필요로 하는 접근과는 거리가 멀다.

전쟁을 다룬 작품을 창작하는데 작용했을 관여 요소들, 전기적 사실들, 가치관이나 세계관, 창작적 경향 등의 내용들을 밀도있게 제시할 필요가 있을 것이다. 필자 개인의 생각으로는 적어도 해당 작가는 교과서의 한 쪽 정도를 할애하여 집중화시켜 다룰 필요가 있다고 본다. 그렇다고 설명적 텍스트로 구현할 일은 아니다. 작가의 경험담, 일화, 인터뷰, 비평 등을 다양하게 조직하여 제시할 필요가 있다. 그래야 암호화된 전쟁의 기억을 수용하고 재생산할 수 있는 최소한의 여지가 마련될 수 있을 것이다.

둘째, 문학사적 논의 결과의 자료화이다.

논자에 따라 다양한 접근이 가능한 부분이지만 전쟁문학–전후문학–분단문학–분단극복문학 등으로 이어지는 문학사적 논의 결과[22]가 적극적으로 교과서에서 수용하여 제시할 필요가 있다. 전쟁과 같

---

21 교과서에서의 작가의 부활은 비단 이러한 측면에서만 필요한 것은 아닐 것이다. 필자는 '작가론과 국어교육'이라는 논의를 진행하고 있는데, 한 시대의 언어적 통찰력과 감수성, 수행능력의 최대치를 보여준다고 해도 무리가 없을 작가들의 능력을 인정한다면 국어교육에서 작가에 대한 보다 적극적인 수용이 필요하다는 전제하에 진행하고 있다.

22 문학사와 관련하여 논의의 구상과정에서 주로 참조한 것은 다음 저작들이다.
김윤식 · 정호웅, 『한국소설사』, 예하, 1993.
김재용 · 이상경 · 오성호 · 하정일, 『한국근대민족문학사』, 한길사, 1993.
민족문학사 연구소, 『새 민족문학사 강좌』, 창작과비평사, 2009.

은 현상을 다룬 문학작품들은 개별적인 차원이 아니라 집단적인 작품군의 하나로 다루어지는 것이 타당하다고 본다. 전쟁이라는 현상 자체가 매우 복합적이면서 광범위한 영향관계를 형성하고 있는 것이기에 그러하며, 단편 중심의 교과서 편제의 속성을 감안할 때 그러하다는 판단이다.

문학사적 논의 결과는 지식 또는 맥락의 속성으로 자료화되어 제시될 수 있을 것이다. 학생들이 작품에 접근하기에 앞서 선학습해야 할 지식의 양태로 주어지거나 활동에 필요한 맥락의 양태로 주어질 수 있을 것이다.[23] 문하사적 흐름에의 해당 작품이 차지하는 위상이나 의미망에 대한 정보 제공은 작품의 수용, 특히 자기화 또는 내면화가 밀도 있게 이루어질 수 있도록 해 줄 것으로 기대하고 있다.

이러한 지식과 맥락과 활성화는 고도로 상징화된 기호 체계로 이루어진 작품들의 수용이 보다 수월하게 이루어질 수 있게 할 것이며 기억의 재생산 구조에도 긍정적으로 작용할 수 잇을 것이라 본다.[24]

2) 보완 텍스트를 통한 확장

추상화와 암호화된 기억으로 이루어진 텍스트에, 불충분하게 형성된 매개자의 기억들이라는 장애 요소를 넘어 긍정적인 전쟁 기억의

23 현행 교육과정의 지식과 맥락에 대한 논의가 활발하게 이루어지고 있는데 필자는 지식과 맥락을 어떤 단계에서 주어지느냐에 따라 구분하는 것이 바람직하다는 생각을 가지고 있다. 지식은 본격적인 학습 이전에, 맥락은 활동 단계에 주어지는 것이라 구분해서 받아들이고 있다.

24 여기에 덧붙일 수 있다면 통합교과로서의 국어교과의 성격을 감안하여 범사회교과적 지식의 수용이 있을 것이다. 6·25 전쟁에 대한 교과서적 지식의 활용도 의미 있는 작용태가 될 것이라 본다.

재생산으로 나아가려 할 때 상정해 볼 수 있는 또 하나의 접근은 텍스트의 확장일 것이다.

우선 텍스트의 구성적 다양성을 확보하는 일이다. 기억의 전승이 교육의 주요한 틀이어야 함에도 불구하고 온전하게 이루어지지 못한 것이 우리 교육의 현실이다. 여기에는 앞서 살펴 본 전사의 이면에서 충분히 읽어낼 수 있었겠지만 교육적, 사회적, 정치적 제어 기제들이 작용하고 있었다. 반공을 이야기하면서도 정작 전쟁을 피해가게 되는 상황적 요인들, 전쟁 기억한 침묵과 표명이 극명하게 엇갈리며 존재하는 요인들, 보편성으로 설명하기에는 너무 특수한 전쟁의 양상들로 인한 논리들이 어우러지면서 이런 현실을 배태해 낸 것이다. 그렇다면 기억의 전승은 또 다른 방식으로 추구될 필요가 있을 것이다.

논의의 진전을 위해 다음 작품의 일부를 살펴보기로 하자.

> "사람이나 좀 똑똑히 쳐다보면서 얘기해요. 빨리 될 수 있소?"
>
> 그 녀석은 박씨 앞에 삿대질을 하듯이 또 거쉰 소리를 질렀다. 검초록색 잠바에 통이 좁은 깜장색 바지 차림의 서른 남짓 되어 보이는 사내였다. 짧게 깎은 앞머리가 가지런히 일어서 있고 손에는 올이 굵은 깜장 모자를 들었다. 칼칼하게 야윈 몸매지만 서슬이 선 눈매를 지녔고, 하관이 빠르고 얼굴색도 까무잡잡하다. 앞니에 금니 두 개를 해박았다. 구두가 인상적으로 써늘하게 생겼다. 구둣방에 진열되어 있는 구두는 구두에 불과하지만 일단 사람의 발에 신기면 구두도 그 주인의 위인과 더불어 주인을 닮아가게 마련이다. 끝이 뾰족하고 반들반들 윤기를 내고 있다.
>
> 헤프고, 사근사근하고, 무르고, 게다가 병역 기피자인 박씨는 대번에 꺼칠한 얼굴이 되었다. 처음부터 나오는 것이 예사 손님 같지는 않다.
>
> "글쎄, 앉으십쇼. 빨리 해드릴 테니."

"얼마나 빨리 되어? 몇 분에 될 수 있소?"

"허어, 이 양반이 참 급하기도."

"뭐? 이 양반? 얻다 대구 반말이야? 말조심해."

앉았던 손님 두엇이 거울 속에서 힐끗 쳐다보았다. 그리고 거울 속에서 눈길이 부딪칠 듯하자 급하게 외면을 하였다. 세발대의 두 소년도 우르르 머리들을 이편으로 내밀고 구경을 하고 손이 빈 민씨와 김씨도 구석 쪽 빈 이발의자에 앉아 묵은 신문을 보다가 말고 몸체만을 엉거주춤히 돌렸다.

청년은 다시 이발소 안을 둘러보다가 그 눈길이 주인에게 가 멎었다. 주인도 여전히 양말 신은 두 발을 두 손으로 주무르면서 마주 올려다보았다.

"당신은 뭐요?"

"주인이오."

"주인이면 주인이지, 그 앉아 있는 꼴이 뭐요? 도대체에 이 사람들 정신이 있는 사람들인가. 때가 어느 땐지도 모르고, 이 사람들이."

"술 냄새가 약간 났으나 옳기는 한 소리인 것 같아서 주인도 후닥닥 일어나 섰다."[25]

이 소설에서 작가는 전쟁이 어떻게 사회 구성원들의 의식 속으로 파고들었는지를 '언어'를 통해 보여주고 있다. 의식의 측면에서가 아니라, 그리고 개인의 사화(私化)된 기억에서가 아니라 공동의 언어로 전승되고 있는 양태를 통해 전쟁의 모습을 형상화하고 있다. 이 사회에서 위력을 발휘하며 작용하고 있는 일종의 권력언어[26]들이 실상 전

---

25 이호철, 「어느 이발소에서」, 『창작과 비평』 창간호, 1966.

26 '권력 언어(language based in the power)'라는 용어는 필자가 한국 현대 소설의

쟁이 남긴 산물들임을 통해 전쟁에의 접근통로를 열어놓고 있는 셈이다. 전쟁이 누군가의 이야기이며 엿보기, 엿듣기의 대상이 아니라 나의 삶에 영향을 주고 있는 원천인 점을 알게 될 때 전쟁에 대한 이해는 보다 구체적으로 이루어질 수 있을 것이라고 판단된다.

이러한 작품들과의 만남을 통해 학생들은 보다 구체적으로 암호의 해독에 나설 수 있을 것이다. 즉 현재적인 삶의 모습과 연관되는 작품들과의 접합이 분명하게 이루어져야 교과서 소설들을 통한 전쟁 기억의 재생산이 긍정적으로 이루어질 수 있으리라 판단하는 것이다. 이와 함께 과거의 기억에만 머무르는 소설 외에도 그 기억들이 현재적으로 작용하는 양태를 형상화하는 소설들도 고려할 수 있을 것이다. 소년의 기억을 물리적 시간만 훌쩍 뒤로 물린 채 고스란히 제시하는 방식으로 형상화된 전쟁은 역시 엿듣기의 대상에서 크게 벗어나지 못할 것이다. 예를 들어 문순태의 '철쭉제' 같은 경우는 어릴 적의 전쟁 기억이 성인이 된 현실에서 어떻게 전화되면서 삶을 지배해 온 굴레와 같은 인식에서 벗어나 성숙된 의식을 가질 수 있는지를 여로구조를 통해 잘 보여주는 작품이다. 소년의 기억이 지닌 위험성이 어떤 것인지, 그리고 전쟁에 대한 개인의 기억이 어떻게 전환해 갈 수 있는

내적 형식의 문제를 검토하는 자리에서 제기한 바 있다. 그 내용을 간단하게 정리하자면 권력 언어란 권력 관계에 의해 형성되거나 그 관계를 표현하는 언어라 할 수 있다. 문제는 권력 관계를 어떤 범주에서 설정하느냐에 달려 있다. 이 논의와 관련되는 권력의 속성은 이렇게 정리할 수 있다. 권력이란 한 사회를 이끌어 가는 요소로 누구나가 그것을 얻기 위해 노력하고 있다. 물론 이 때의 권력은 우리가 흔히 발견하게 되는 정치적 권력만을 의미하지 않는다. 많거나 적거나 간에 다른 사람들이 나를 향하고 나에게 동조를 하고 나의 어떤 요소를 부러워할 때 권력 관계가 형성된다. 제도에 의한 힘, 경제력, 지식, 건강한 육체, 유머 감각 등도 그 예가 될 것이다.
졸고, 「한국 소설의 내적 형식과 문학교육」, 『문학교육학』 6호, 한국문학교육학회, 2000.

지를 보여줌으로써 암호와 같은 작품들의 해호화(解號化)에 도움을 줄 수 있을 것으로 판단된다.

일기나 수필 같은, 보다 완화된 단계의 형상적 언어[27]를 사용하는 텍스트의 수용도 고려할 수 있다. 높은 단계의 형상적 언어들을 사용하는 작품들이 상징 등의 기호체계와 맞물리면서 암호에 가까운 텍스트성을 보인다는 판단에 따른 것으로, 앞장에서 제시한 교사들의 설문 결과에서도 이러한 텍스트의 필요성에 대한 지적이 나온 바 있다. 이런 텍스트들은 학습자들의 접근성과 수용성의 측면에서 경쟁력을 지니며 '기억'의 재생산구조와도 밀접하게 연관되는 구성 원리를 보인다는 점에서도 의미를 지닐 것이다. 교사들이 제안한 복합 매체적인 성격의 텍스트의 제시도 필요하다. 특히 학습자들이 쉽게 접근해 갈 수 있는 영화나 드라마는 선택적 학습활동의 자료로서도 유용할 것이다.

교과서의 구성적 한계 때문에 많은 수의, 분량의 작품을 다 제시할 수는 없겠지만 보다 강화된 활동 중심의 방향성에 기댄다면 이와 같은 보완 텍스트의 활용은 충분히 가능하리라 본다. 대체로 이해와 적용으로 이루어지는 활동 구조에서 이해와 작용 텍스트를 서로 보완 텍스트로 구성하는 방식이 그 예가 될 것이다.

3) 구술 자료의 활용

다음으로 제시해 보고자 하는 것은 '전쟁 기억의 구술 자료'의 도입이다. 앞서 제시한 설문에서 마지막 항목은 구술사의 도입 필요성에 대한 것이었다. "'그 전쟁'을 직접 겪은 당사자들의 '구술 자료'를 활용하여 '그 전쟁'에 대해 접근해 가는 방법에 대한 생각"을 묻는 질문에

27 여기에서는 'figurative language'의 번역어에 해당하는 의미로 사용하였다.

84%가 필요하다고 응답했으며 많은 응답자들이 자발적인 부기를 주었다. '생생한 체험' '살아있는 목소리' '간접적인 경험' '현실성과 현장감' 등의 이유를 덧붙였다. 물론 '편파성'에 대한 우려도 빼놓지 않고 지적해 주었다.

구술사에 대한 연구는 최근에 이르러 더욱 활발하게 이루어지고 있다.[28] 구술사를 통해 필자는 거의 대부분 지식(학습)의 수준으로 유지해오던 전쟁에 대한 이해가 매우 큰 폭으로 전화을 이룬 경험을 갖고 있다. 교사들 또한 구술사의 기능과 속성에 대해 상당수가 잘 이해하고 있었으며 그 이해를 바탕으로 구술자료의 활용을 적극적으로 제기하고 있었다. 이같은 태도는 그동안의 전쟁 교육의 매개로 작용했던 소설 작품들에 대한 아쉬움과 교과서적 접근의 문제에 대한 의견 표명으로 판단된다. 구체적으로 교과서 내 학습 자료나 매체화한 보충자료로 제시하는 것이 바람직할 것이라는 제안까지도 하고 있다.

구술사에는 분명 한 개인의 목소리가 강하게 담겨 있고 특수한 기억들로 채워져 있을 가능성이 크다. 그러나 현재적인 아픔과 문제로 받아들이고 있는 당사자들의 기억도 이제 얼마의 시간이 흐르면 사라지게 되고 우리 사회가 공유하는 전쟁에 대한 기억들은 점차 형해화된 것으로 나아갈 개연성이 크다. 그런 측면에서 온전한 기억의 존재 방식인 구술사의 적극적인 도입을 제안하고자 하는 것이다.[29]

---

28 이 논의에서 참조한 주요 성과들은 다음과 같다.
김귀옥, 「지역 조사와 구술사 방법론」, 『한국사회과학』 22, 2000.
김성례, 『한국 여성의 구술사, 젠더 경험 역사』, 서강대학교 출판부, 2004.
숙명여자대학교 아시아여성연구소, 『한국여성인물사』 1, 2, 숙명여대출판부, 2004, 2005.
윤택림 외, 『문화와 역사연구를 위한 질적 연구방법론』, 아르케, 2006한국구술사연구회, 구술사, 선인, 2005.
윤택림, 『구술사 기억으로 쓰는 역사』, 아르케, 2010.

29 구술사를 수용하는 과정에서 고려해야 할 중요한 문제 중의 하나는 구술 자료가

앞서도 말했듯이 한국의 작가들이 역량이 부족하여 전쟁 문학의 높은 경지에 나아가지 못한 것이 아니라 6·25 전쟁 자체가 지닌 본질적인 속성 때문에 유년의 기억이나 아주 부분적으로 절연된 극한 상황을 형상화하는('유예'와 같은) 쪽에서 머물러 있을 수밖에 없었을 것이라고 보는 필자의 입장에서는 소설의 암호화나 그 해호화로서의 문학교육은 불가피한 것이라 보는 것이다.

내포하고 있을 개연성이 큰 개인적 편견과 같은 요소들이다. 구술사 작업의 속성 상 현재 일반적으로 접할 수 있는 자료들은 전쟁의 과정에서 빚어지는 공권력이나 지배집단의 폭력의 문제와 연관되는 측면이 많이 있다는 점에서, 학습자들이 균형감각을 유지할 수 있게 해줄 장치의 마련이 병행되어야 한다는 지적이 있었다. 이 논의를 구체화해가는 단계에서 충분히 고려하고자 한다.

소설읽기 전략으로서의 여로구조 읽기

1. 문제적 장르로서의 소설 읽기

이 논의는 기왕의 소설교육에 대한 논의와 학교 현장에서의 소설교육이 이룩해 온 성과를 충분히 수용하는데서 출발한다. 따라서 기존의 논의에 대한 반성적 검토나 비판적 접근보다는 하나의 전략적 방안을 제안하는 방향성을 취하게 될 것이다.

필자가 제안하고자 하는 바는 기왕의 소설교육에 대한 논의와 그 논의들에 기반한 교육과정의 성취기준들이 소설의 내적 형식에 대해서는 별다른 주목을 하고 있지 않다는 점을 고려하여 설계된 것이다. 소설교육의 목표는 논자에 따라 다양하게 설정되고 있지만 필자는 궁극적으로 '이상적 독자'의 형성에 있다고 본다. 교육과정에 의거해 소설교육을 받은 학습자들이 언제 어디서 어떤 텍스트가 주어지더라도 자신의 주체적인 관점과 방법에 따라 능동적으로 향유할 수 있는 능력을 갖춘 독자로 전화될 때 그 학습자를 '이상적인 독자'로 부를 수 있을 것이다. 그러기 위해서는 학습자 단계에서 구체적인 소설읽기 전략을 습득할 수 있도록 해야 한다.

소설읽기 전략은 다양한 측면에서 수립될 수 있을 것이며 많은 논의들을 통해 그 전략들이 제시된 바 있다. 그런데 그 전략들은 보다 구체적으로 제시되어야 할 필요가 있다. 학교현장을 떠난 학습자들은 새로운 환경에서 주어진 텍스트를 조력자없이 자력으로 읽어갈 수 있어야 하는데 그 상황은 그리 녹록하지 않다. 특히 교과서 등을 통해 학습한 소설들과 학교 외의 새로운 환경에서 접하는 소설들의 제반 수준이나 층위가 상당히 다르기 때문이다. 즉 학습자가 개별적이고 독립적인 독자로 전화되었다 하더라도 교과서를 통해 학습한 소설 텍스트들이 교과서라는 제도적 장치가 지니는 한계로 인해 그 주제 의식, 경향성, 기법적 층위들을 충분히 보여주지 못하고 있기 때문에 학교 현장을 벗어난 환경에서 접하게 되는 텍스트들에 대한 일차적인 접근 통로를 마련하지 못하는 경우가 더 많다.[1]

이같은 현상이 나타나는 이유에 대해 필자는 여러 측면에서 검토한 바 있지만 그 핵심적인 이유는 소설이라는 장르에 대한 인식과 그 내적 형식에 대한 이해가 불충분했기 때문이라 판단하고 있다. 소설의 장르적 성격은 기본적으로 '소설은 문제적 개인이 삶의 문제를 해결하기 위해 또는 자신을 찾기 위해 떠나는 여행'이라는 루카치의 진술에서 압축적으로 제시되고 있다. 이러한 문제적 장르로서의 소설에 대한 인식은 점진적으로 형성이 되어야 하겠지만 현재의 소설교육은 그에 대한 충분한 인식에 도달하도록 하기에는 어려움이 있어 보인다. 이는 문제적 장르로서의 소설이 지니게 되는 내적 형식들에 대한 교육적 탐색과 학습이 이루어지지 않은 데 일차적인 원인이 있는 것으

1 필자는 중등학교 소설교육과정을 이수한 학습자들이 독자로서 전화된 이후의 면모에 대해서는 대학생들을 대상으로 한 소설 수용 능력과 관련된 관찰과 설문을 통한 결과를 통해 제시한 바 있다. 이에 대해서는 다음 참조.
졸고, 「작가론과 소설 텍스트 읽기 전략」, 『독서연구』 25집, 2011.

로 보인다.

그 판단의 근거는 명시적으로 교육과정에서 확인할 수 있을 것이다. 다음은 현행 교육과정이 제시하고 있는 문학 및 소설교육과 관련된 주요 항목이다.

0 중학교 국어 과목 성취기준 중 문학 또는 소설교육 관련 항목

－갈등의 진행과 해결과정 파악하기

－다양한 관점과 방법으로 작품 해석하기

－작가의 태도에 주목하여 이해하고 표현하기

－작품의 세계가 누구의 눈을 통해서 전달되는지 파악하기

－사회·문화·역사적 상황을 바탕으로 작품의 의미 파악하기

－작품의 창작의도와 소통 맥락을 고려하여 작품을 수용하기

－주체적인 관점에서 작품을 평가하기

－의미있는 경험을 찾아 작품으로 표현하기

－*문학이 인간의 삶에서 지니는 가치 이해하기

0 고등학교 국어 및 문학 과목 성취기준 중 문학 또는 소설교육 관련 항목

－문학 갈래의 개념을 알고 특징 이해(각 갈래의 내용과 형식 상의 특징)

－작가의 개성을 이해하고 작품 감상하기

－가치 있는 내용의 언어적 형상화와 사회적 소통 활동으로서의 이해하기

－다양한 맥락에서 이해하고 감상하며 평가하기

－*내용과 형식이 긴밀하게 이루어짐을 알고 이해하고 감상하고 창작하기

(주제 의식이 문화적, 관습적으로 형성된 언어적 형식으로 표현되어 나타남)

– 창의적 표현 방식과 심미적 가치를 이해하고 수용하기

–* 예술, 인문, 사회 등 인접 분야와 맺고 있는 관계 이해하기

(인간 문제에 대한 사유의 표현, 시대적 · 사회적 조건을 반영하고 비판, 인간의 생활방식의 하나)

– 다양한 시각과 방법으로 작품을 재구성하거나 창작하기

– 비판적, 창의적으로 수용하기

–* 자신의 삶과 관련하여 내면화하기

(인간과 세계의 문제에 대한 자신의 생각 갖기, 인간과 세계에 대한 바람직한 태도 형성하기)

– 창의적인 사고를 배양하고 표현하기

– 자아를 성찰하고 타자를 이해하며 삶의 다양성을 이해하고 수용하기

– 다양한 공동체와 문제의식 공유하고 소통하기

– 공동체의 문화발전에 참여하기[2]

이상의 성취기준들을 들여다보면 본고에서 제기하는 문제와 관련된 항목들이 상당수 존재한다. 그러나 해당 성취기준의 해설이나 교과서를 통해 구현되는 양상을 보면 추상적인 진술과 접근으로 나타나고 있다. 해당 항목들 중에서도 * 표시된 항목들은 본고의 문제제기와 보다 밀접하게 연관되지만 학습자를 위한 교육적 접근 내용을 보면 학습자들이 추후 실천적인 수용 방법이나 전략으로 삼기에는 어려움이 많다. 예를 들어 '내용과 형식이 긴밀하게 이루어지는 것임을 알고 이해하고 감상한다.'는 성취기준이 교과서에 구현된 양상을 보면 한

2 교육과학기술부, 『국어과 교육과정』, 고시 2012-14.

편의 소설을 제시하고 갈등 양상 파악, 서술 방식 파악, 구성 방식(액자식, 피카레스크식 등) 파악 등의 활동을 제시하는 것으로 나타나고 있다.[3]

그러나 이러한 접근을 통해 교육을 받은 학습자가 일반 독자로 전화하여 동시대의 소설을 읽어내기란 쉽지 않다. 현재의 소설들의 내용이나 형식은 매우 다채롭고 심도 있는 주제를 다루며 다양한 기법들과 형식을 정치하게 활용하고 있기 때문이다. 그런 측면에서 필자는 소설교육의 방법적 설계 과정에서 보다 본질적인 측면의 접근이 필요하다는 제안과 함께 그 한 사례로 소설을 문제적 장르로 인식하고 그에 따른 전략으로 내적 형식에 주목하게 하는 방안을 제시해 보고자 한다.

2. 문제적 장르의 내적 형식으로서의 여로구조

문제적 개인이 자신의 삶의 문제를 해결하거나 자신을 찾기 위한 여행으로서의 성격을 지닌 소설 장르는 그 장르적 속성에 걸맞게 다양한 내적 형식들을 모색해 왔다. 그리고 여로구조는 그 대표적인 내적 형식으로 제시할 수 있다. 소설의 역사를 살펴보면 로마시대의 변형담 같은 변종 양식의 출현과정에서부터 여로구조는 지속적이고 비중 있게 내적 형식으로 기능해 왔다.[4] 여로구조에 대해서 공간적인 요

3 검인정 교과서가 다양함에도 불구하고 해당 성취기준을 구현하는 양상은 대동소이하다. 필자가 검토한 10권의 문학 교과서들은 이 범주를 넘어서지 않고 있다.

4 다음과 같은 논저들을 통해 그 양상을 확인할 수 있다.
이언 와트, 전철민 역, 『소설의 발생』, 열린책들, 1988 ; V.Y. 프로프, 최애리 역, 『민담의 역사적 기원』, 문학과지성사, 1990 ; 미케발, 한용환 외 역, 『서사란

소의 확장이라는 맥락에서 그 의미를 축소하는 경우도 있지만 그같은 견해는 소설의 발생론적 성격을 충분히 고려하지 않은데서 비롯된 것이라 판단된다.

소설교육에서 여로구조 읽기를 소설 읽기 전략으로 삼는 일이 중요하다는 필자의 주장은 최근의 한국 소설들의 경우를 들어보면 보다 자명해 질 것이다. 현대 사회를 살아가는 사람들의 삶의 문제와 사회적 문제들을 다루는 소설들이 취하는 내적 형식을 분석해보면 매우 높은 비율로 여로구조를 활용하고 있음을 확인할 수 있는데, 여기서는 그 한 예로 '이상문학상' 대상 수상작품들을 들어보고자 한다.

[표 1]

년도 (수상 회차)	작가	작품	여로(공간 이동)	여로구조 유형
1978(2회)	이청준	잔인한 도시	감옥 - 공원 - 남쪽	FO/S
1981(5회)	박완서	엄마의 말뚝	개풍 - 현저동 - 서울 모처 - 현저동 - 서울 모처	FO/F
1982(6회)	최인호	깊고 푸른 밤	한국 - LA - SF - (LA)	R(FC)/S
1984(8회)	이균영	어두운 기억의 저편	종로 - 이문동 - 종로 - 이문동 - 종로	R/S
1985(9회)	이제하	나그네는 길에서도 쉬지 않는다	서울 - 속초 - 강릉 - 원통 - 인제 - (서울)	FC(R)/F
1988(12회)	임철우	붉은 방	집 - 기관 - 집	R/R
1992(16회)	양귀자	숨은꽃	집 - 각 처 - 집	R/R
1993(17회)	최수철	얼음의 도가니	(서울) - 진평 - (서울)	R/S
1994(18회)	최윤	하나코는 없다	서울 - 낙동강 - 서울 서울 - 베네치아 - 서울	R/F R/S

무엇인가』, 문예출판사, 1999 ; 마르트 로베르, 김치수 외 역, 『기원의 소설, 소설의 기원』, 문학과지성사, 1999.

1995(19회)	윤후명	하얀배	서울 - 중앙아시아 - (서울)	R/S
1996(20회)	윤대녕	천지간	서울 - 완도(구계 등) - 서울	R/S
1997(21회)	김지원	사랑의 예감	서울 - 뉴욕 - 서울 (서울 - 제네바 - 북한)	R/S (FC/F)
2000(24회)	이인화	시인의 별	고려 - 몽골	FC/S
2001(25회)	신경숙	부석사	서울 - 부석사	FC/R
2002(26회)	권지예	뱀장어스튜	서울 - 파리 파리 - 서울 - 파리	FO/S R/S
2003(27회)	김인숙	바다와 나비	한국 - 중국	FO/S
2006(30회)	정미경	밤이여 나뉘어라	한국 - 미국 - 노르웨이 서울 - 오슬로 - (서울)	FC/F R/S
2007(31회)	전경린	천사는 여기 머문다	한국 - 독일 - (한국)	R/S
2009(33회)	김연수	산책하는 이들의 다섯가지 즐거움	집 - 거리 - 집[반복]	R/S
2011(35회)	공지영	맨발로 글목을 돌다	한국 - 일본 - 한국	R/S
2012(36회)	김영하	옥수수와 나	서울 - 뉴욕	FC/F
2015(39회)	김숨	뿌리이야기	서울 - 지방 - 서울	R/S

위의 표에서 드러나듯 39에 걸쳐 낸 대상 수상작 중 22편이 여로구조를 취하고 있다. 그 비율은 최근에 이르면서 더욱 증가하고 있는 추세를 보이고 있다. 이는 여로구조가 현대사회를 살아가는 개인들의 삶을 다루는 방식으로 더욱 유용한 것이 되고 있음을 말해주고 있다.

이처럼 학습자가 독자로 전환한 후 만나게 되는 텍스트들의 보편적인 구조 중의 하나가 여로구조임에도 불구하고 이에 대한 학습이 이루어지지 않고 있다는 것은 독자가 습득해야 할 읽기전략의 부재로 이어진다는 점에서 환기해야 할 부분이라 생각된다.

그렇다면 내적 형식으로서의 여로구조가 폭넓게 활용되고 있는 이유는 무엇이며 여로구조에 대한 학습의 방향을 어떻게 이루어져야 하는지에 대해 살펴보기로 한다.

문제적 장르로서의 소설이 여로구조를 취하게 되는 것은 여로구조의 출발점인 '여행'이 '문제해결의 장치'가 될 수 있기 때문이다. 근대 이후 소설들은 일상적 삶의 국면에서 개인적, 사회적 문제를 포착하고 이를 해결해 나가는 과정을 보여주는 데에 갈등구조의 초점을 맞추는 것을 기본적인 특성으로 삼게 되는데 문제해결의 실마리는 인물이 놓여 있는 상황에서 벗어나 봄으로써 가능할 수 있다는 인식에서 비롯된 것으로 판단된다. 문제가 놓여 있는 지점과는 다른 환경과 맥락 속에서 문제를 바라보게 될 때 비로소 문제의 본질이나 요소가 명료하게 보이게 되거나 달리 볼 수 있을 것이기 때문이다.

여로구조에 대한 교육적 접근은 여기서 출발하게 되는데 몇 가지 질문을 통해 방법적 요체를 얻을 수 있을 것이다. 즉 "왜 여행을 떠나는가? 어떤 문제 상황에 놓여 있는가?" "어디로 향하는가? 그리고 그 장소는 어떤 의미를 지니는가?" "여행과정이나 여행지에서 누구를 만나거나 어떤 상황과 마주하게 되는가?" "출발 전의 상황에 대해 어떻게 달리 보게 되었는가?" "해결책을 찾았는가? 그 해결책은 무엇인가?" "문제 해결에 성공했는가, 아니면 실패했는가?" 등이 그러한 질문에 속한다. [단락 나눠주세요]이러한 질문들은 학습자가 주체적인 관점에서 작품에 접근해 갈 수 있게 해주는 구체적인 접근 통로를 제공해준다는 점에서 매우 유의미하다. 교육과정에서는 자기 주도적인 학습을 이끌어낼 것을 요구하고 있지만 현재와 같이 추상적인 접근통로를 제시하는 한에서는 아직 미성숙한 중등학교 학습자들로서 구현해 내기에 어려움이 많다. 여로구조에 대한 이해가 이루어졌다면 "왜 그리로 갔지?" "거기서 멈췄어야 하는데"' "여행지에서 돌아 왔어야지." "거기서 머물렀어야지." "그 사람을 붙잡았어야지." 등등의 용이한 판단을 통해 자기 주도적인 소설 읽기가 가능해질 것이라는 점에서 더욱 그러하다.

나아가 여로구조의 유형에 대한 이해를 통해 소설에 대한 심도 있는 감상과 평가를 종합적으로 수행할 수 있다는 점도 고려할 수 있을 것이다. 위의 표를 예로 들어 설명해 보기로 한다. 위의 표에서 여로구조의 유형을 "**/*" 형식으로 제시하였는데 여기서 '/' 앞의 문자는 여로의 방향성을 의미하고 '/' 뒷 문자는 결과를 의미한다. 즉 '/'앞의 R과 F는 각각 원점회귀형[Return]과 직선형[Forward]을 의미하는데 직선형 중에서 FO는 열린형[Forward-Opened]을, FC는 닫힌 형[Forward-Closed]을 뜻한다. 그리고 '/' 뒤의 S는 문제해결의 성공[Success]을 F는 실패[Fail]를, R은 판단 보류[Reserve]를 뜻한다.[5]

이 유형을 위 표의 작품들 중 윤대녕의 〈천지간〉을 예로 들어 설명해보기로 한다. 이 작품의 주인공은 두 차례에 걸쳐 타인의 희생에 의해 죽음 직전에서 목숨을 건진 인물로 자신의 목숨에 대한 부채의식에서 벗어나지 못하고 있는 문제적 상황에 놓여 있다. 주인공은 문상을 가던 길에 죽음의 그림자가 덧씌워져 있는 한 여자를 만나게 된다. 목숨에 대한 부채의식 때문에 지나칠 수 없었던 주인공은 여자를 따라 완도 구계등으로 여행하게 된다. 거기서 주인공은 실연의 상처를 이기지 못해 자살을 시도하려는 여자를 구해내고 비로소 목숨에 대한 부채의식에서 벗어나고 일상으로 되돌아오게 된다.

이 소설은 전형적인 원점회귀형 소설로 여행의 결과가 문제해결로

5 이 유형은 필자가 앞서 제시한 이론서들을 살핀 내용을 바탕으로 설정해 본 것으로 원점회귀형과 직선형이라는 개념을 제외하고는 필자가 임의로 재설정한 것들이다.

이어졌다는 점에서 R/S 형에 속하게 된다. 주인공의 여로구조가 곧 문제해결의 계기로 작용하고 있는 셈이다. 목숨에 대한 부채의식이란 일상적인 공간에서는 해결되기 어려운 문제였지만 일상을 떠난 공간으로의 이동과 그곳에서의 사건을 통해 해결된다는 설정을 보여준다는 점에서 여로구조의 의미를 잘 보여주고 있다. 여로구조의 성격과 유형을 이해하고 있는 학습자라면 그리 어렵지 않게 이 작품의 의미를 자기화해서 얽어낼 수 있고 내면화할 수 있을 것이다. 독자는 주인공의 여로를 따라가면서 지속적으로 질문을 던질 수 있으며 마지막 장면에서 주인공이 홀가분한 심정으로 돌아 나오는 상황에 대해 주체적으로 의미를 부여할 수 있게 될 것이다. 따라서 내적 형식으로서의 여로구조에 대한 이해는 작품 수용 능력의 향상에 상당한 기여를 할 것으로 판단된다.[6]

3. 주요 작품의 여로구조의 양상과 분석 사례

앞에서 살펴보았듯이 여로구조는 현대소설의 지배적인 내적 형식의 하나로 자리 잡고 있음에도 불구하고 현행 교육과정을 바탕으로 한 교과서에서는 다루어지지 않고 있다. 여로구조에 대한 고려 자체가 없을뿐더러 검인정 교과서 소설 제재 중에서 여로구조를 취하고 있는 작품도 매우 드물다. '이상적인 독자의 형성'을 소설교육의 목표

6 대학 1학년생들을 대상으로 이 소설을 제시하고 여로구조에 대한 학습을 한 집단과 학습을 하지 않은 집단으로 나눠 토론 수업을 시도한 결과 두 집단의 토론의 수준과 내용은 상당한 차이를 보였다. 학습한 집단의 토론 내용은 초반부터 구체적이고 밀도 있게 진행된 반면 학습하지 않은 집단의 토론 내용은 관습적인 주제 찾기와 사건 이해라는 피상적 수준에서 이루어졌다.

로 설정하는 필자로서는 내적 형식에 대한 이해를 통한 소설 수용 능력의 제고라는 측면에서 아쉬운 대목이지만 현장에서 활용할 수 있는 방법적 틀을 제안해 보는 것으로 이 논의의 의미를 살려 보고자 한다.

현재 검인정 문학 교과서에서 수록 빈도가 높은 소설들 중에서 여로구조를 취하고 있는 작품들을 검출해 본 결과 앞에서 설명한 유형을 적용하기에 적절한 작품들로 〈너와 나만의 시간〉, 〈무진기행〉, 〈삼포가는 길〉을 선정할 수 있었다. 이들 작품들은 각각 '직선형', '원점회귀형' '일부 원점회귀가 내포된 직선형'에 해당하는 여로구조를 보여주고 있다. 각 작품들의 여로구조를 분석해 보기로 하자.

〈너와 나만의 시간〉의 여로구조는 다음과 같이 도식화할 수 있다.

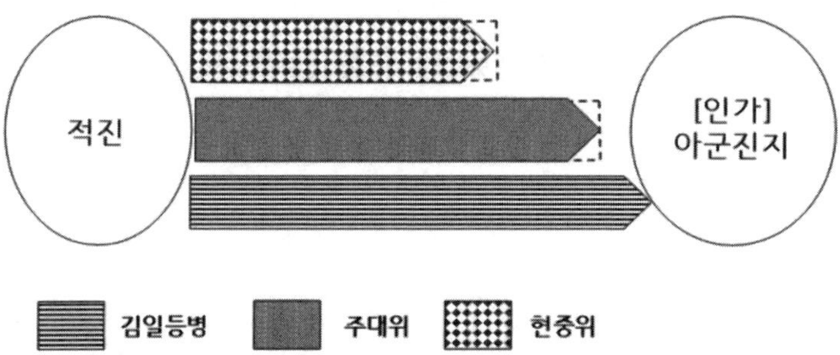

[그림 1]

이 도식에서 알 수 있듯이 세 등장인물은 적진에서 아군진지를 향해 나아가는 길 위에 놓여 있다. 사건은 바로 그 길에서 진행되고 있으며 김일등병만 목표 지점인 '아군 진지'의 바로 앞에 놓이는 '인가'에 도달하는데 성공하는 것으로 설정되어 있다.

이들 인물들은 적진에 갇혔다는 문제 상황에 놓여 있고 살기 위해서 즉 문제 상황을 해결하기 위해서 분명한 목적지는 없지만 길 위로 나서게 된다. 문제해결을 위한 여행에 나서는 셈이다. 그러나 목숨이 걸린 여행인 만큼 그 과정은 순탄하지 않다. 동행해야 하는 인물 중의 하나가 부상을 당해 심각한 장애요소가 되고 있기 때문이다. 앉아서 죽음을 기다릴 수는 없다는 문제의식 때문에 동행길에 나선 세 사람이지만 현중위는 중도에서 실패하고 만다. 혼자 떨어져서는 살아날 수 없는 상황임에도 불구하고 상황 판단 착오로 길에서 이탈했기 때문이다.

여기서 독자들은 "그는 왜 길에서 이탈했는가?"라는 질문을 던질 수 있다. 동행이 있는 여행을 수행하기로 했고 목적지를 설정했으면 끝까지 같이 길을 가야하는 것이 순리일터인데 그 길에서 이탈했다는 점에 주목할 수 있기 때문이다. 이 질문은 쉽게 던질 수 있는 질문이 아니다. 설정된 여행의 요소를 고려했을 때 가능한 것이기 때문이다. 여로구조를 의식하지 않는다면 '혼자라도 살기 위해서 도망쳤다'라는 읽기가 보편적으로 이루어질 것이다. 그런데 여로구조를 바탕으로 접근했기에 '그는 길 위에서 이탈한 것'이며 '길에서 이탈하는 것은 여행의 실패를 의미한다'는 맥락으로 읽어낼 수 있다는 점에서 보다 주체적이고 다양한 읽기가 가능해 진다. 나아가 일상적인 삶속에서 동반자로서의 위상을 포기할 때 어떤 결과를 얻게 되는 것인지에 대한 문제로 확장될 수 있다는 점에서도 여로구조로서의 이해가 의미를 지니게 된다.

또한 현중위의 행위 또한 같이 길을 나선 동행자로서의 도리를 다하려 했다는 측면에서 이해한다면 그 의미를 보다 확장해서 읽을 수 있는 것이 가능하다. 여로구조를 의식하지 않는 읽기에서는 전쟁이라는 상황 속에서만 현중위의 행위를 이해할 수 있겠지만 여로구조를 감안한다면 일상적 삶의 상황으로의 전이가 가능하기 때문이다.[7] 즉

7 여기에서 사용한 '전이'라는 용어에 대해서는 다음 논저에서 제시한 개념을 준용함.

사회생활에서의 동반자로서, 이타적인 존재로서의 현중위를 상정할 수 있을 것이다. 이는 여로가 지니는 의미가 확장적이기 때문에 가능한 것이다.

다음으로 〈무진기행〉의 여로구조는 다음과 같이 도식화할 수 있다.

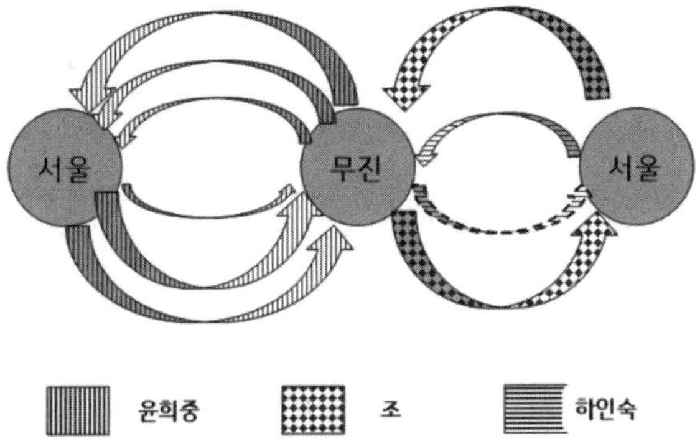

[그림 2]

이 도식에서 주요 등장인물들은 원점회귀형 여로에 놓여 있는 것으로 나타난다. 주인공 윤희중은 서울 - 무진 - 서울이 이어지는 여로를 세 번씩이나 겪게 된다. 전쟁이 발발한 대학시절과 대학졸업 후 취직한 회사의 합병으로 실직했을 때, 그리고 처가의 도움으로 제약회사의 전무가 되기 전의 시점 등이 그것이다. 물론 세 번째 경우가 서술시간에 해당하며 앞의 두 경우는 서술시간에 내포되어 있지만 여로구조의 측면에서는 독립적인 단위가 될 수 있다. 이 세 번의 여로에 대해 독자들은 일반적인 읽기를 시도할 때보다 심도있는 접근을 할 수 있다. 각 여로의 출발시점의 상황 즉 문제상황은 서로 어떤 차이를 보이는지, 회귀로는 문제해결로 볼 수 있는지, 독자의 입장에서 가장

김대행 외, 『문학교육원론』, 서울대출판부, 2000.

의미있는 회귀로는 무엇인지 등 다양한 질문을 던질 수 있다.

이 소설에 대한 교육용 설명적 텍스트[8]들을 보면 앞선 두 차례의 여로에 대해서는 거의 언급이 없다. 회상의 대상 정도로 처리하고 있고 독자적인 의미부여가 이루어지지 않고 있다. 그러나 여로구조를 고려하여 읽다보면 세 차례의 여로는 등장인물의 내면 의식의 변모나 사회적 존재로서의 자아의식의 변모라는 측면에서 유기적인 연관관계망에 놓이게 된다. 어머니라는 존재에 의한 수동적인 대응의식의 소유자에서 능동적인 대응의식의 소유자로 변모하는 과정이 잘 드러나게 되기 때문이다. 세 번째의 여로는 앞선 두 차례의 여로가 있었기에 가능한 것으로 인식할 수 있다는 점에서 그러하다. 즉 주인공의 무진행을 서술시간 속에서만 볼 때와는 사뭇 다른 측면에서 읽어내는 것이 가능하기 때문에 의미부여가 다양해지고 풍부하게 된다.

주인공의 동창인 '조'와 '하인숙'이라는 인물에 대한 이해도 여로구조라는 측면에서 볼 때 보다 심도있게 이루어질 수 있다. 위 도식을 제시하면 무진은 주인공에게는 여로의 도달점이 아니지만 나머지 두 인물에게는 도달점이라는 것을 명시적으로 파악할 수 있게 된다. 특히 하인숙의 여로의 한 축인 무진에서 서울로의 축이 점선으로 처리되어 있음을 본다면 하인숙의 현재 삶이 불안정하며 지향적인 것이 아님을 분명하게 인식할 수 있을 것이다. 또한 '조'의 여로는 원점회귀로 무진이 도달점인 것을 파악할 수 있게 됨으로써 무진에서의 삶이 도달점이 되고 있음을 알 수 있게 된다.

이렇게 세 인물의 삶의 양상을 여로구조로 접근해 들어가게 될 때 이들의 삶이 독자들의 경우로 환원될 수 있는 여지를 마련해 준다는

8 이 용어는 필자가 설정해 본 것으로 교과서에서 '이해와 감상의 길잡이'같은 성격으로 짧고 간단하게 작품에 대해 설명해 놓은 텍스트를 지칭한다.

점에서 주체적인 읽기가 가능해질 것으로 본다. 윤희중, 조, 하인숙이라는 인물들이 개별적이고 특수한 소설적 존재가 아니라 보편적인 존재로 전화할 수 있기 때문이다. 이 도식을 염두에 두고 읽게 되면 인물에 초점이 놓이는 것이 아니라 여로에 초점이 놓이기에 그러하다. 보편적인 속성을 지닌 여로를 구성하는 길 위에 놓인 인물들을 자신으로 대체하는 일이 등장인물 자체를 자신으로 대체하는 일보다 수월하기 때문이다.

다음으로 〈삼포가는 길〉의 여로구조는 다음과 같이 도식화할 수 있다.

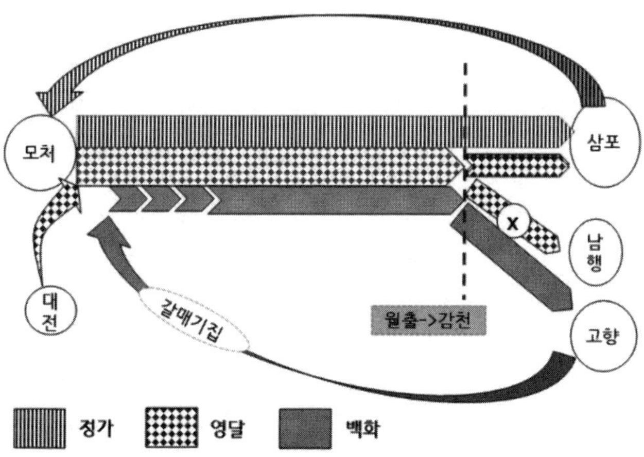

이 도식에서 볼 수 있듯이 이 작품의 기본 구조는 '모처(某處)'에서 삼포 쪽으로 향하는 길 위에서 사건이 진행되고 그 연장선상에서 마무리된다는 점에서 직선형 여로구조를 취하고 있다. 그러나 세 인물의 여로는 같은 직선형이라도 차이를 보이고 있다. 차이의 핵심은 여로의 결과에 달려있는데 '정가'의 여로가 닫힌 직선형이라면 '영달'의 여로는 열려 있는 직선형이고 '백화'의 여로는 원점회귀형에 가까운 직선형이다. '정가'의 여로가 닫힌 직선형이라 할 수 있는 것은 여로의 도달점인 삼포가 그가 목표한 곳이 아니기 때문이다. 이미 변질된 삼포는 그의 여로의 도달점이 될 수 없고 더 이상 나아갈 수 없는 지점으로만 기능하기 때문이다. 즉 '정가'는 타향에서는 더 이상 삶의 의미가 없다는 문제상황을 해결하기 위해 길을 나섰지만 도달한 지점은 문제해결이 아닌 새로운 문제와의 봉착 지점이라는 점에서 그 여로는 실패로 귀결된다.

반면 '영달'의 여로는 열린 직선형이고 결과 유보라는 유형에 속한다. 영달은 목표 지점이 분명하지 않고 출발지점에서 도망갈 수 있는 곳이라면 어디든 도달점으로 설정할 수 있기 때문에 변질된 삼포는 오히려 문제해결에 도움이 되는 곳이다. 따라서 그의 여로의 결과는 유보이기는 하지만 해결의 가능성이 열려있다는 점에서 그러하다. '정가'의 여로와는 달리 성공 쪽에 가까운 여로이며 그런 측면에서 '정가'에 비해 덜 문제적인 인물임이 드러나게 된다. 그렇다면 이 소설의 주제의식은 '영달'보다는 '정가' 쪽에서 설정될 수 있을 것이라는 판단이 가능하다. 즉 독자로서는 인물의 중요도를 판단하는데 필요한 근거를 명시적으로 확보할 수 있게 되는 셈이다. 여로구조를 이해하고 있는 독자라면 인물의 비중을 통한 메시지 형성을 시도하는 소설에 대한 접근이 보다 용이하게 이루어질 수 있으며 인물들의 삶에 대해 심도있는 접근이 가능하게 될 것이다.

이 소설에 대한 교육용 비평적 텍스트들을 살펴보면 이 작품은 대체로 '산업화 되어가는 사회에서 소외된 인물들의 삶'을 다룬 소설로 설명되고 있다. 이런 설명을 접하는 학습자들은 매우 관습적으로 '산업화' '소외' 등의 어려운 용어를 습득하는데서 멈추게 된다. 하지만 여로구조를 바탕으로 설명하자면 '도달점을 잃어버린 인물들의 삶'을 다룬 소설이 되기에 '도달점'을 주체적이고 전이적으로 해석할 여지가 마련된다는 점에서 보다 유의미한 읽기가 가능해진다는 장점을 지니게 된다.

4. 여로구조 읽기의 소설교육적 의미

문학교육의 결과로 이상적인 독자로 성장해 가야 하는 학습자가 우리 시대의 다양한 소설을 교육현장을 떠난 상황에서 처음부터 조력자 없이 자력으로 읽어내기에는 어려움이 많다. 그런 측면에서 이 시대 소설들이 빈번하게 취하고 있는 여로구조에 대한 이해를 바탕으로 작품을 읽어내는 학습을 할 수 있다면 소설 읽기 능력을 함양하는데 큰 도움이 될 것이다. 다음과 같은 측면에서 그러하다.

첫째, 앞서 살펴본 것처럼 여로구조를 활용해서 소설읽기를 시도할 경우 주체적인 접근이 보다 활성화될 수 있다. 우리가 흔히 삶의 과정을 여로에 비유하는 데서도 알 수 있듯이 여로구조는 삶의 보편적인 속성을 잘 담아낼 수 있는 내적 형식으로서 기능하기 때문이다. 여로구조를 취하고 있는 소설들은 여로의 출발점과 도달점, 과정을 파악하는 일이 우선적으로 이루어져야 한다는 점에서 구체적이고 용이한 읽기가 가능해진다. 무엇을 읽어내야 하는지에 대한 미숙함이나 서투름에서 오는 읽기의 어려움을 덜어낼 수 있는 장치가 되는 셈이다.

둘째, 여로구조가 기본적으로 갖춰야 하는 요소들이 분명하게 설정되고 그것이 순차적인 과정을 통해 제시된다는 점은 여로구조의 파악이 소설 읽기 전략으로 성립될 수 있음을 말해주는 근거가 된다. 여행의 목적이나 과정, 도달점이나 회귀지점에서의 인물들의 행위에 대한 다양한 질문들이 가능하다는 점에서 그러하다. 다양한 질문을 던질 수 있다는 것은 능동적인 읽기의 출발점을 의미하기 때문이다.

셋째, 여로구조가 지닌 또 하나의 전략적 이점은 여로 자체가 독자의 삶이나 상황으로 전이될 여지가 매우 크다는 점이다. 아직 미숙한 상태의 학습자들로서는 주체적으로 작품을 수용하거나 주도적인 학습을 통해 작품에 접근하는 일이 수월하지 않다. 그러나 여로구조를 취한 소설의 읽기는 여로가 삶의 표상이라는 점에서 독자 자신의 삶이나 상황으로 전이시키기에 수월하다는 장점을 지닌다. 등장인물을 어떤 길을 가는 인물로 전화시키고 그 길에서 벌어지는 일들이나 어떤 지점에서 벌어진 일들을 보편적인 삶 속의 일로 치환시키는 읽기가 가능하기 때문이다.

문학치유의 서사적 장치로서의 병치

1. 문제제기

이 논의는 한국 문학치료학의 선구적 연구자를 기리는 취지에서 출발하게 되었다. 그래서 이 분야의 문외한에 다름없는 필자로서는 기존의 연구 성과들을 충실히 수용하면서,[1] 그간의 연구 활동에서 소략하게 다루어졌던 현대소설 분야에 대한 관심을 요청하는 맥락에서 조야한 수준이지만 한 의견을 개진하고자 한다.

필자가 문학치료학에 관심을 갖게 된 것은 대학 3~4학년을 대상으로 한 〈문예비평론〉 수업을 통해 독자이자 비평자인 수강생들의 활동에서 '문학을 통한 치유 현상'이 자연스럽게 발현되는 것을 경험한 때문이다. 그리고 외국 대학의 한국어수업에서 한국 문학을 배우던 외국인 학생들이 언어적 장벽을 넘어 예상치 못했던 '치유 반응'을 보였

1 필자로서는 그동안 한국문학치료학회가 이루어 낸 연구 성과를 존중한다는 입장에서 일차적으로 아래 자료에 기대어 논의를 구성하게 되었다. 정운채 외, 『문학치료학의 분야별 연구 성과』, 문학과치료, 2013.

던 경험도 작용했다.

기왕의 문학치료학에서 주된 개념으로 제시했고 단단한 토대를 형성해가고 있는 '작품서사'와 '자기서사' '이해와 공감' 등에 대해 필자는 전적으로 수용하는 입장이다. 다만 작품서사에서 자기서사로의 이행 과정과 '이해와 공감'의 과정이 좀더 구체적으로 탐색되는 일이 필요하다는 판단이 들어 이 논의를 준비하게 되었다. 물론 이러한 판단은 현대소설 분야를 대상으로 한다는 전제 하에서 이루어진 것이므로 기왕의 연구 성과에 대한 비판적 접근이 아님을 분명하게 밝혀둔다.

이 논의의 핵심은 최근의 소설들에 대한 비평적 활동의 장에서 필자가 수용자들에게 주문하는 방향이 '문제 해결의 과정으로서의 소설 쓰기와 읽기'[2]였을 때, 상당이 의미 있는 '치유 현상'이 나타나게 된다는 점에 있다. 이 치유 현상은 문학이 무엇을 할 수 있는가에 대한 원초적인 질문에 대한 하나의 답이기도 하면서 최근에 독자 대중들의 상당한 관심을 받고 있는 인문학으로서의 문학의 존재 방식에 대한 탐색의 한 방향성이 될 것이다. 물론 여기에서 운위되는 치유는 현저하게 '자기 치유'에 머물고 있어 '타자의 치유'를 위한 글쓰기로서의 소설에 대한 시각도 확보할 필요가 있다고 본다.[3]

필자는 그동안의 문학치료 연구들을 살피면서 치유의 필요성이나 치유의 양상들에 대한 깊이 있는 논의들을 접할 수 있었다. 그 과정에

---

2 필자는 '문제해결의 소설적 전략'이라는 제목으로 현대소설을 분석하는 저서를 집필 중에 있는데, 소설이 독자에게 줄 수 있는 효용성을 중심으로 한 비평적 접근에 초점을 맞춘 연구에 해당한다.

3 셰퍼드 코미나스의 『치유의 글쓰기』(임옥희 역, 홍익출판사, 2008) 같은 경우 저자 개인의 경험을 바탕으로 치유를 위한 글쓰기에 대해 언급하고 있지만 그것을 읽는 독자들의 반응에서는 자기 치유를 넘어 '타자의 치유'가 수행되고 있음을 확인할 수 있다. 이런 예에서 문학치료의 논문들이 보다 분명하게 독자를 설정할 필요가 있음을 확인할 수 있다.

서 문학의 창작 과정과 수용 과정에서의 치유의 작동 양상은 상당히 다를 수 있음에 주목을 하게 되었다. 창작주체가 집단이 되었던 개인이 되었던 삶에서의 문제를 인지하고 그것을 해결해가는 과정으로서의 서사를 통한 치유는 우선 창작 주체가 그 문제를 얼마나 자기 문제화했는가, 즉 자기 치유의 모습을 보여주는가의 여부에 따라 그 출발점과 도달점이 달라질 수 있다는 점이다. 분명히 드러나는 현상으로 작가가 관찰자의 위치에 놓여 있다는 인식을 할 때와 이 문제가 작가 자신의 문제이었을 것이라고 인식했을 때의 독자의 치유적 수용 양상은 상당히 달리 나타나는 것으로 파악되었기 때문이다.

그런 맥락에서 창작방법으로서의 치유를 위한 소설적 장치들에 대한 접근이 세밀하게 이루어질 필요가 있다고 보았다. 창작 주체의 측면에서 이루어지는 치유의 양상과 그것이 전이되어 나타나게 되는 독자의 치유의 양상이 어떤 접점을 통해 만나게 될 것인지에 대한 탐색이이다. 필자는 그러한 치유 현상을 이끌어내는 장치 중의 하나로 서사의 진행 과정에서 나타나는 '병치[倂置 Juxtaposition]' 분석해 보려고 한다. 이 병치라는 장치는 미학의 측면에서는 시학에서 주로 논의되는 것이었으나 대상 간의 관계 양상을 통해 새로운 의미를 파생시킨다는 측면을 중시하면 서사적 장치로서의 병치에 대한 논의가 충분히 가능하다고 보았다. 여기에는 소설 텍스트가 기본적으로 은유적 속성을 지니고 있다는 인식이 작용하고 있다.[4] 필자가 문학치료학이 주목해야 할 방법적 개념으로 '모티프' '여로구조' '병치' 등의 서사적 장치를 설정하고 연구해 보고자하는 이유도 일차적으로는 소설이 결

4 이를 위해 Preminger와 Brogan이 편찬한 *The New Princeton Encyclopedia of Poetry and Poetics*의 병치 관련 항목과 Bipin Indurkhya의 *Metaphor and Cognition*의 10장을 통해 이 개념의 의미 창출 기제로서의 속성을 재구해 보았다.

국은 창작 주체의 자기 치유로부터 출발해서 은유적 속성을 통해 독자들의 치유로 이어지게 되는 작동 양상을 보인다고 판단했기 때문이다.

2. 최근 소설의 서사 주제들과 독자들의 '치유'형 수용

필자가 이 논의를 구상하게 된 출발점이었던 〈문예비평론〉에서 다루었던 작품들을 바탕으로 최근 소설들의 서사 주제를 거칠게나마 살펴보면 다음 표와 같다. 이 작품들은 앞장에서 살펴본 '이상문학상' 대상 수상작들이다.(괄호 안 숫자는 수상 년도)

작품	작가	서사 주제[5]
부석사(2001)	신경숙	개인과 사회로부터 배신을 경험한 남녀의 동반 여행과 치유의 가능성
뱀장어스튜(2002)	권지예	첫사랑의 실패에 따른 상처와 이율배반적 결혼생활을 통한 극복 가능성
바다와 나비(2003)	김인숙	운동권 부부의 상호 환멸에 따른 갈등의 심화와 해소 가능성
화장(2004)	김훈	신체의 노화와 대면하는 장년 남성의 '조바심'의 정체와 그 극복 가능성
몽고반점(2005)	한강	비디오 아티스트의 예술적 욕망과 육체적 욕망을 매개로 한 갈등의 해결 가능성
밤이여 나뉘어라(2006)	정미경	사회(조국)로부터 추방된 천재적 개인의 '사랑의 동시성'을 향한 욕망과 좌절
천사는 여기 머문다(2007)	전경린	가정파탄의 가해자이면서 가정폭력의 피해자인 한 여성의 원죄의식의 치유 가능성
사랑을 믿다(2008)	권여선	실연의 아픔을 안긴 남자의 실연을 위로해야 하는 상황에 놓인 여성의 상처 치유 방식

산책하는 이들의 다섯 가지 즐거움(2009)	김연수	애인의 죽음으로 인한 고통을 산책이라는 공유방식을 통해 극복하려는 시도와 그 가능성
아침의 문(2010)	박민규	자살에 실패한 젊은이가 자살 시도의 근본 이유와 대면하는 과정과 그에 따른 재생의 가능성
맨발로 글목을 돌다(2011)	공지영	수차례의 이혼 경력에 대한 타인들의 시선과 억압에서 벗어나고자 하는 여성의 자아 회복 가능성
옥수수와 나(2012)	김영하	상업성의 음모에 빠진 작가의 글쓰기 행위에 대한 회의와 그 극복 가능성
침묵의 미래(2013)	김애란	사회적 소수에 대한 다수의 폭력에 대한 은유적 성찰과 존재의 의미 찾기 가능성

이 소설들이 다루고 있는 서사 주제들에 대해 독자들은 비평적 접근을 시도하면서 소설적 상황과 자신과의 거리감을 기준으로 '이해'와 '이해와 공감'이라는 두 가지 양상을 보여주게 된다. 즉 수용 대상인 서사는 작품서사로 남는 경우와 자기서사로 이행하게 되는 경우로 나누어진다. '운동권' '장년' '아티스트' 작가' 등의 등장인물이나 서사적 상황의 성격 규정 요소가 독자 자신의 현재적 상황과 거리가 먼 요소인 경우에는 작품서사를 자기서사화 하려는 시도가 잘 나타나지 않는 셈이다. 이 경우에는 '바라보기'의 차원에서 비평적 접근을 시도하는 경향이 뚜렷하게 나타난다.

그와 달리 등장인물이나 서사적 상황의 성격 규정 요소가 자산의 현재적 상황과 맞물리거나 맞물릴 개연성이 높은 경우에는 비평적 접근의 귀결점이 자기서사화에 따른 치유의 맥락으로 이어지는 경향이

5 여기서 주제는 필자가 설정한 것이 아니라 독자인 수강생들이 작품에 대한 논의 과정에서 대체로 공감적으로 이끌어 낸 '삶의 과정에서 부딪히게 되거나 해결해야 할 문제'에 가깝다.

매우 높게 나타난다.

그런데 치유의 맥락으로 이어지는 비평적 접근은 처음부터 수월하게 이루어지지 않는다. 우선적으로 독자들은 최근 소설들의 작품서사를 읽어내는 일에 상당한 어려움을 느낀다. 서사구조를 온전히 파악해 해는 일부터 녹록하지 않다. 고전소설이나 근대소설에 비해 스토리 자체와 플롯이 복잡해지고 주제 의식이 난해해진 이유도 있지만 무엇보다도 서사 정보가 생략되는 비율이 높아졌기 때문이다. 어떤 경우는 줄거리를 파악하는 일도 어려워하게 된다. 따라서 서사의 원리에 대한 심도 있는 이해가 우선되어야 한다.

상당한 수준의 독자들의 입장에서도 서사 구조를 파악하는 일을 어렵게 하는 소설들을 수용하면서 치유의 맥락으로까지 이르도록 하기 위해서는 치유 작용을 가능하게 하는 서사적 원리들에 대한 이해를 도모하는 일이 필요하다. 위에서 살핀 소설들의 경우에도 서사 주제들이 지닌 자기서사화를 통한 치유의 가능성이 매우 풍부함에도 불구하고 초기 단계에서 그에 이르는 독자들을 만나기는 쉽지 않다. 그래서 치유 작용을 활성화하는 직접적인 서사적인 원리들에 대한 학습을 유도하게 된다.

이런 맥락에서 필자가 유도한 학습의 대상의 한 예가 바로 '병치'였다. 이 '병치'를 유효한 분석 장치로 활용한 작품들은 〈부석사〉, 〈뱀장어 스튜〉, 〈천사는 여기 머문다〉, 〈사랑을 믿다〉, 〈산책하는 이들의 다섯 가지 즐거움〉, 〈아침의 문〉, 〈맨발로 글목을 돌다〉 등이었다. 여기서는 독자들이 '병치'라는 장치를 심도 있게 학습하기 이전과 이후의 반응에서 큰 차이를 보인 작품이라 판단한 〈사랑을 믿다〉와 〈맨발로 글목을 돌다〉를 예로 들어 '병치'라는 장치의 유용성을 살펴보기로 한다.

3. 치유의 서사적 장치로서의 병치

이해의 차원에 가까운 수용에서 치유의 맥락에 이르는 수용으로의 전환을 이끌어내게 한 장치인 '병치'에 대한 접근이 보다 생산적으로 이루어지기 위해서는 현대 소설의 플롯에 대한 재인식이 필요했다. '스토리는 사건을 시간 순으로 배열한 것이고 플롯은 인과관계에 따라 배열한 것이다'라는 수준의 이해로는 현대 소설의 온전한 수용은 매우 어렵기 때문이다.

1) 전제로서의 플롯의 재 개념화

작품서사가 자기서사로 이어지기 위해서는 작품서사에 독자가 개입할 수 있는 여지가 주어져야 한다. 그런데 기존의 플롯에 대한 이해 수준으로는 이러한 여지를 마련하기가 쉽지 않다. 단순하게 등장인물에 독자 자신을 대입시킨다거나 동일시하는 방식 또는 작품서사의 상황 속에 또 다른 인물로 자신을 위치시키는 방식은 치유의 경험 정도에서 많은 차이가 있게 된다. 작품서사가 지닌 문제의식을 온전하게 자기화 시키기에 어려움이 있기 때문이다. 작가의 문제의식에 현저히 편입됨으로써 작가라는 타인에 대한 이해의 차원에서 벗어나지 못하거나 작가와 독자 사이의 적절한 위치에서 공감이 이루어질 개연성이 크다고 보기에 그러하다. 그래서 인물 외에 또 다른 플롯의 장치를 자기화할 수 있는 방법적 접근이 필요하다.

플롯의 장치를 자기화할 수 있으려면 플롯이 스토리와 일대일 대응을 하는, 고정된 성격의 것으로 보는 시각에서 벗어 날 필요가 있다. 즉 스토리가 플롯으로 전화되는 과정에 '선택과 배제'라는 원리가 작용한다고 보는 시각이 유용하다. 기존의 시각대로라면 스토리의 구성 요소들이 플롯으로 옮겨갈 때 그 배열순서만 달라진다. 그러나 현대 소설의 플롯은 이러한 시각으로 접근해가기에 적절하지 않다. 앞서 말한 소설의 난해함은 실상 스토리에서 플롯으로의 전화 과정에서 생략되는 요소들이 많다는 것으로 단순하게 설명할 수 있을 것이다.

이런 맥락에서 필자는 독자들에게 다음과 같은 방식으로 플롯을 재개념화해서 이해를 도모하고 있다.

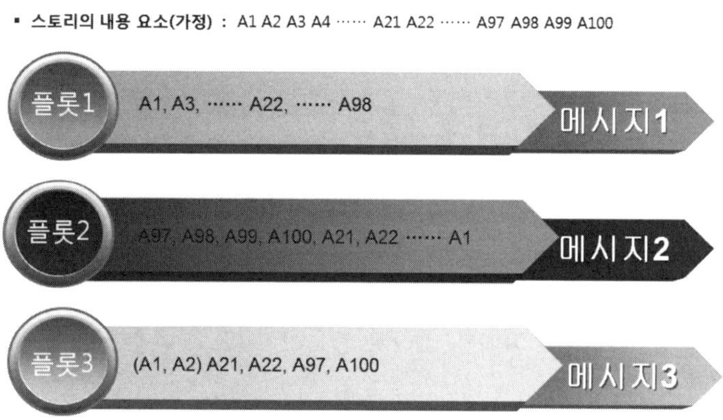

이 도식의 핵심은 선택과 배제의 원리에 있다. 작가가 창작을 할 때 생성한 스토리의 요소들은 고스란히 플롯으로 전이되는 것이 아니라 작가의 의도와 서술자 또는 시점과 같은 플롯의 장치에 의해 선택되거나 배제되는 과정을 통해 재조직된다. 따라서 하나의 스토리에서 어떤 요소들이 재조직되는가에 따라 복수의 플롯이 파생되게 된다. 당연히 플롯에 따라 메시지도 차별적으로 생성되게 된다. 따라서 독자는 서사 텍스트를 읽어가면서 온전한 스토리를 복원해가는 과정을 수행해야 한다. 즉 현대 서사 텍스트 읽기의 일차적 목표는 플롯의 정보를 바탕으로 스토리를 복원해 가는데 있어야 할 것이다.[6]

이 지점에서 작품서사를 자기서사로 전화할 수 있는 근거가 마련되어야 한다고 보는 것이 필자의 입장이다. 작품서사에서 곧바로 자기서사로 진행되는 과정은 치유의 원천이 문학이어야 하는 당위성을 확보하고 자기서사의 완성도를 높이는데 어려움을 겪게 하는 요인이 될 수 있기 때문이다.

좀더 구체적으로 독자들이 작가가 제시한 서사에서 등장인물을 독자 자신으로 대체하거나 배경이나 상황을 자신의 경우로 환원시켜 이해하고 공감하는 일에 머문다면 치유의 매개가 '왜 문학작품이어야 하는가'에 대한 근본적인 회의를 초래할 수 있다. 문제적 개인으로서의 작가가 지니는 통찰력이나 상상력 등의 인식에 기대어 비로소 치유를 경험하게 되는 것이라면 작품서사에 최대한 충실하면서 그 과정을 추체험해야 하기 때문이다. 그렇지 않고 소재나 상황의 유사성, 인물과의 동일시, 독자들이 항용 추수하고자 하는 메시지의 수용 정도에 기반을 둔 자기화를 통한 치유에 이르렀다고 한다면 그 효용성은 현저히 약화될 것이다. 작가라는 존재가 지니는 상대적 우월함의 인정, 즉 일종의 경외감이 없다면 문학 치유의 당위성은 확보되기 어렵기 때문이다.[7]

하나의 스토리에서 작가가 축조해 낸 플롯은 여러 선택 가능한 것 중의 하나이기 때문에 독자가 스토리와 선택된 플롯에 대해 충분히

---

6 이런 측면에서 시점, 서술자, 초점 등의 개념에 대한 심도 있는 이해가 필요하다. 선택과 배제를 통어하는 기제가 바로 이들 개념이기 때문이다.

7 이 경외감이 작품에 대한 무비판적 수용이나 작가에 대한 무조건적인 경도를 의미하지는 않는다. '작가가 되기 위해 습작기부터 등단에 이르기까지 많은 과정을 거쳤으며 그 과정이 결코 쉽지 않다는 점, 한 편의 소설을 쓰기 위해 많은 시간과 노력을 투자하기에 해당 문제에 대해 가장 깊은 고민을 했을 것이라는 점'을 인정하는데서 비롯되는 반응 양상으로 독자들의 입장에서는 자연스럽게 작가의 권위를 인정하게 되는 셈이다. (이 반응 양상은 소설 수업 시간에 학생들이 보이는 반응을 정리한 것이다.) 의사와 환자 간의 치료 상황에서 필요한 요건인 권위와 상통할 것이다.

이해하고 기본 요소들을 충실히 유지하는 상태에서 변형된 플롯을 만들어 자기만의 메시지를 창출해 내고 이어 자기의 서사로 귀결시켜 나가는 것이 가장 바람직한 자기서사화의 방향이라고 보는 것이다. 조심스럽기는 하지만 작품서사 - 매개 서사(또는 파생 서사) - 자기서사로의 이행을 절차적 방법으로 제시해 보고자 한다.

이 이행과정에서는 당연히 여러 가지 서사 장치들을 활용해야 하는데 '병치'는 바로 장치의 한 가지 사례가 된다.

2) 병치의 작용 양상

이제 구체적인 작품을 통해 '병치'의 작동 양상을 살펴보기로 한다. 대상 작품으로는 앞서 소개한 작품들 중에서 권여선의 〈사랑을 믿다〉와 공지영의 〈맨발로 글목을 돌다〉를 선택했다.

〈사랑을 믿다〉의 작품서사는 다음과 같이 도식화할 수 있다.[8]

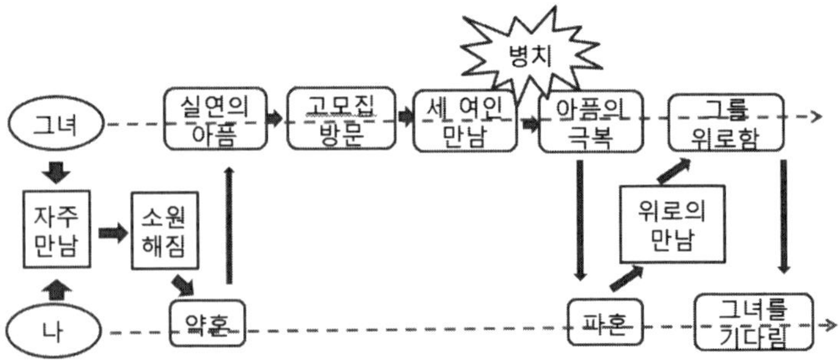

8 권여선, 「사랑을 믿다」, 『32회 이상문학상 수상작품집』, 문학사상사, 2008.

이 작품의 작품서사의 중심은 '실연의 아픔을 극복하기'에 있다. 서술자인 '나'와 '그녀'의 만남은 애매한 상태이지만 수년 동안 일주일에 두세 번, 적어도 한두 달에 한두 번은 만나는 사이였기에 그녀는 서로가 연인관계였다고 생각하고 있었다. 그런데 느닷없이 들려 온 남자의 약혼 소식은 실연의 아픔으로 이어진다. 그녀는 적어도 그런 정도의 만남을 유지해 왔다면 연인이라 생각하는 것이 당연한 것이라 생각했지만 적어도 남자의 태도는 그러하지 않았던 데서 오는 '일방적 실연'의 아픔이었다.

그 시점부터 그녀는 그 아픔을 극복하기 위해 많은 노력을 하지만 상황이 그러했던 터라 쉽지 않았다. 그러던 터에 그녀의 어머니가 후손이 없는 고모가 소유한 삼층건물에 의중을 두고 심부름을 보내고, 거기서 그녀는 세 여인과 만난다. 그들은 희귀병을 앓는 친지의 완쾌를, 유괴된 손자의 생사를, 바람난 남편의 귀가를 애타게 바라며 고모댁 윗집에 사는 도사를 만나러 온 사람들 이었다. 그들의 사연을 낱낱이 듣게 된 그녀는 문득 깨달음을 얻은 뒤, 자식을 앞세운 뒤 절망 속에 살아가는 고모 내외와 그녀들의 평안을 빌며 고모댁을 도망치듯 빠져 나온다. 그토록 덜어내기 어렵던 실연의 고통이 그들의 고통 앞에서 '보잘 것 없음'으로 인식되면서 극복되는 순간이다.

여기서 고통의 극복은 '병치'에 의해 가능해진다. 구체적으로는 세 사람의 현재의 삶과 그녀의 미래의 삶이 병치되면서 현재의 그녀의 삶을 지배하는 고통이 미래에 당연히 닥칠 것으로 예상되는 종류의 고통들에 비해 '보잘 것 없음'을 깨닫고 극복의 계기를 얻게 된다.[9]

---

9 기본적으로 병치는 이질적인 것들의 결합을 통해 새로운 의미를 생성해내는 작용으로 일컬어진다. 이러한 의미 규정은 P. Wheelwright, R. Fowler, N. Frye 등의 저작을 통해 형성되어 왔으며 여기서도 그에 준해 사용하고자 하였으며 직접적으로는 앞에 제시한 두 저작에서 취했다.

독자들은 처음에는 이 부분에서 그녀가 단지 세 사람의 사연을 들었을 뿐인데 어떻게 해서 그토록 떨쳐내기 어려웠던 실연의 고통을 덜어낼 수 있는지에 대해 의아해한다. 경우에 따라서는 이 과정을 현실적이지 못하거나 작품상의 결함이라고 비판하기도 한다. 실연을 겪은 사람의 입장에서는 유괴나 질병, 외도 등에서 오는 고통과는 종류가 다른 것이기에 단지 그런 고통을 받는 사람들을 바라보는 것만으로 과연 극복이 가능할 것인지에 대해 매우 회의적인 것이 비판적인 독자들의 생각이었다.

그러나 긍정적인 독자들은 단호하게 이런 극복이 가능하다고 본다. 작가는 독자 자신의 고통만을 보지 말고 자신이 제시한 것과 같은 고통을 찾아 병치시켜 보라 주문하고 있다고 보는 셈이다. 이질적인 것으로 보이지만 실상은 내 미래의 모습일 수 있다는 점을 감안하면 새로운 의미를 찾을 수 있을 것임을 말하고 있다. 그 새로운 의미란 실연의 고통은 '주체할 수 없는 고통'이 아니라 '보잘 것 없는 고통'이라는 것으로 나타난다. 그것은 작가의 통찰력에서 오는 문제해결의 방책이다. 이 병치의 장치를 대입할 것을 권유받은 독자들은 이제 세 사람 대신 가져다 놓을 수 있는 '고통을 겪는 사람들'을 찾게 된다. 가족 - 친지 - 사회의 범주로 확산해가면서 자신의 경험과 견문을 통해 인지된 사례들을 찾아 병치시키는 과정을 통해 '치유'를 경험하게 될 것이다.

이 과정에서 독자들은 스토리에서 플롯으로 전화되는 과정에서 배제되거나 은닉된 요소들을 유추하게 되는데 이 활동을 통해 자연스럽게 자기서사로 나아가게 됨을 관찰할 수 있었다. 이는 필자가 앞서 제시한 플롯의 원리와 작품서사 - 매개(파생) 서사 - 자기서사라는 전화과정의 연계를 보여주는 사례가 될 수 있을 것이다.

다음으로 살펴 볼 작품은 공지영의 〈맨발로 글목을 돌다〉이다. 이

소설의 작품서사도 다음과 같이 도식화할 수 있다.[10]

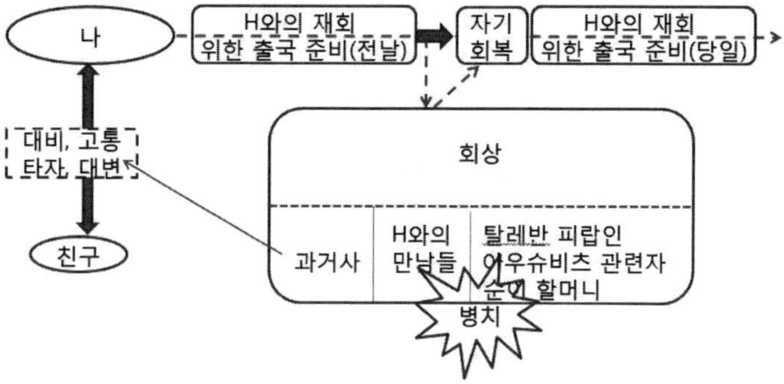

이 소설의 서사 중심은 '이혼 경력으로 인한 상처 극복하기'이다. 서술자인 '나'는 (여러 차례) 이혼을 경험한 한 소설가로, 이혼의 원인을 자신이 피해자인 가정 폭력에서 찾고 있지만 주변(사회)의 시선은 자신을 원인제공자로 보는데 따른 정신적 피해로 인해 고통을 받고 있다. 회상을 통해 간헐적으로 결혼 생활, 이혼 과정, 이혼 후 상황 등에 대해 서술하고 있는데, 그 초점은 아무도 자신의 말을 믿어주지 않는데서 오는 고통을 드러내는데 있다. 여기서 자신의 과거를 알고 있고 순탄하지 않는 자신의 결혼 생활과 대비되는 생활을 하고 있는 친구가 등장하여 타자의 시선을 대변하기도 하고 스스로 물어야 할 질문들을 던지는 역할을 한다. 일종의 감춰진 자아인 셈인데 이 친구를 통해 내면 깊숙이 자리 잡고 있는 '자신에 대한 멸시와 부정', 그에 따른 두려움 등이 드러난다.

독자들은 서술자의 내면을 들여다보면서 내면의 흐름을 덮어주는

10 공지영, 「맨발로 글목을 돌다」, 『35회 이상문학상 수상작품집』, 문학사상사, 2011.

H라는 일본인 번역가와의 만남이라는 사건에 대해 주목하게 된다. 그러면서 그 두 범주 사이의 거리감에 의문을 표하게 된다. 일본인으로 23세에 아무 이유 없이 데이트 도중 북한에 납치되어 24년간을 살다 와서 그 동안 배운 한국어로 번역 일을 하고 있는 H와의 만남이 이혼의 고통을 겪고 있으면서 거기에서 벗어나고자 노력하는 서술자의 삶과 어떤 관련성이 있는지에 대한 의문이었다. 거기다가 탈레반에 의해 납치된 한국 사람들, 순이 할머니, 아우슈비츠에서서 살아남았으나 결국은 자살을 선택한 프레모 레비 등을 끌어오는 대목에서는 독자들의 의문이 증폭됨을 관찰할 수 있었다. 그러다가 서술자 자신과 그들 모두를 '운명'이라는 말로 묶어 버리는 지점에서는 강한 불신과 비판을 쏟아 내었다.

작가는 서술자를 독자들의 인식 속에서는 연계가 어려운 존재들을 과감하게 '병치'시켜 놓고 있다. 서술자(작가 자신)가 겪는 고통이 앞서 끌어들인 존재들이 겪었던 고통들과 '운명'이라는 틀에서 동렬에 놓인다는 선언을 함으로써 고통에서 벗어날 수 있는 계기를 마련하고 있는 셈이다.

그런데 이 병치 전략은 일차적으로 독자들의 강한 반발을 초래한다. 그 병치는 한마디로 견강부회이며 철저한 자기합리화라는 판단에서이다. 특히 자전적 소설로 판단하는 독자들의 입장에서는 '누가 봐도 억울하기 짝이 없는 희생자들의 고통'에 빗대어 자신의 입장을 변호하고 고통에서 벗어나려는 시도이기에 설득력을 얻을 수 없다고 비판하고 있다. 외견상으로는 이 병치 전략은 작품서사 내에서, 즉 작가 자신을 위한 치유의 의미 밖에 가질 수 없는 것으로 보인다. 독자들의 자기서사로 이어지기에는 상당한 장애가 따르는 셈이다.

그러나 병치된 존재들의 상황에 대한, 그리고 서술자(작가)의 상황을 폭력이라는 키워드에 기반을 둔 다면적인 분석 — 폭력의 성격,

폭력의 주체, 가해자와 피해자, 폭력의 결과 — 을 시도해 보도록 유도한 다음 단계에서는 독자들의 반응 양상은 상당히 달라진다. 서술자가 표나게 제시한 '운명'이라는 단어 뒤에 감춰져 있는 '폭력'이라는 요소에 주목한 때문이다. '어찌 그들과 운명이라는 울타리 속에서 터무니없는 동거를 하려 하는가'라는 부정의 목소리는 그 특수한 운명의 배후에 폭력이라는 보편적 요소가 자리 잡고 있음을 확인한 연후에는 어느덧 공감의 목소리로 전화하고 있었다. 독자에 따라서는 비판의 끝에 공감이 자리할 수 있다는 변형된 카타르시스도 경험함을 살필 수 있었다.

이 소설에서 작가가 제시한 병치의 전략은 앞의 소설과는 상당히 다른 면모를 보여준다. 앞의 경우가 직접적으로 병치의 효과가 드러난다면 이 소설의 경우에는 병치 - 반감 - 공감이라는 단계를 통해 효과를 거두고 있다는 점에서 그러하다. 독자들은 '이혼'이라는 상황 자체가 아닌 여성으로서 이혼 경력에 대한 관습적이고 폭력적인 시선에 노출된 상황에 대한 이해를 통해 자신이 처한 상황에서 오는 '감춰진 상처'들에 대한 직시 — 필자의 수업 수강생들의 입장에서는 하위권 대학생이라는 인식에서 오는 부정적 정서와 태도와의 온전한 대면 — 를 시도하게 된다. '한 인간이 성장해 가는 것은 운명이다'라는 소설의 마지막 구절을 '내가 성장을 이루는 곳은 대학이 아닌 사회이다.'라는 구절로 패러프레이즈 하는 독자의 모습에서 자기서사의 한 전형을 볼 수 있었다.

이 소설은 작품서사에서 자기서사로 이르는 과정에서 독자들이 순방향적인 반응만을 보이지 않을 수 있다는 점을 보여준다는 측면에서 주목된다. 또한 작품서사 내에서의 치유(즉 작가 자신의 치유)와 자기서사를 통한 '치유'라는 이중의 치유 양상, 이해와 공감만이 아닌 '반감'(여기서는 '과도한 병치'라는 판단에 따른)도 치유의 과정에서 중요하게 고려해야 할 반응 양상임을 보여준다는 점에서 주목할 필요가 있다.

4. 확산의 가능성

문학을 통한 치유의 의미는 그동안 독자들을 수동적인 상태에 가두고 있었던 '이해와 감상'의 차원을 넘어서는 영역에서 비로소 활성화될 수 있을 것이다. 대다수의 문학 향유자들이 이런 수동적 맥락에서 구상되고 설계되었던 문학교육을 받았던 터라 문학을 좀더 적극적인 자기 성장과 발전의 기제로 활용하지 못했던 맥락을 감안한다면 문학치료학의 방법적 탐색은 좀더 전략적으로 이루어질 필요가 있을 것이다. 이와 관련해서 현대 서사 텍스트에 대한 문학치료학적 접근이 보다 활발하게 이루어질 필요가 있을 것이다. 자기서사로 전화할 수 있는 여지는 현대 서사 쪽이 보다 크다고 판단되기 때문이다.

서사의 여러 장치들 중 여로구조나 모티프 등의 장치와 함께 '병치'라는 장치에 주목하게 된 것은 그간 서사물의 수용 교육에서 큰 비중을 차지하고 있던 '인물과의 동일시'라는 양상에 대한 반성적 접근에서 비롯되었다. 동일시가 이루어지기 위한 조건들은 상당히 까다로울 수밖에 없는데도 작품 수용의 주요 양상으로 제시된 것은 전략적 접근을 소홀히 한 탓으로 판단되기도 한다. 그런 의미에서 '병치'는 매우 효과적인 접근 방법으로 볼 수 있을 것이다. 병치는 작품 속 인물과 독자 사이에 분명한 거리 두기가 개입되어 있으며 자기로의 전이를 위한 통로가 마련되어 있기 때문이다.

이 글의 앞부분에서 필자는 외국인(태국인) 학생들이 한국 문학 작품을 배우면서 치유의 양상을 보인다는 점에 대해 언급한 바 있다.

필자가 경험한 수업 중에서는 〈홍길동전〉과 〈강아지똥〉에 대한 반응이 인상적이었다. 그리고 그 반응의 표출경로는 '병치'를 통해서였다. 〈홍길동전〉에서 '아버지를 아버지라 부르지 못하는 상황'에 대해 태국 학생들은 자신 또는 자신의 친구가 놓인 상황을 자연스럽게 대입시키며 우리와는 다른 사회적 특성에서 오는 '상처'들을 다스리려는 태도를 보이는 것이 인상적이었다. 〈홍길동전〉에서는 '아버지' '가족제도'를, 〈강아지똥〉에서는 양분되는 존재들을 병치의 대상으로 삼아 궁극적으로 자기서사를 이끌어내는 과정을 관찰할 수 있었다. 물론 '병치'라는 장치에 대한 충분한 예비 학습을 수행한 연후에 가능한 일이었다. 이 사례는 문학치료학의 외연 확대의 가능성을 보여주는 예가 될 것이다.

소설의 여로구조와 치유 기제

1. 문제제기

이 논의는 여로구조형 소설의 문학교육적 의의를 다룬 기왕의 논의를 확장하여 여로구조형 소설을 수용하는 독자의 반응에서 나타나는 치유 작용의 양상을 살펴보는 데 일차적인 목적을 두고 있다. 필자는 대학의 소설 강의를 통해 고급 독자에 속하는 대학생들이 동시대의 소설을 어떤 맥락과 양상으로 수용하게 되는지를 지속적으로 추적해 오고 있다. 이 추적 결과는 다양한 측면에서 분석이 가능한데 이 논의에서는 그 맥락을 두 가지로 압축해 보고자 한다.

하나는 개인적 차이는 있겠지만 대학생이라는 독자 집단들은 대체적으로 여러 유형의 서사구조 중 여로형 구조를 선택하고 있는 소설들에 좀 더 수월하게 접근하고 있다는 점이다. 이는 무엇보다도 story-line을 따라가기가 용이하다는 점과 소설적 상황의 출발과 도달이라는 의미부여 지점이 분명하다는 점이 작용한 결과로 판단된다. 다른 하나는 작품과 독자와의 거리 줄이기를 한 차원 높게 실현해 나가는 독자들이 나타나는 경우가 여로구조형 소설에 집중되고 있다는 점이다. 이는 여로구조형 소설이 등장인물의 문제해결의 과정을 기반으로 하고 있으며 그 과정에 독자가 틈입, 자기 치유의 과정을 추체험할 수 있는 기제들이 가시적으로 주어지기 때문인 것으로 판단된다.

이 논의를 위해 그동안 추적해 온 독자들을 거칠게라도 유형화해 본다면 관찰자형, 참여자형, 자기화형 등이 될 것이다. 이 유형은 필자가 소설 작품에 대한 독자들의 반응을 살피고자 하는 목적을 수업 목표들 중의 하나로 설정해 왔던 강의들의 성격 때문에 도출된 것이기도 하다. 즉 전공 강좌인 '우리 시대의 소설 읽기'와 교양 강좌인 '문제해결의 소설적 전략', '소설과 비평적 에세이'라는 수업의 성격에 말미암은 측면이 강하다. 여기에서 관찰자형은 서사의 진행 과정과 상당한 거리를 두고 관찰하는 수용 양상을 보이는 유형이고, 참여형은 서사 진행의 중간중간에 등장인물처럼 참여하여 일정한 단계에서 서사구조에 변형을 가하며 수용하는 양상을 보이는 유형이다. 자기화형은 서사 과정에 적극적으로 참여함은 물론 해당 서사구조를 자기서사화해 나가는 수용 양상을 보이는 유형이다. 이 논의에서는 그 유형들 중 자기화형 독자를 대상으로 삼고자 한다.

자기화형 독자들은 수업 중 토론 활동과 수업 후 제출하는 비평적 에세이를 통해 차별적인 반응과 수용 결과를 보여준다. 물론 특정한 작품에 대해서 그러한데 자기 문제와 밀접한 연관성을 지닌 작품을 대상으로 한 경우로 나타난다. 그리고 그 수용의 양상을 '자기치유'의 한 양상이라 보고자 하는 것이 이 논의의 핵심이 될 것이다.

이 논의에서 제시하고자 하는 분석 결과는 이 유형의 독자들이 여로구조형 소설이 지니는 어떤 기제를 통해 자기치유라는 수용에 이르게 되는가 하는 점이다. 여기서 작가가 다루고 있는 문제의 성격이 어떠한가에 따라 매우 개별적인 것으로 볼 수도 있고, 일반적인 것으로 볼 수도 있는 기제들을 소설 양식의 보편적인 내적 형식으로 전화해 나갈 수 있는 방법적 모색을 시도해 보고자 하는 데에 이 논의의 궁극적인 목적이 놓여 있음을 밝혀둔다.

이 논의와 관련된 연구들은 크게 두 가지로 나눠 볼 수 있다. '소설과 여로구조(여행)'를 다룬 논의들과 '여행(관광)과 치유'를 다룬 연구들이 그에 해당한다. 그런데 이 둘의 결합형인 '여로구조 또는 여행소설과 치유'를 본격적으로 다룬 연구는 필자가 지금까지 탐색해 본 연구물 중에서는 한 편을 제외하고는 찾아보기 어려웠다. 이 논의와 가장 밀접한 연관성을 지닌 연구물로는 '여행의 치유적 가치'를 다룬 연구물을 들 수 있다.[1] 물론 소설이 지니는 치유 효과에 대한 연구들도 상당한 정도로 축적되어 있지만 여로구조형 소설과 치유의 문제를 다룬 경우는 본격적으로 이루어지지 않았다.

2. 문제해결 장치로써의 여로구조

문제적 개인이 자신의 삶의 문제를 해결하거나 자신을 찾기 위한 여행으로서의 성격을 지닌 소설 장르는 그 장르적 속성에 걸맞게 다양한 내적 형식들을 모색해 왔다. 그리고 여로구조는 그 대표적인 내적 형식으로 제시할 수 있다. 소설의 역사를 살펴보면 로마시대의 변형담 같은 변종 양식의 출현과정에서부터 여로구조는 지속적이고 비

1 이 논의를 위해 집중적으로 검토한 연구물은 다음과 같다. 박인정 · 이영관, 「여행의 치유적 가치에 관한 분석심리학적 접근」, 『관광연구저널』 29-6, 한국관광연구학회, 2015; 김세은, 「여행체험의 치유효과 분석」, 경기대학교 석사학위논문, 2014; 이상봉, 「여행경험과 심리치유 간의 관계」, 강원대학교 박사학위논문, 2011. 이 중 첫 번째 논문은 세 편의 여행소설을 중심으로 분석하고 있기는 하지만 독자가 아닌 등장인물(작가)의 측면에서만 접근하고 있다는 점에서 이 논의와는 거리가 있다.

중 있게 내적 형식으로 기능해 왔다.[2] 여로구조에 대해서 공간적인 요소의 확장이라는 맥락에서 그 의미를 축소하는 경우도 있지만 그 같은 견해는 소설의 발생론적 성격을 충분히 고려하지 않은 데서 비롯된 것이라 판단된다.

그렇다면 이러한 여로구조를 내적형식으로 선택하는 일이 여전히 유효한 것인가를 살펴보기로 하자. 현대 사회를 살아가는 사람들의 삶의 문제와 사회적 문제들을 다루는 소설들이 취하는 내적 형식을 분석해 보면 매우 높은 비율로 여로구조를 활용하고 있음을 확인할 수 있는데, 그 양상은 앞 장인 '소설 읽기 전략으로서의 여로구조 읽기'에서 밝힌 바 있다.

이어 이 작품들이 다루고 있는 '문제'의 양상을 20년간의 작품만을 대상으로 삼아 정리해 보면 [표 1]과 같다. '문제'와 관련된 내용은 필자가 학생들과 수업을 하는 과정에서 상호작용을 통해 얻은 내용을 바탕으로 설정한 것으로 수용자 및 맥락에 따라 얼마든지 달리 설정할 수 있을 것이다.

[표 1]

작품 (작가/연도)	사건의 소재	제기하는 문제 문제 해결 방식
천지간 (윤대녕/1996)	미지의 두 남녀 간의 관계	삶과 죽음, 인간간의 관계는 무엇인가
		부채의식과 같은 의무감 버리기
사랑의 예감	두 부부의 갈등	삶에 대한 불안감을 어떻게 극복할까

2 다음과 같은 논저들을 통해 그 양상을 확인할 수 있다. 이언 와트, 전철민 옮김, 『소설의 발생』, 열린책들, 1988; V.Y. 프로프, 최애리 옮김, 『민담의 역사적 기원』, 문학과지성사, 1990; 미케발, 한용환 외 옮김, 『서사란 무엇인가』, 문예출판사, 1999; 마르트 로베르, 김치수 외 옮김, 『기원의 소설, 소설의 기원』, 문학과지성사, 1999.

(김지원/1997)	과 애정	운명에 대한 현실적이고 긍정적인 수용
아내의 상자 (은희경/1998)	한 부부의 생활	관습에 함몰된 정체성은 회복 가능한가
		상황에서의 과감한 탈출의 시도
내마음의 옥탑방 (박상우/1999)	두 남녀의 만남과 헤어짐	물질적 조건은 사랑의 필요조건인가
		깨어있는 의식으로 물신화에 맞서기
시인의 별 (이인화/2000)	고려시대 선비의 고난사	소중한 것(가족)을 어떻게 지킬 것인가
		목숨으로라도 지켜내겠다는 태도와 의식
부석사 (신경숙/2001)	남녀와 동료 간의 배신	배신감에서 어떻게 벗어날 것인가
		동련의 타자와 자폐적 상황에서 벗어나기
뱀장어스튜 (권지예/2002)	세 남녀 간의 갈등과 애증	삶과 사랑의 갈등에서 어떻게 벗어날까
		살의나 열정보다는 평화로움을 택하기
바다와 나비 (김인숙/2003)	운동권 출신 부분의 갈등	변화한 현실에서 소신지키기는 무엇인가
		자기 생각에서 벗어나 상대를 이해하기
화장 (김훈/2004)	중년 남자와 아내의 죽음	노화와 죽음의 조바심은 어떻게 극복할까
		관념적이 아닌 현실적으로 상황 수용하기
몽고반점 (한강/2005)	비디오아티스트의 창작활동	삶과 일간의 윤리적 갈등은 해결가능한가
		윤리적 갈등의 결과에 대해 예측하기
밤이여 나뉘어라 (정미경/2006)	천재적인 인물의 삶의 역정	개인과 사회는 상호 애정의 관계인가
		사회로부터의 상처를 이타적으로 봐주기
천사는 여기 머문다(전경린/2007)	한 부분의 결혼과 이혼	폭력의 피해는 일방적인 것인가
		피해자만으로서의 의식에서 벗어나보기
사랑을 믿다 (권여선/2008)	실연을 겪은 남녀의 사연	사랑은 삶에서 얼마나 중요한 것인가
		실연과 위로를 보잘것없다고 생각하기
산책하는 이들의 다섯 가지 즐거움 (김연수/2009)	연인의 죽음으로 고통을 겪는 남자의 극복 과정	심리적 고통과 육체적 병은 치유불가인가
		산책을 통해 타인들과 고통 공유하기
아침의 문 (박민규/2010)	자살 실패자와 미혼모의 조우	자살자와 미혼모, 누구의 책임인가
		자신의 원초적 뿌리와 정면으로 대면하기

<table>
<tr><td rowspan="2">맨발로 글목을 돌다
(공지영/2011)</td><td rowspan="2">한 여성 소설가의 창작과 일상적 삶</td><td>질서파탄의 책임은 왜 일방적, 편파적인가</td></tr>
<tr><td>어둠이 빛을 이길 수 없다는 믿음 갖기</td></tr>
<tr><td rowspan="2">옥수수와 나
(김영하/2012)</td><td rowspan="2">소설가와 출판사 사장의 갈등</td><td>문학은 자본의 음모의 희생양인가</td></tr>
<tr><td>음모에 맞서 최소한의 자존심으로 맞서기</td></tr>
<tr><td rowspan="2">침묵의 미래
(김애란/2013)</td><td rowspan="2">사라져가는 소수 언어의 가상</td><td>소수의 보호라는 다수의 장치는 정당한가</td></tr>
<tr><td>소수의 정체성을 훼손하지 않고 보호하기</td></tr>
<tr><td rowspan="2">몬순
(편혜영/2014)</td><td rowspan="2">아이를 잃은 부부의 갈등</td><td>삶의 국면에서 의심과 고백은 필요악인가</td></tr>
<tr><td>관계유지를 위한 상대의 노력에 부응하기</td></tr>
<tr><td rowspan="2">뿌리이야기
(김숨/2015)</td><td rowspan="2">뿌리를 찾아다니는 인물의 생활과 의식</td><td>불안과 방황을 어떻게 다스릴 것인가</td></tr>
<tr><td>자기 존재의 뿌리를 찾으려 노력하기</td></tr>
<tr><td rowspan="2">천국의 문
(김경욱/2016)</td><td rowspan="2">아버지의 죽음을 맞이하는 딸의 이야기</td><td>가족의 죽음을 욕망하는 일이 가능한가</td></tr>
<tr><td>남겨진 가족들의 존엄에 대해 성찰하기</td></tr>
</table>

문제적 장르로서의 소설이 여로구조를 취하게 되는 것은 여로구조의 출발점인 '여행'이 '문제해결의 장치'가 될 수 있기 때문이다. 근대 이후 소설들은 일상적 삶의 국면에서 개인적, 사회적 문제를 포착하고 이를 해결해 나가는 과정을 보여주는 데에 갈등구조의 초점을 맞추는 것을 기본적인 특성으로 삼게 되는데, 문제해결의 실마리는 인물이 놓여 있는 상황에서 벗어나 봄으로써 가능할 수 있다는 인식에서 비롯된 것으로 판단된다. 문제가 놓여 있는 지점과는 다른 환경과 맥락 속에서 문제를 바라보게 될 때 비로소 문제의 본질이나 요소가 명료하게 보이게 되거나 달리 볼 수 있을 것이기 때문이다.

여로구조에 대한 독자들의 접근은 여기서 출발하게 되는데 몇 가지 질문을 통해 방법적 요체를 얻을 수 있을 것이다. 즉 "왜 여행을 떠나는가? 어떤 문제 상황에 놓여 있는가?" "어디로 향하는가? 그리고 그 장소는 어떤 의미를 지니는가?" "여행과정이나 여행지에서 누구를 만나거나 어떤 상황과 마주하게 되는가?" "출발 전의 상황에 대해 어떻게 달리 보게 되었는가?" "해결책을 찾았는가? 그 해결책은 무엇인가?" "문제 해결에 성공했는가, 아니면 실패했는가?" 등이 그러한 질문에 속한다. 이러한 질문들은 독자가 주체적인 관점에서 작품에 접근해 갈 수 있게 해주는 구체적인 접근 통로를 제공해 준다는 점에서 매우 유의미하다.[3]

작품에 대한 접근 통로가 구체적으로 제공된다는 점은 독자의 입장에서는 매우 효과적인 수용의 장치를 얻게 되기에 적극적인 활동을 유발하는 동기가 되기도 한다. 치유의 과정을 추체험하기를 원하거나 필요로 하는 독자에게는 그 동기가 더욱 활성화되는 측면으로 작용하기도 한다. 이제 구체적인 작품의 예를 들어 그 통로를 확인해 보기로 한다.

3. 여로구조의 유형별 읽기 사례

대학생 독자들은 여로구조형 소설들을 어떻게 읽어가고 있는지를 앞서 제시한 '이상문학상' 대상 수상 작품들 중 두 작품을 예로 들어 살펴보기로 한다. 한 작품은 직선형 여로구조를 지닌 신경숙의 〈부석사〉이고 다른 한 작품은 원점회귀형 여로구조를 지닌 윤대녕의 〈천지간〉이다.[4]

---

3 이러한 질문들의 교육적 효용성에 대해서는 다음 논의를 참조할 것.
졸고, 「소설 읽기 전략으로서의 여로구조 읽기」, 『문학교육학』 49, 한국문학교육학회, 2015.

4 여로가 국내가 아닌 해외로 설정되어 있는 경우는 또 다른 접근이 요구된다는 판단에서 논의를 달리할 필요가 있다고 보았다.

우선 독자들에게 여로구조형 소설을 읽어나가기에 앞서 배경지식을 활성화하는 측면에서 다음과 같은 도식들을 순차적으로 제공했다.

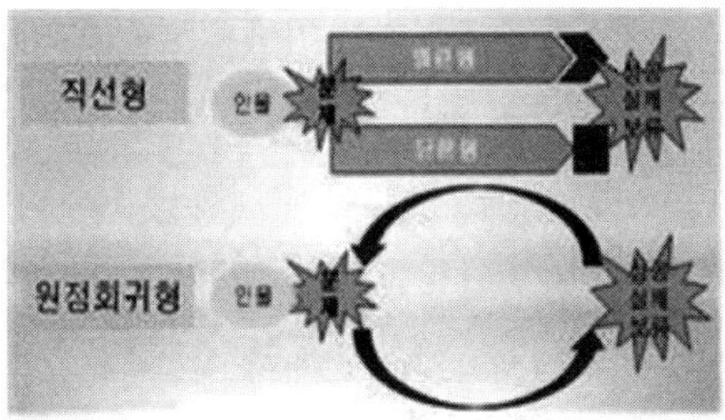

<그림1>

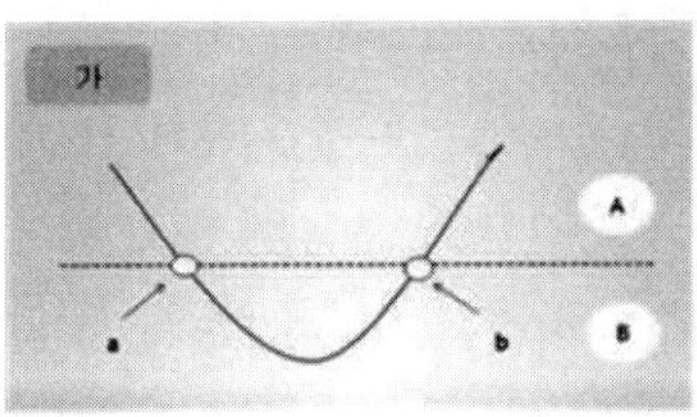

<그림2>

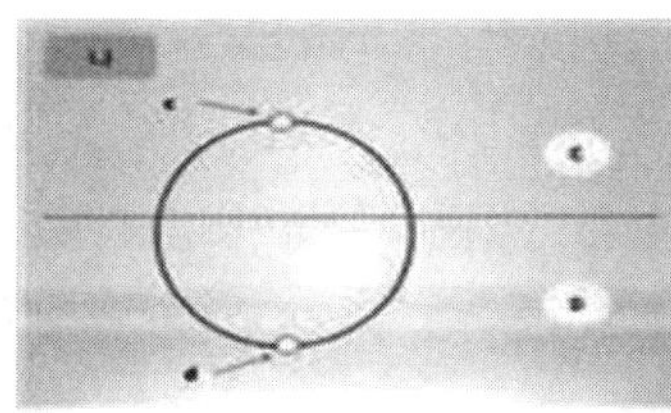

<그림3>

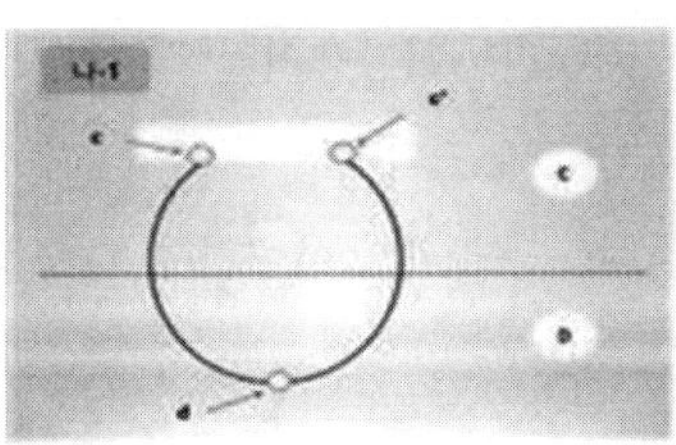

<그림4>

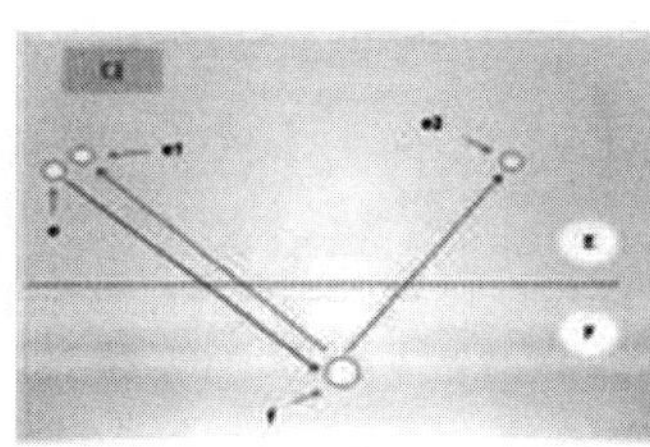

<그림5>

여기서 〈그림 1〉은 보편적으로 알려져 있는 여로구조의 두 가지 유형이고, 〈그림 2〉는 로망스 단계나 그 이전 단계의 서사물의 주인공의 행적을 나타낸 것이다. 〈그림 1〉에서는 '문제'라는 단어에 주목해서 볼 것을, 〈그림 2〉에서는 현실계(A)와 비현실계(B)를 넘나들며

욕망을 달성하는 과정과 a, b 라는 경계구(境界口)에 주목할 것을 주문하게 된다. 이는 서사구조에 대한 접근 통로를 탐색할 수 있도록 하기 위한 것이다. 좀 더 자세히 설명하자면 경계구의 의미에 대해 좀 더 달리 생각해보도록 요구하면 a-입구 / b-출구 라는 관습적 인식에서 벗어나 반대의 인식을 하는 경우를 상당한 비율로 발견하게 된다. 취업 등 힘든 현실 속에 놓여 있는 대학생 독자들의 입장은 a가 비현실계로 들어가는 '입구'가 아닌 힘든 현실에서 벗어나 보는 출구로 인식하고 있는데, 현실계와 비현실계의 역할을 달리 보고 있다. 구비서사 등에서 자주 접하게 되는 B라는 '비현실계'에 대해 매우 긍정적이고 자기친화적인 의미를 부여하게 되는 셈이다. 소설치료에서 구조에 대한 인식과 재인식이 필요하다고 보는 이유는 여기에 있다.

〈그림 3〉과 〈그림 4〉는 원점회귀형 여로구조에 대한 사전지식을 지니고 있는 독자들이 상당한 비율에 달하지만 그 특성을 '나'와 같이 알고 있는 독자들에게 c라는 지점에 대한 이해를 달리하도록 하기 위해 제시하였다. '나'와 같이 출발지점과 도착지점을 c 하나로 인식하게 될 경우에 서사구조의 이해과정에서 장애가 발생하는 경우를 종종 보았기 때문이다. 〈그림 5〉의 경우에는 직선이라는 용어가 지니는 애매함을 해결해주기 위한 의도에서 제시하고 있다.

이러한 도식들의 제시는 도식이 지니는 한계에도 불구하고 독자들에게는 작품에 대한 접근 통로를 찾고 유용한 반응으로 나아가는 데 긴요한 작용을 하는 것으로 판단되었다. 이러한 도식에 대한 이해를 바탕으로 세 작품에 대해 독자들이 접근해 가는 양상을 정리해 보면 다음과 같다.

1) 〈부석사〉

〈부석사〉는 '국도에서'라는 부제를 달고 두 남녀의 이야기를 다루고 있다. 독자들은 이 작품의 여로를 다음과 같이 제시하게 된다.

> "한 오피스텔에서 거주하는 두 남녀는 서로 안면만 익힌 상태에서 1월 1일에 갑자기 의기투합해 부석사 여행에 나선다. 그리고 부석사 근처 소백산 골짜기 낭떠러지 앞에 머문 차안에서 눈발에 쌓인 채 머물러 있다. 직선형 여로구조를 보여주는 작품이다."

다음으로 독자들은 출발선의 두 사람의 상황이 다음 대목에서 드러나는 것으로 정리하게 된다.

> "P가 급작스레 다른 여자와 약혼을 해버림으로써 그녀와의 관계를 일방적으로 깨 버렸을 때, 그녀는 머릿속이 희뿌옇게 된 공동상태로 운전학원엘 다녔다. 운전 같은 건 익히려고 생각지도 않고 있던 그녀였다. --- 고속도로를 주행할 때면 그녀는 차 안에서 실컷 소리를 질렀다. P를 향해서인지 세상을 향해서인지 그녀 자신도 정확히 모른 채. 어느 날은 실컷 욕을 퍼붓는 날도 있었다. 자신이 알고 있는 육두문자가 그렇게 많다는 사실에 그녀 자신도 놀랄 지경이었다. 소리를 지르거나 실컷 욕을 퍼부으며 평택 쯤 다다르면 그만 허탈해졌다. 뭔가에 격렬하게 치받쳐 있을 때는 느낄 수 없는 껍데기만 남은 기분으로 밤의 휴게소에 정차해 있으면 입은 바짝바짝 타는데 메말랐던 눈가는 이내 축축해지곤 했다."

> "차라리 수리부엉이에 대한 헛이야기를 흘린 사람이 박PD라는 걸 모르는 것이 나을 뻔 했다고 지금도 그는 생각한다. 그날 당장엔 그저 머

리가 복잡할 뿐이더니 다음날부터 그는 무기력해졌다. K(군에 갔을 때 돌아선 옛 애인)의 재생된 필름 같은 행동을 지켜본 후에 그에게로 엄습해왔던 증상과 같았다. 박PD라니. 그런 줄도 모르고 그는 박PD가 같은 동료이면서도 그에게 존경심을 가지고 있다고 생각했다. --그런 박PD가 갑자기 왜? 회사의 경영난으로 인력을 줄인다는 설이 나도는 것과 관련이 있는 것 아니겠냐는 다른 사람의 귀띔에도 그는 납득이 되질 않았다. 다름 아닌 박PD였기에. 다음날로 그는 회사에 나가지 않고 빈둥거렸다. 그는 점점 매사에 시들해졌다. 쉬는 동안 이따금 나무뿌리가 점령해버린 옛 집터를 찾아가 무섭게 벋어 내린 나무뿌리를 쳐내고 오는 일이 고작이었다."

두 남녀는 실연과 실연-배신을 당한 뒤에 찾아오는 문제적 상황에 직면해 있다. 그러던 차에 1월1일을 맞아 각각 P와 박PD가 찾아오겠다는 전화를 해오자 안면만 익힌 사이임에도 서둘러 서울을 떠나 여행길에 오르게 되는데 여로의 종착지에서는 다음과 같은 상태에 놓이게 된다. 그 상태를 독자들은 역시 다음 부분을 인용하여 정리하게 된다.

"P와 헤어진 후 그녀는 5년 동안 다니던 잡지사를 그만두고 손닿는 대로 일에 뛰어 들었다. --졸음이 오면 얼음통을 곁에 두고 번갈아가며 손을 담그면서 일했다. 소리를 지르거나 욕을 퍼부으며 고속도로를 질주하는 여자. 어디서나 무엇인가를 흐트러뜨리는 여자. 책을 읽든 개를 거두어 기르든 어느 한순간도 자신을 내버려두지 않고 들들 볶고 있는 여자. 그녀는 지금 <u>그 여자가 가엾기조차 하다</u>."

"그녀가 뒷자리에 개켜져 있는 담요를 끌어와 그의 무릎을 덮어준다.

그녀의 기척에 가느스름하게 눈을 뜬 그는 이 순간만은 반복되지 않을지도 모른다고 생각한다. 혹시, 저 여자와 함께 나무뿌리가 점령해 버린 옛집에 가 볼 수 있을는지."

독자들은 이 직선형 여로의 끝이 열려 있다고 생각한다. 두 사람이 이 눈덮인 골짜기를 빠져 나가서 부석사에 들러 부석을 보고 서로에게 의지를 하는 상황이 연출되지 않을까를 기대하기도 한다. 그러나 작품은 "이제 차창은 눈에 덮여 바깥이 내다보이지도 않는다."로 끝이 난다. 독자들의 기대감이 실현될 가능성은 여전히 미지수일 따름이라고 보고 있다.

2) 〈천지간〉

독자들은 〈천지간〉을 전형적인 원점회귀형의 여로구조를 보여주는 작품으로 판정하며 다음과 같이 그 여로를 제시하게 된다.

"문상을 가던 남자는 버스 터미널에서 '죽음의 그림자를 뒤집어쓰고 있는' 여자를 만난다. 남자는 문상을 가지 않고 그 여자를 따라 완도의 구계등까지 간다. 구계등에서 자살을 하려는 것으로 보이는 여자와 결국 잠자리를 같이 한다. 남자와 여자는 다시 구계등을 빠져 나와 각자의 생활로 돌아간다. 원점회귀형 소설의 전형적인 예에 속한다."

독자들은 두 사람의 출발선의 상황을 다음 대목을 통해 제시하게 된다.

"하필이면 나는 검은 양복을 입고 서 있다가 우연찮게도 죽음을 뒤집어쓰고 있는 여자를 보게 되었단 말이다. 그래도 타인임을 빌미로 애써 외면하고 지나칠 수도 있었겠지. 한데 그녀가 눈에 보이지 않는, 생에 대한 저 한 가닥 미련의 줄을 길게 늘어뜨리고 있었다면? 뭐 문상을 가던 길이 아니었냐고? 그래, 죽음 앞에 남작 엎드리러 가다 나는 산[生] 죽음과 서로 어깨가 부딪친 거야. 아주 오래 전에 누군가 내 목숨을 구한 일이 있어. -- 버스가 나주를 지날 때 나는 혼곤한 피로에 쌓여 지금껏 내가 살아오면서 겪었던 죽음의 일들을 떠올리고 있었다."

"여자는 임신 4개월째였다. 3개월 전 한 남자와 이곳 구계등에 왔다가 첫 관계를 갖게 되었다고 했다. 그런데 보리 싹이 팰 때 결혼하자던 남자가 1개월 전에 여자의 곁은 떠나버리고 말았다. 여자는 광주에서 검은 양복을 입고 있던 나를 본 순간에야 자신이 죽으러 가고 있다는 사실을 깨달았다고 했다. 뱃속에 있는 아이를 생각한 것도 그때였다고."

독자들은 두 사람이 함께하는 이야기의 끝은 다음과 같이 마무리되고 있으므로 원점회귀에 속한다고 보게 된다.

"여자는 자신의 전생을 지우기 위해 나와의 관계를 원했고 그리하여 아이는 살리되 아이의 아비에게서는 놓여 날 수 있었다고 중얼거리며 내 팔 안에서 깊이 잠들었다. --여자가 개놓고 간 옷을 챙겨 입고 아래로 내려와 나는 주인 사내가 미리 챙겨놓은 밥상을 받았다. --생각해 보니 나는 새벽에 함께 있던 여자의 이름조차 모르고 있었다. 물론 어디서 온 여자인지 무얼 하는 여자인지도 모르고 있기는 마찬가지였다. 인연이 되면 또 만나겠죠, 라며 사내가 먼저 등을 돌려 횟집으로 사라졌다. 나는 장님처럼 꺼이꺼이 길을 짚어가며 홀로 그 곳을 돌아 나오고 있었다."

이 대목을 보면 여자와 남자는 분명 원래의 생활로 돌아가지만 여자와 달리 남자의 경우는 대체로 문제해결의 달성 여부를 논하기는 애매하다고 판단하게 된다. '꺼이꺼이'라는 단어의 무게를 압도적으로 느끼고 있기 때문이다.

4. 치유과정으로서의 여로구조형 소설 읽기

이제 제시한 독자들 중 자기화형에 속한다고 본 대학생 독자들의 자기 치유에 이르는 읽기 양상을 살펴보기로 한다.

앞서 살펴 본 기존 연구들 중 이 논의와 가장 긴밀히 연관된다고 제시한 바 있는 연구물에서는 원점회귀형 여행의 구조를 아래 그림과 같이 제시하고 있다.

Figure 1. Epic cycling structure of travel novel

이 그림에서 연구자들은 ㉠을 '여행의 시작인 동시에 떠남'을 의미하는 것으로, ㉡을 '타자의 등장과 자아 대면'으로, ㉢을 '개성화와 자기실현'의 단계로 보고 있다. 이 과정을 통해 등장인물들은 자신의 그림자를 대면하고 페르소나를 벗어내는 치유의 과정을 통해 다시 현실을 마주할 힘을 얻고 있다고 보고 있다. 그래서 "여행은 이렇게 온전히 '자기'가 되고 본연의 개성을 발휘하는 자기실현을 통해 한층 성장한 나를 찾아가는 치유의 여정"이라고 결론을 내리고 있다. 이러한 논리는 '여행'이라는 장치(내적 형식)가 지니는 치유적 의미를 탐색하고 있다는 점에서 주목된다. 그러나 필자는 '치유'가 독자의 몫이 될 때 본질적인 의미의 '치유'가 되리라는 판단을 하고 있다.

여로구조형 소설을 읽으며 자기 치유에 이르는 과정을 추체험하는 독자들은 대체로 '소환(召喚)' '교정적 정서 체험' '전이[역(逆)전이]' 등과 같은 기제를 통해 수용활동을 하게 됨을 발견하게 된다.[5]

'소환'은 독자들이 참여적 관찰자로서 등장인물의 여로를 따라가다가 자신의 경험이나 기억을 불러 내 투영시키는 활동을 초래하는 기제를 의미한다. 이는 심리학에서 동화나 회상으로 부르기도 하는 기제에 좀 더 적극적인 기능을 부여하는 측면에서 필자가 명명해 본 개념이다. 〈부석사〉를 예를 들어 보면 자기화형 독자들은 출발선상에

5 이 개념들에 대해서는 이 글을 발표한 학술대회 현장에서도 그 근거와 적절성에 대해 비판적인 논의가 이루어졌다. 학술대회 발표 이후 상당한 기간 동안 이 개념들에 대해 숙고를 했고 관련 연구자들 특히 상담 현장에서 '치유'의 활동을 수행하고 있는 전문가들의 조언을 얻었다. 그 과정에서 이러한 개념들에 대한 연구자들의 본격적인 논의를 구하고자 다시 이 개념들을 제시하게 되었다. 새로운 개념 제시는 매우 신중하게 이루어져야 하겠지만 지나치게 근거와 외국 이론 등에 구속되는 일은 아직 초기 단계라 할 수 있는 문학치료학 연구계의 입장에서도 바람직하지만은 않은 것이라는 판단에 타 연구자들의 깊이 있는 비판적 논의를 기대해 본다. 또한 본 논문의 심사과정에서 용어에 대한 재고의 필요성을 제기한 의견도 있었고 거기에 공감하고 있다. 특히 '소환'이라는 말이 국어사전에는 법률용어로만 제시되고 있다는 점을 고려할 때 대체 용어를 설정할 필요를 강하게 제기하고 있는데 굳이 대체 용어를 찾자면 '불러내기' 정도가 가능하지 않을까 생각한다. '불러오기'보다 '불러내기'가 보다 적극적인 의지의 개입을 필요로 하는 단어로 보았기 때문이다. 적극적인 의지의 개입이 필요한 것은 애써 감추고 싶은 기억들 때문이다.

놓여 있는 등장인물의 상황이나 상태에 대해 다른 유형의 독자들에 비해 신속하게 자신의 상황과의 유사성을 발견하고 동일시를 시도하는 반응을 보인다. 그런 다음 두 등장인물이 부석사로 가는 도중에 겪게 되는 계기적 장면들[6]을 접할 때 자신의 경험이나 기억을 소환하게 된다. 즉 등장인물들이 계기적 장면들을 만나면서 출발선 상의 상태나 상황에만 집중하는 것이 아니라 그동안 애써 외면해 왔던, 출발선 상의 상태나 상황에 이르게 된 과정적 계기들을 불러내는 활동을 하게 된다. 〈천지간〉의 경우에도 독자들은 남자의 '죽음에 대한 채무의식'과 유사한 성격이나 위상을 가지는 의식들을 소환하고 있음을 보게 된다.

'교정적 정서 체험'은 대학에서 점차 비중이 커지고 있는 상담센터의 연구원들로부터 얻어 온 개념으로 조언자와 의뢰자 간의 '마음 챙김' '알아차림' 등의 정서적 교감을 보다 구체화하여 이르는 말로 보는 것이 적절할 것이다. 독자의 소설 읽기와 연관 지어 설명한다면 등장인물과 독자가 상담의 상황 속에 만나는 것을 의미한다. 작중인물들을 바라보는 대상이 아닌 자신과 유사한 문제를 공유하고 있는 주체로 인식하고 일종의 대화를 시도하는 야상이 될 것이다. 〈부석사〉의 경우 자기화형 독자들은 비평적 에세이를 통해 몇몇 장면에서 등장인물에게 묻기도 하고 자신의 생각을 전달하기도 한다. 자신이 버려졌음을 목도하고도 바라보기만 하는 등장인물에게 "왜 그렇게 대응했는가?" 묻기도 하고 "자신은 그와 유사한 상황에서 이렇게 대응했는데 이런 결과가 오더라."라는 말을 전하기도 한다. 묻는 경우에는 대체로

6 〈부석사〉에서는 국도를 달리는 도중에 운전하기 - 새 떼 바라보기 - 죽은 짐승의 시체 발견하기 - 길 헤매기 등의 장면이 두 사람의 과거사와 긴밀하게 연결되고 있기에 이를 계기(繼起)적 장면이라 보았다.

자신이 경험하지 못했던 것에 집중되고 전하는 경우에는 자신이 경험한 내용이 있을 때 주로 이루어진다. 〈천지간〉의 경우에는 '횟집 주인'이라는 매개자를 통해 등장인물과의 정서적 교감을 시도하는 양상을 보인다. '횟집 주인'은 등장인물의 내면과 의식을 꿰뚫어 보는 힘을 지닌 인물로 형상화되고 있는데 이 인물을 독자 자신의 문제 상황으로 이끌어 오고 있다. 다음 질문들은 그 한 사례이다. "남자에게 이런 말을 했는데 나 같은 경우에는 어떤 말을 해 줄 수 있겠는가?" "남자에게 한 말을 내게 한 말로 받아들이니 이렇게 해석되는데 적절한가?" 등이다. 또한 작중 인물에게 "횟집 주인의 말을 어떻게 받아들였고 그 말이 당신의 행동에 어떻게 작용했는가?" "나는 그 태도와 말을 이렇게 받아들였는데 당신에게 도움이 되지 않겠는가?"와 같은 '교정적 정서 체험'이 나타난다.

등장인물을 작품 속에 고정되어 있는 인물로 보고 일방향적인 관계를 형성하는 것이 아니라 상호작용이 가능한 대상으로 인식함으로써 자신의 문제를 대타적으로 바라볼 수 있는 여지를 만들어 가는 셈이다. 이를 통해 매우 현실적인 '자기 치유'의 길이 열린다는 점을 확인할 수 있는 대목이었다.

'전이[역(逆)전이]'는 보다 특수한 상황에서 독자가 보이는 반응 양상이다. '전이'는 어떤 행위나 말을 수행하는 등장인물에게 자신을 앉히는 방식이고 '역(逆)전이'는 여로의 주체인 등장인물에게 문제 상황을 안겨 준 인물에 자신을 앉히는 방식이다. 일종의 배설과 성찰을 의미하는 개념이기도 하다. 이 역시 상담 연구원들에게 얻은 개념이다. 예를 들어 〈부석사〉에서 '전이'의 경우는 여자가 실연을 겪은 후 보이는 행동을 자신이 하는 것처럼 받아들이고 '후련함'을 느끼거나 (여자에게 동조를 하는 경우), '안타까움'을 느끼는(여자에게 동조를 하지 않는 경우) 태도로 나타난다. '역(逆)전이'는 남자를 배신한 동료의 입장에서 만남을 거부하는 남자의 입장을 취하는 대목에서 나타난다. 〈천지간〉의 경우 '전이'는 여자와의 잠자리를 받아들이는 행위에 대한 의문으로, '역(逆)전이'는 남자 대신 죽어 간 친구의 입장에서 남자의 행위를 나무라는 방식으로 나타나기도 한다.

거칠게 정리해서 제시했지만 이러한 기제들을 통해 치유를 위한 소설 읽기가 수행되고 있음을 분석의 결과로 내놓고자 한다. 아직 가설의 수준에 머물고 있기에 연구자들의 질정과 조언을 구하고자 한다. 마지막으로 플롯은 '음모'라는 의미도 포함하고 있음을 상기해본다.[7]

---

7 이 논의를 전개해 나가는 데 토대가 된 자료들인 대학생 독자들의 '자기치유형 에세이'를 참조자료로 제시해야 논의의 근거가 분명하게 드러날 터이나, 해당 학생들의 대부분이 자신의 내면이 드러난 글이 공개되는 것을 원하지 않아 제시하지 못했다. 추후 수업 설계 과정에서부터 공개가 가능한 글쓰기가 이루어지도록 전략을 수립하여 진행 후 그 사례들을 제시한 추가 논의를 제출하고자 한다.

텍스트와 방법

「소나기」의 초본(初本)과 문학교육

1. 「소나기」의 초본 발굴과 교육적 탐색

이 논의는 다음 두 가지 문제에 초점을 맞추어 이루어진다.

첫째, 이제까지 공개되거나 논의되지 않았던 「소나기」의 초본[1]을 제시하는 일이다. 이 텍스트는 1953년 11월에 〈협동(協同)〉[2]이라는 종합지에 「소녀(少女)」라는 이름으로 발표된 것이다.

2차 교육과정 국어 교과서에 처음 실린 이후 7차 교육과정 국어교과서까지 지속적으로 실림으로써 대표적인 '교과서 정전'의 지위를 얻고 있는 「소나기」는 다양한 파생본을 가지고 있다. 그런데 확고한 지위의 정전임에도 불구하고 그 파생본들에 대한 연구가 없었다는 점은

---

1 초본이나 원본, 정본 등에 대한 명확한 의미규정은 없다. 여기에서 초본이라는 용어를 사용하는 것은 여러 측면에서 살펴 볼 때 현재 시점에서는 최초의 텍스트로 판단된다는 맥락에서이다.

2 〈협동〉이라는 잡지는 '조선금융조합연합회'라는 단체에서 발행한 잡지임에도 많은 문학작품이 실렸던 것으로 보아 문인들과 소통이 원활했던 것으로 보인다. 「소녀(少女)」가 실린 11월호 전후 만을 보더라도 김춘수, 채만식, 이용악, 김광섭, 김광균 등의 이름과 작품이 보인다.

매우 아쉬운 대목이다. 문학사를 위해서나 문학교육을 위해서나 텍스트에 대한 탐색은 지속적으로 이루어져야 하리라 본다.

둘째, 텍스트 탐색의 교육적 의미에 대한 고찰이다.

원본이나 정본에 대한 탐색 없이 교육적 대상이 되어왔다는 것은 '문화로서의 문학교육'을 표방하고 있는 현재의 교육과정의 방향성과도 어긋나는 것이며, 맥락을 중시하는 개정 교육과정과도 거리를 두고 있다고 할 수 있다. 텍스트의 생산과 수용과정은 '문화' 및 '맥락'의 가장 전형적인 예가 되는 것이며, 파생본의 존재는 그 생산과 수용의 과정을 실체적으로 보여주는 예이기 때문이다. 그 과정은 곧바로 창작교육, 영역 통합 활동으로 이어질 수 있기 때문이다.

그러나 이 두 가지 초점 중에서도 초본을 제시하는 일에 무게가 실리게 될 것이다. 아무래도 「소나기」의 새로운 텍스트를 제시하는 일의 중요성 때문이다. 사실 이 초본은 필자가 학위논문을 쓰기 위해 자료를 찾는 과정에서 제목과 내용 일부를 접한 적이 있는데, 그 때는 황순원의 「소나기」인 만큼 당연히 연구자들에 의해 검토되고 목록에 올랐을 것이라는 점을 의심하지 않았다. 그런데 최근 개정 교육과정에 따른 교과서 편찬 작업을 하면서 〈소나기〉를 재수록하기 위해 서지사항을 점검하던 중 어떤 연구논저나 자료집류에서도 이 초본에 대한 언급이 없음을 확인하고 본격적으로 탐색해 보게 되었다.

통상 우리가 접하는 「소나기」와 달리 이 초본은 제목과 결말 부분에서 상당히 의미있는 편차를 보여주고 있었다. 그 편차를 살피기 위한 것이 이 글의 일차적인 목표이다.

2. 「소나기」의 초본(「소녀(少女)」)과 파생본

1) 초본과 파생본의 양상

(1) 초본의 설정

우선 이 논문을 통래 처음 제시하게 되는 〈협동〉본에 대한 기본적인 사실을 설명해 보기로 한다.

이 텍스트는 제목과 결말 부분에서 기존의 통용본과 상당한 차이를 보인다. 참고로 이 초본의 첫 부분과 끝부분을 사진자료로 제시하면 다음과 같다.[3]

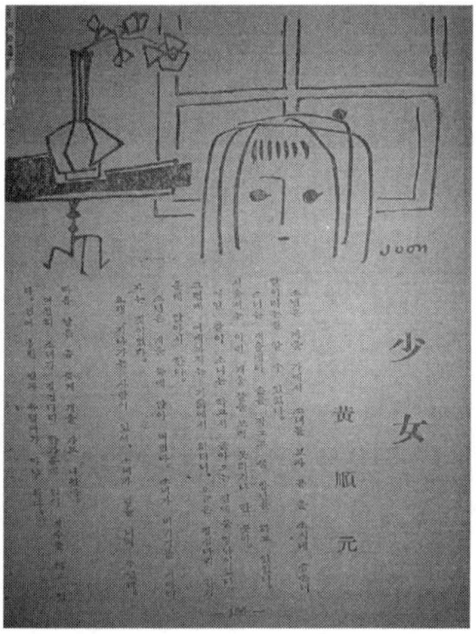

少女

黃順元

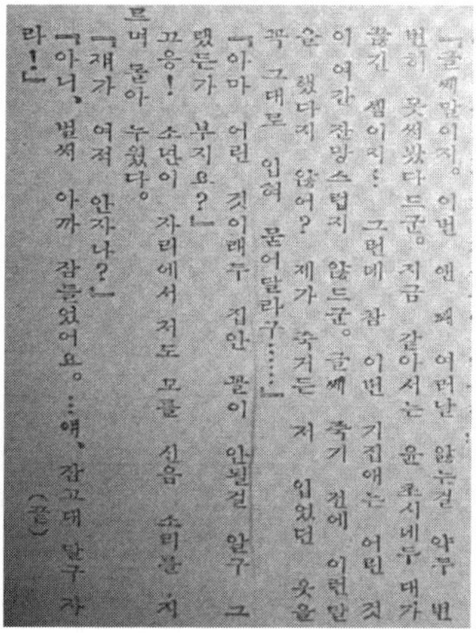

「글쎄 말이지. 이번엔 꽤 여러날 앓는걸 약두 변변히 못써봤다드군. 지금 같아서는 윤초시네두 대가 끊길 셈이지… 그런데 참 이번 기집애는 어린 것이 여간 잔망스럽지 않드군. 글쎄 죽기 전에 이런말을 했다지 않어? 제가 죽거든 저 입었던 옷을 꼭 그대로 입혀 묻어달라구……」

「아마 어린 것이래두 집안 꼴이 안될걸 알구 그랬든가 부지요?」

끄응! 소년이 자리에서 저도 모를 신음 소리를 지르며 돌아 누웠다.

「재가 여적 안자나?」

「아니, 벌써 아까 잠들었어요. …얘, 잠고대 말구 자라!」

(끝)

우선 눈에 띄는 것은 제목이 「소나기」가 아닌 「소녀(少女)」로 되어 있다는 점과, 결말 부분이 현재의 통용본보다 4문장이 더 많다는 점이다. 그 4문장의 내용을 옮겨 적으면 다음과 같다.

---

3 두 사진은 각각 〈협동〉 (1953. 11) 196쪽 전체와 204쪽 부분을 촬영한 것이다.

"아마 어린 것이래두 집안 꼴이 안될걸 알구 그랬든가 부지요?"

끄응! 소년이 자리에서 저도 모를 신음 소리를 지르며 돌아 누웠다.

"재가 여적 안자나?"

"아니, 벌서 아까 잠들었어요. …… 얘, 잠고대 말구 자라!"

그런데 이 제목과 결말부분은 바로 다음 파생본부터 바뀌거나 사라지게 된다. 그런데 그 과정에 대한 구체적인 자료는 없다. 다만 다음과 같은 간접적인 자료만 확인할 수 있다.

"다만 소나기의 그 빼어난 결미에 관해서는 선생께 들은 말씀이 있다. 원래의 원고에서 소년이 신음 소리를 내며 돌아눕는다는 끝 문장이 있었는데, 절친한 친구 원응서 선생이 그것은 사족이니 빼는 것이 좋겠다고 권유했다는 것이다. 좋은 친구요 좋은 독자를 가진 복을 누리신 경우이다."[4]

위 자료를 보면 '원래의 원고'에는 있던 내용을 '발표할 때는 빼었다'는 맥락으로 읽히는데 '원래의 원고'가 어떤 텍스트를 의미하는 지는 분명하게 말하기 어렵다. 또한 끝문장이라 하여 한 문장만 더 있었던 것으로 말하고 있는데 이 역시 같은 이유로 어느 텍스트의 경우를 말하는 것인지 판단하기 어렵다. 따라서 이 〈협동〉 본은 새로운 텍스트로서 탐색되어야 할 것이다.

지금까지 알려진 바로는 「소나기」의 첫 텍스트는 1953년 5월에 〈신문학(新文學)〉 4집에 발표된 것으로 되어 있다. 이렇게 진술하는 이유는 몇 몇 연구자들과의 면담을 통해 확인할 결과 〈신문학〉지를

4 김종회, 「황순원 선생이 남긴 숨은 이야기들」, 『경희어문학』 21집, 2001, 21쪽.

찾아보기가 어렵다는 말을 들었고, 필자도 확인해 본 결과 국립도서관, 국회도서관은 물론 국내 주요 대학의 도서관에서는 확인할 길이 없었다. 그렇기 때문에 '발표된 것으로 알려졌다'는 표현들을 사용했고 필자도 그 내용을 이어 받았다. 그래서 다음 장의 표에서는 「소나기」의 '초본'을 〈협동〉본으로 설정했었다.

그런데 이 논문의 심사 후 수정 과정에서야 비로소 〈신문학〉을 확인할 수 있었다.[5] 당연히 〈신문학〉 본이 발견된 상황에서는 발표 시기상으로 앞선 〈신문학〉본이 초본으로 설정되어야 할 것이다. 그러나 〈신문학〉 본을 살펴 본 결과 〈협동〉 본과의 관계가 분명하게 설정되지 않는다는 점을 확인할 수 있었다. 창·개작 또는 발표의 선후관계가 어떠하며 어느 쪽을 정본으로 봐야하는 지에 대한 판단이 쉽지 않았다. 상식적으로라면 시기가 앞선 것이 먼저일 터이지만 두 텍스트의 관계는 그렇지 않았다.[6]

---

5 현재 한국잡지정보원에 소장되어 있다. 자료를 확인하는데 이 연구의 보조연구원인 한성대학교 한국어문학부 석사과정생 이지우의 도움이 있었다, 참고로 이 자료를 확인하기 전에 기술한 내용을 제시하면 다음과 같다.
"그런데 현재 이 문예지는 국내에서는 그 존재를 확인하기 어렵다. 이 문예지는 시인 김현승이 1951년 조선대 문리대 교수로 부임한 이후 광주 지방 문인들과 함께 창간하여 발행한 계간지로 6집까지 발간된 것으로 알려져 있다. 김현승의 여러 연보 가운데 『신문학』의 창간을 1953년 5월로 기재한 것들이 있는데 (특히 김현승 자술 연보, 이운룡 편, 김현승·한국현대시인연구 10, 문학세계사, 1993) 이 연보가 맞는 것이라면 '「소나기」가 1953년 5월 4집에 발표되었다'라는 황순원 연보의 기재 사항과는 배치된다. 계간지로 발간되었으니 4집이라면 적어도 54년을 넘기기 때문이다. 결과적으로 처음 발표되었다는 1953년 5월 〈신문학〉 본은 현재로서는 「소나기」의 첫 텍스트로 설정하기 어려운 형편이다. 그렇다면 현재 확인 가능한 첫 텍스트, 즉 초본으로는 이 논의에서 처음 제시하게 되는 1953년 11월 〈협동(協同)〉에 발표된 텍스트가 설정될 수 있을 것이다."

6 황동규·고정자 교수께서는 '〈협동〉에 「소녀(少女)」가 실렸다는 사실을 알았다면 황순원 선생님의 성격상 창작집·전집 등의 목록 검토 과정에서 분명히 언급하셨을 것이다.'라고 조언을 주셨다. 사실 확인에 도움을 주신 두 교수님께 이 자리를 빌어 감사를 드린다.

우선 제목부터가 다르고 일부 내용도 다르며 표기법도 상당 부분 다르다. 그런데 이런 차이들이 두 텍스트의 관계를 설명하는데 제대로 작용하지 못하고 있다. 예를 들어 표기법의 경우 사투리를 표준말로 바꾸었거나 맞춤법에 어긋나는 것을 바로 잡았거나 하는 방향이 일관되게 나타나면 선후 관계를 말할 수 있을 터인데 그 방향들이 엇갈리고 있다.

가장 결정적인 열쇠가 될 수 있을 것으로 판단된 결말구조는 예상을 뒤엎고 〈신문학〉본과 〈협동〉 본이 같았다. 현재의 통영본보다 한 부분이 더 많은 결말로 이루어져 있는 것이다. 그럼에도 불구하고 지금까지의 논의들에서는 이 결말구조에 대한 전혀 언급이 없었다. 이는 이 〈신문학〉 본에 대한 검토가 이루어지지 않았음을 말해 준다. 앞에서도 잠시 언급했듯이 〈신문학〉지를 쉽게 찾을 수 없었기 때문이었을 것으로 판단된다,

그래서 그 다음에 바로 이어지는 텍스트인 창작집 〈학〉과 비교·대조해 보았다. 아무래도 3년 뒤에 창작집에 실린 텍스트와 비교해서 수정되었거나 개정된 부분의 내용이 적거나 근접한 쪽이 이후에 생산된 텍스트일 가능성이 크기 때문이다. 그 결과 조심스럽기는 하지만 필자는 〈협동〉 본이 발표 시기는 뒤이나 먼저 생성된 텍스트일 가능성이 큰 것으로 보고자 하였다. 제목과 표기법이 가장 큰 근거로 작용하였다.

(2) 파생본들

현재 확인 가능한 첫 번째 파생텍스트[7]는 1956년 12월에 중앙문화

7 「소녀」를 초본으로 본다는 전제하에 이후에 나타나는 텍스트들을 파생텍스트라고 보았다.

사에서 간행된 단편집 〈학〉에 실린 「소나기」이다. 이 텍스트는 다음 장에서 상세히 비교하겠지만 정본으로 설정할 수 있는 성격을 지니고 있다. 거의 대부분의 파생본들이 큰 흐름을 여기에서 구하고 있기 때문이다. 그러다보니 「소녀(少女)」와 이 「소나기」와의 차이가 매우 중요하게 와 닿게 된다. 수정한 대목들에서 이 작품의 전체와 부분적 의미가 보다 분명하게 드러날 것이기 때문이다. 만약 「소녀(少女)」가 제시되지 않고 이 「소나기」만 확인 가능한 경우에서는 다음 장에서 살펴보게 될 다양한 변화양상을 통해 읽어낼 수 있는 맥락들이 가능하지 않게 되기 때문이다. 초본의 의미는 여기에서도 분명하게 드러날 것이다.

다음으로 살펴 볼 수 있는 텍스트들은 1960, 1964, 1965년에 간행되는 대학교양국어 교재[8]에 실린 「소나기」들이다. 황순원 연보나 작품 목록에서는 중학교 교과서에 실린 텍스트 에 대해서만 다루고 있고, 이 대학교재에 실린 텍스트들에 대해서는 언급이 없다. 그런데 이 대학교재들에 수록되었다는 사실은 「소나기」에 대한 사실상의 첫 평가가 이루어진 것이라는 점에서 주목할 필요가 있다. 단편집 〈학〉이 나온 뒤에도 이렇다할 비평이나 평문이 없었던 상황에서 그 당시까지의 한국소설의 대표작을 신게 되는 자리에 등장한다는 것 자체가 상당한 고평을 전제로 하고 있기 때문이다.[9] 물론 여기에는 1959년에 영국 Encounter지에 번역본 「소나기」가 수상 게재된 사실이 크게 작

8 필자가 확인한 교재들(1960년대 전반기, 소나기 수록)로는 『표준대학국어』(국어국문학회, 1960), 『대학교양국어』(박영사, 1964), 『교양국어』(일조각, 1965) 등이 있다.

9 당시 교재들에 실린 현대소설은 교재별로 3~4편이었는데 위에 언급한 세 교재는 「배따라기」, 「메밀꽃 필 무렵」, 「소나기」를 공통적으로 싣고 있다.

용했을 것이다. 그러나 국내에서의 첫 공식반응이라는 점에서 의미가 있다.

다음 단계의 파생본으로는 전집류를 들 수 있다. '황순원전집'으로 발간된 것으로는 '창우사 전집(1964)', '삼중당전집(1973)', '문학과지성사전집(1980-)' 이 있는데 이 글에서는 '창우사전집'과 '문지사전집'을 검토하였다. 이 전집들은 다음 장에서 세부적으로 살펴보는 자리에서 드러나겠지만 뚜렷한 저본을 두지 않고 있다는 특징을 지니고 있다. 전집 발간 당시에 기획진이나 편집진의 판단아래 앞서의 텍스트들 중에서 부분 부분을 '적절하게' 이끌어 온 느낌을 준다. 초본이면 초본, 정본이 있다면 정본을 저본으로 삼고 그렇지 않다면 정본의 화정 작업을 시도하는 등의 방향성을 보여주었으면 하는 아쉬움이 든다.

그 다음 단계로는 중학교 교과서에 실린 텍스트들을 들 수 있다. 「소나기」는 광복 후 우리 국어교과서에서 가장 자주, 지속적으로 실린 작품 중의 하나이다.[10] 여기에서는 2차 교육과정 국어교과서 2본(1966년, 1973년 간)과 3차 1본(1979년 간), 7차 1본(2001년 간)을 선택하였다. 2차를 2본 선택한 것은 같은 교육과정 기 교과서이면서도 내용이 부분별 차이가 드러나는 등 텍스트 확정과 관련된 고심의 흔적들이 엿보였기 때문이다. 4~6차 교과서들에서는 정서법 외에는 3차와 별다른 차이가 없다고 판단했기에 분석하지 않았다. 이들 교과서본들을 검토하는 과정에서는 국어교과서에 작용해 온 '금기'를 확인

10 교과서에 실린 현대소설의 면모와 그 정전성에 대해서는 다음 참조.
조희정, 「교과서 수록 현대 문학 제재 변천 연구」, 『국어교육학연구』 24집, 국어교육학회, 2005.12.
김혜영, 「현대문학 정전 재검토」, 『문학교육학』 25호, 문학교육학회, 2007.4.

할 수 있었다. 다음 장에서 확인할 수 있겠지만 다음 두 부분이 삭제되었다가 (2차 1차년도) 다시 복원(2차 3차년도)되는 양상은 그 '금기'의 모습을 전형적으로 보여주고 있다.

> 소녀의 오른쪽 무릎에 핏방울이 내맺혔다. 소년은 저도 모르게 생채기에 입술을 가져다 대고 빨기 시작했다.

> 비에 젖은 소년의 몸내음새가 확 코에 끼얹어졌다. 그러나 고개를 돌리지 않았다. 도리어 소년의 몸기운으로 해서 떨리던 몸이 적이 누그러지는 느낌이었다.

> ……그날 참 재밌었어. ……근데 그날 어디서 이런 물이 들었는지 잘 지지 않는다."
>
> 소녀가 분홍 스웨터 앞자락을 내려다본다. 거기에 검붉은 진흙물 같은 게 들어 있었다.
>
> 소녀가 가만히 보조개를 떠올리며,
>
> "이게 무슨 물 같니?"
>
> 소년은 스웨터 앞자락만 바라다보고 있었다.
>
> "내 생각해 냈다. 그날 도랑 건늘 때 내가 업힌 일 있지? 그때 네 등에서 옮은 물이다."
>
> 소년은 얼굴이 확 달아오름을 느꼈다.

아무래도 어린 학생들에게 '성적인 것'을 연상케 하는 내용들은 가급적 피한다는 '금기'가 작용했던 것으로 보인다.[11]

---

11 필자는 문학교육학회 47차 학술대회(2007. 11)에서 이루어진 '현대문학 정전의

이런 양상을 보이는 파생본들간의 차이에 대해서는 다음 장에서 상세히 제시하기로 한다.

2) 각 텍스트 간의 변화 요소 비교[12]

텍스트 성격 / 기호 / 발간 / 초본 문장번호	초본	창작집	대학 교재	전집	교과서			전집	교과서
기호	A	B	C	D	E	F	G	H	I[13]
발간	53.11	56.12	60.3	64.11	66.3	73.3	79.3	81.12	2001.9
1[14]		△	□	B	◇	E	○	G	E
2[15]		△	B	B	B	B	B	B	B
4[16]		△	B	B	B	B	B	B	B
5/7/10/11[17]		△	B	B	B	B	B	B	B
11[18]		△△	B	B	B	B	B	B	B
15[19]		A	A	A	△	E	A	A	A
18[20]		A	A	A	A	△	F	A	F

재검토'라는 김혜영 교수의 발표에 대한 토론자로 참여한 자리에서 우리 교과서의 역사를 '금기(禁忌)의 역사'로 규정한 바 있다. 교과서에 실리는 제재들의 선택 기준이 "사회적 · 정치적 · 윤리적 '금기'에 저촉되지 않는가"였다고 볼 수 있음을 지적한 것이다. 그래서 그 '금기'에 대한 연구가 이루어져야 한다는 점을 지적한 바 있다.

12 각 기호들은 이전 단계의 텍스트와 다른 변화를 보이는 부분을 표시하는데 △ □ ◇ ○ 등의 기호가 나열되는 경우는 각 기호가 속하는 텍스트마다 변화가 생겼다는 의미이다. 각주를 통해 → 표시로 나타낸 부분은 그 변화의 구체적인 내용이다. 각 → 표시가 하나면 변화가 한번, 둘 이상이면 두 번 이상 변화했음을 의미하며 기호의 순서와 →의 순서는 일치한다. 기호의 개수는 변화의 중요도를 뜻한다.

13 A: [협동] 지 게재본 B: 창작집 〈학〉 (중앙문화사) C: 국어국문학회 편 〈표준대학국어〉

D: [황순원전집] (창우사)

E: 2차 교육과정 교과서 〈중학국어 III-1〉 (문교부) F: 2차 교육과정 교과서 〈중학국어 III-1〉 (문교부)

19[21]		A	A	A	△	D	D	D	D
22[22]		A	A	A	△	E	E	A	E
29[23]		△△	B	□□	D	D	D	D	D
31[24]		A	A	A	A	A	A	△	A
33[25]		△	B	B	B	B	B	B	B
34[26]		A	A	A	△	E	A	A	A
35[27]		△	B	B	B	B	B	B	B
38[28]		△	B	B	B	B	B	B	B
44[29]		△	B	B	B	B	B	B	B
48[30]		△	B	B	□	E	B	B	B
50[31]		A	A	A	△	E	A	A	A
58[32]		△	B	B	A	A	A	B	A
59[33]		A	A	A	△	□	F	A	F
61[34]		A	A	△	□	E	E	A	E
67[35]		△	B	B	□	E	B	B	B

G: 3차 교육과정 교과서 〈중학국어 3-1〉 (교육부)

H: [황순원전집] (문학과지성사) I: 7차 교육과정 교과서 〈중학교 국어 1-2〉

14 윤초시네 증손녀 딸 / 증손자 딸 / 윤초시집 증손자 딸 / 윤초시네 증손녀

15 (물장난을) 하고 있었다 → 하고 있는 것이다.

16 매일 같이 → 벌써 며칠째

17 한다→ 하고 있다 / 것이었다 → 것이다 / 있다 → 있었다 / 희다 → 희었다.

18 걷어올린 팔과 목덜미 → 분홍 스웨터를 걷어올린 팔과 목덜미

19 (고기새끼라도) 지나가는 듯. → 잡으려는 듯이.

20 물을 움킨다 → 물만 움킨다

21 어제마냥 → 어제처럼

22 (그리고는) 훌 일어나 → 벌떡 일어나

23 가을 햇별 → 가을 햇빛 → 가을 햇살

24 생각됐다 → 생각했다 (誤植으로 보임)

25 (발돋움을) 해 보았다 → 했다

26 그러고도 (상당한 시간이 지났다고) → 그리고도

27 (갈꽃이 한 옴큼) 움직였다고 생각됐다 → 움직였다.

28 가을 햇별이 → 가을 햇살이

72 [36]		△	B	B	B	B	B	B	B
72 [37]		A	A	A	△	E	A	A	A
75 [38]		△	B	□	D	D	D	D	D
76 [39]		A	A	A	△	D	D	A	D
78 [40]		A	A	△	D	D	D	D	D
81 [41]		△	B	B	B	B	B	B	B
83 [42]		△	B	B	B	B	B	B	B
87 · 1 [43]		A	A	△	□	E	D	D	D
87 · 2 [44]		A	A	△	□	E	D	D	D
87 · 3 [45]		A	A	A	△	E	E	A	E
89 [46]		A	A	△△	D	D	D	D	D
94-1 [47]		A	A	A	△	E	E	A	E
94-2 [48]		A	A	A	△	E	A	E	A
97 [49]		A	A	A	A	A	△△	G	G
100 [50]		A	A	A	△	E	E	E	E
104 [51]		A	A	△	□	E	E	D	E

29 (다음 날부터) 소년은 (좀더 늦게 개울가로) → '소년은' 빠짐.

30 (어딘가) 저도모를 (허전함이) 자리잡는 것이었다. → '저도모를' 빠짐. → 자리잡게 되었다.

31 그러한 어떤 날 → 그러한 어느 날

32 (소녀가) 이리로 (건너오고) → 이리

33 (숨어서) 내 하는 꼴을 (엿보고) → 내가 하는 꼴 → 내가 하는 일

34 (디딤돌을) 헛짚었다 → 헛디뎠다

35 (메밀꽃) 내가 (짜릿하니) 코를 찔렀다고 → 내가 코를 찌른다고 → 냄새가 코를 찌른다고

36 (자꾸만 뒤따라) 오는 것만 (같았다) → 오는 것

37 건너편 가에 앉아 → 건너편에 앉아

38 모르는 척 (징검다리를 건너기) 시작한다 → 시작했다 → 모르는 체 시작했다

39 조심성스럽게 → 조심스럽게

40 못 들은 척했다 → 체했다

105 [52]		△	B	B	B	B	B	B	B
110 [53]		△	B	B	B	B	B	B	B
111 [54]		A	A	A	A	A	△△	G	G
112 [55]		△	B	B	□	E	E	B	E
114 [56]		A	△	A	C	C	A	A	A
123 [57]		A	A	△△	□	E	E	D	E
124 [58]		A	A	△	D	D	D	D	D
126 [59]		△	□	C	◇	E	C	C	○
128 [60]		A	△	C	□	E	E	C	E
129 [61]		A	A	A	△	E	□	A	G
140 [62]		△	B	B	□	E	B	B	B
141 [63]		△	B	B	B	B	B	B	B
142 [64]		A	△	A	A	A	A	A	A

41 저도 (모르게 돌아섰다) → 자기도
42 (얼른) 손바닥으로 (눈을 떨구었다) → 소녀의 손바닥으로
43 아래켠으로 (한 삼 마장 쯤) → 아래편으로 → 아래쪽으로
44 위대로 (한 십리) → 우대로
45 (한 십리) 가까잇 (길) →
46 (가본 일) 있냐? → (가본 일) 있니?
47 멀믄 얼마나 멀갔게? → 멀면 얼마나 멀기에?
48 사뭇 (먼 데까지 소풍을) → 아주
49 올벼 가을걷이 → 벼 가을걷이
50 (참새가 몇 마리) 날아난다 → 날아간다
51 (허수아비가) 대구 (우쭐거리며 춤을 춘다) → 대고 → 자꾸
52 (소녀의) 외인 (볼에) 살폿한 (보조개가) 패웠다 → 왼쪽 ~ 살폿이 ~ 패었다
53 (그냥 스쳐) 달렸다 → 달린다
54 베짱이가 (따끔따끔 얼굴에 와 부딪힌다) → 메뚜기가
55 (쪽빛으로) 개인 (가을 하늘) → 한껏 개인 → 한껏 갠
56 저 놈의 독수리! 저 놈의 독수리! 저 놈의 독수리가 (맴을 돌고) → '저 놈의 독수리' 1회 삭제
57 여깃 참외 맛나냐? → 여깃 차미 맛있니? → 여기 참외 맛있니?

146 [65]		A	A	A	△	E	□	A	G
148-149 [66]		△	B	B	B	B	B	B	B
149 [67]		A	A	A	△	E	E	A	B
151 [68]		△	B	B	□	E	B	B	B
153 [69]		A	A	A	△	E	E	A	E
154 [70]		A	A	A	△	E	A	A	A
157 [71]		△	B	B	□	E	B	B	B
166 [72]		△	B	B	B	B	B	B	B
167 [73]		A	A	△	△△△	E	D	D	D
168 [74]		△	B	B	△△△	E	B	B	B
169 [75]		A	A	A	△	E	A	A	A
172 [76]		A	A	A	△	E	A	A	A
172 ~ 173 [77]	--		B	B	B	B	B	B	B
176 [78]		A	△	□	D	D	D	D	D

58 수박 맛이 참 훌륭하다 → 수박 맛은 더 좋다

59 (무우밭으로 들어가) 두 밋을 (뽑아 왔다) → 무우 두 밋 → 무우 두 밑 → 무우 두 개 → 무 두 밑

60 (소녀에게) 한 밋 (건넨다) → 한 밑 → 한 개

61 (손톱으로) 한 돌이 (껍질을 벗겨) 우적 (깨문다) → 한 돌림 / 우쩍 → 한 돌이 / 우쩍

62 이번에는 (소년이 뒤따라) → 이번은 → 이번엔

63 그러고도 (소녀보다) → 그러고도 곧

64 싸리꽃 → 갈리꽃
이 변화는 C와 함께 1964년 일조각, 1965년 박영사 간 대학교양국어 교재에서만 나타나는 것이어서 주목을 끈다. 대학의 교양교재에 실린 〈소나기〉들은 C를 토대로 했을 가능성이 큼을 말해준다.

65 (얼굴에) 살폿한 (보조개를) 떠올리며 → 살포시 / 지으며 → 살포시 / 떠올리며

66 두 문장 사이에 '그러나 소녀는' 이라는 내용 추가

67 하나두 (버리지) 말어! → 하나도 / 마라!

68 (초가집이) 뭉쳤다 → 몇 모여 있었다 →

69 별로 (주위가 조용해진) → 유달리

70 (풀냄새를) 퍼뜨리고 → 풍기고

178 [79]		△	B	B	B	B	B	B	B
180 [80]		△	B	B	B	B	B	B	B
184 [81]		△	B	B	B	B	B	B	B
185 [82]		△	B	B	B	B	B	B	B
190-1 [83]		△	B	B	A	A	A	A	A
190-2 [84]		A	A	A	△	E	E	E	E
194 [85]		△	B	△	D	D	D	D	D
196 [86]		△	□	B	B	B	B	A	B
202 [87]		A	A	A	△	E	A	E	E
203 [88]		A	A	△	△	E	D	D	D
207 [89]		△	B	B	B	B	B	B	B
215 [90]		△	B	B	B	B	B	B	B
216 / 218 [91]		△	B	B	B	B	B	B	B
217 [92]		△	B	B	B	B	B	B	B
219 [93]		△	B	B	B	B	B	B	B
220 [94]		A	A	A	△	E	E	A	E

71 (등꽃) 같네. ~ (등나무가) 있었다 → 같네 / 있었단다 → 같다 / 있었단다

72 (소년은 제가) 칡꽃을 꺾어다 (줄 것을) → '칡꽃을' 삭제

73 (소녀의) 오른 (무릎에 핏방울이 내맺혔다) → 오른쪽 무릎.
E와 F에서는 삭제됨.

74 (소년은 저도 모르게) 와락 달려들어 무릎을 (빨기 시작했다) → 상(생)채기에 입술을 가져다 대고.
E와 F에서는 삭제됨.

75 그러다가 (무슨 생각을 했는지) 홱 일어나 저쪽으로 (달려간다) → 그리고 / 저쪽으로

76 (문질러 바르고는) 그 달음으로 → 내쳐

77 두 문장 사이에 '그러고는' 이라는 단어 추가

78 (고비를) 바트기 (잡아 쥐고) → 바트게 → 바투

79 꽃 묶음과 (함께 범벅이 된다) → 꽃과

80 어지러웠다 → 어지럽다

81 (할 수 있는) 일이다 → (할 수 있는) 일인 것이다.

82 (농부가~) 올라온다 → 올라왔다

221 [95]		△	B	B	B	B	B	B	B
222 [96]		A	A	A	△△△	E	A	A	A
223 [97]		△	B	B	△△△	E	B	B	B
224 [98]		△	B	B	△△△	E	□	G	G
228 [99]		△	B	B	□	E	E	E	E
233 [100]		A	△	A	A	A	A	A	A
235 [101]		△	□	B	B	B	B	B	B
236 [102]		A	A	△	D	D	□	G	G
237 [103]		△	B	B	□	E	◇	○	▷
240 [104]		△	B	B	B	B	B	B	B
246 [105]		△	□	C	C	C	□	○	G
251-3 [106]		A	A	△	D	D	D	D	D
254 [107]		A	A	A	△△△	□	○	G	G

---

83 집으로 가거라 → 집으루 가거라 →

84 소내기가 (올라) → 소나기가 (올라)

85 섭나무 (잎에서 빗방울) 듣는 (소리가) → 떠갈나무 / 뜯는 → 떡갈나무 / 듣는 →

86 (목덜미가) 선뜻선뜻(했다) → 선뜩선뜩 → 선뜩 →

87 (입술이) 파아랗게 → 파랗게

88 어깨를 대구 떨었다 → 어깨를 자꾸 떨었다 → 어깨가 자꾸 떨렸다 →

89 더 비를 그을 수 없었다. → 문장 앞에 '거기서' 추가

90 (그런 소년의) 어깨에서는 (김이 올랐다) → 어깨에서

91 [두 문장의 끝] ~한다 → ~ 했다

92 [들어와 앉으라고 한다.] 일없다고 한다. → 괜찮다고 했다.

93 (뒷걸음을) 쳐 들어갔다. → 할 수 없이 (뒷걸음을) 쳤다.

94 (꽃묶음이) 우그러들었다 → 망그러졌다

95 (상관없다고) 생각한다 → 생각했다

96 E와 F에서는 삭제됨

97 (그러나 고개를) 돌리지는 않는다 → 돌리지 않았다
E와 F에서는 삭제됨

98 (떨리던 몸이) 저으기 눅지는 심사였다 → 저으기 누그러지는 느낌이었다 → 적이 누그러지는~

255 [108]		A	A	A	△△△	A	A	A	A
256 [109]		△	B	B	○○○	B	B	B	B
257 / 258 [110]		A	A	A	△△△	A	A	A	A
260-1 [111]		A	A	A	A	A	△△	G	G
263-2 [112]		A	A	A	A	A	△△	G	G
267 [113]		△	B	B	B	B	B	B	B
271 [114]		A	A	A	△	E	A	A	A
274 / 275 [115]		△△	B	B	B	B	B	B	B
277 [116]		△	B	B	B	B	B	B	B
279 [117]		A	A	A	△	E	E	A	E
281 [118]		△	B	B	□	E	E	B	E
283 ~ 284 [119]	--		B	B	B	B	B	B	B
284 / 285 [120]		△△	B	B	B	B	B	B	B

99 햇볕이 (눈부시게) → 해빛이 → 햇빛이
100 소녀가 (순순히 업히었다) → '소녀가' 삭제
101 소년의 목을 글어안았다. → 소년의 목을 끌어 안았다 → 목을 끌어 안았다.
102 (언제) 그랬는상 (싶게) → 그랬는성 → 그랬는가
103 소녀의 모양이 (뵈지 않았다) → 그리고는 [문장 앞에 추가] → 그런 일이 있은 후 한동안 소녀의 모습은 → 그 뒤로는 소녀의 모습은 → 그 다음날은 소녀의 모양이 → 그 뒤로는 소녀의 모습이
104 (엿보기도 했다.) 없었다. → 그러나 뵈지 않았다.
105 소내길 맞은 탓 아니냐? → 소내기 맞은 탓 아니냐? → 소나기 맞은 탓 아니냐? → 소나기 맞은 탓 아냐? → 소나기 맞은 것 때메?
106 (그 날) 재밌었다. → 재밌었어
107 (소녀가) 가만한 (보조개를) 떠올리며 → 가만한 / 지으며 → 가만히 / 떠올리며 E에서는 삭제됨.
108 E에서는 삭제됨.
109 (앞자락만) 내려다보고 (있었다) → 바라다보고
E에서는 삭제됨.
110 E에서는 삭제됨.
111 (대추를 땄다.) 추석에 제사 지낼려구 → 낼 제사 지내려고
112 (우리) 고조할아버지가 (심었다는데) → 증조할아버지

286 [121]		△	B	B	B	B	B	B	B
287 [122]		△	B	B	B	B	B	B	B
289 [123]		△	B	B	B	B	□□	G	G
291 [124]		△	B	□	D	D	D	D	D
294 [125]		△	B	B	□	E	B	B	B
296-1 [126]		△	B	B	B	B	B	B	B
296-2 [127]		A	A	A	A	A	△△	G	G
298 [128]		△	B	B	B	B	B	B	B
299 [129]		△	B	B	B	B	B	B	□
300 [130]		△	B	B	□	E	B	B	B
302 [131]		A	A	A	△	E	A	A	A
303 [132]		△△	B	B	B	B	B	B	B
308 [133]		△	B	B	B	B	B	B	B

113 (사업에) 실패를 하여 → 실패해 가지고

114 (소년은) 혼잣속으로 → 속으로

115 (이날 밤, 소년은) 뒷산으로 올라갔다. 거기에 바우 할아버지네 밤밭이 있는 것이다. → (이날 밤 소년은) 몰래 덕쇠 할아버지네 호두밭으로 갔다. 이하 278 / 280 / 284 / 307 번 문장에서 '밤→호두', '바우 할아버지' → '덕쇠 할아버지'로의 변화가 연쇄적으로 이루어짐.

116 (봐 두었던) 가장지를 (향해 작대기를) → 가지를

117 (가슴이) 선뜻했다 → 선뜩했다

118 (돌아오는) 길에도 ~ (골라) 짚었다 → 길에도 ~ 짚었다 → 길에도 ~ 디뎠다

119 [두 문장 사이에 다음 문장 추가] 호두송이를 맨손으로 깠다가는 옴이 오르기 쉽다는 말 같은 건 아무렇지도 않았다.

120 [두 문장을 합쳐 약간 다른 문장으로] 근동에서 이 바우할아버지네 밤을 당할 밤이 없다. 소녀에게 어엿히 맛보여 부끄럽지 않다. → 그저 근동에서 제일가는 이 덕쇠할아버지네 호두를 어서 소녀에게 맛보여야 한다는 생각만이 앞섰다.

121 (생각이) 든다 → 들었다

122 (개울가로) 나올 수 없겠느냐는 (말을) 해주지 못한 (것이었다) → 나와달라는 ~ 못해 둔

123 추석 전날 (소년이 학교에서 돌아오니, 아버지가) 나들이옷을 입고 → 추석 전날~ 나들이옷을 갈아입고 → 이튿날 ~ 나들이옷으로 갈아입고

124 이 말에는 (댓구도 없이) ~ (닭의 무게를) 겨눔해(보면서) → 그 말에는 ~ 겨눔

310 [134]		A	A	A	△	E	A	A	A
315 [135]		△	B	B	B	B	A	A	A
318-4 [136]		△	B	B	B	B	B	B	B
318-6 [137]		△	B	B	B	B	B	B	B

* 위 표에서 문장 번호는 〈협동〉 본을 기준으로 일련번호를 매긴 것으로, 대화는 다른 문장으로 처리했다. 대화 내용에 두 문장 이상이 나올 경우 -1, -2로 구분하였다.

해 → 그 말에는 겨냥해

125 ('걀걀' 하구) 알 자리를 ~ (살은) 쪘을게 → 알 날 자리를 ~ 쪘을 거에요 → 알 낳을 자리를 ~ 쪘을 거예요.

126 벌골 (윤초시 댁에) → 서당골

127 내일이 추석날이라 제사상에라도 놓으시라고 → [앞부분 생략] 제사상에라도 놓으시라고

128 허허허 하고 아버지는 웃고 나서 → 이 말에 아버지는 허허허 하고 웃고 나서

129 임마, 이래봬두 요게 그것 보담은 실속이 있다 → 임마, 그래도 이게 실속이 있다 → 인마, ~

130 (소년은 공연히) 열적어 ~ (철썩) 내리갈겼다 → 열적어 ~ 갈겼다 → 열없어 ~ 갈겼다

131 (개울물은 날로) 여물어 갔다 → 푸르러 갔다

132 (갈밭머리에서 바라보는) 가락골 (마을은) → 서당골

133 (자리에 누워서도) 한 생각이었다 → 같은 생각 뿐이었다.

134 (그러다가) 까무룩 (잠이 들었는가) → 깜빡

135 증손이라곤 (기집애 그 애 하나뿐) → 증손자라곤

136 (여간) 잔망스럽지 않드군. → 잔망스럽지가 않아

137 제가 (죽거든) 저 (입었던 옷을) ~ 입혀 (묻어달라구) → 자기가 ~ 자기 ~입혀서

3. 초본의 문학교육적 활용

1) 변형 텍스트 비교 분석의 의미

앞 장의 분석 결과를 전체적으로 살펴 볼 때 텍스트 간 차별성을 가장 많이 이끌어 낸 텍스트로는 〈학〉과 '교과서 2차-1'을 들 수 있다. 표에서 기호가 가장 많이 등장하는 곳이다. 그리고 가장 전승 요소가 많은 텍스트는 〈학〉이다. 즉 〈학〉에 실린 텍스트는 이전 텍스트를 매우 많은 부분에서 수정을 가하고 있으며, 후속 파생텍스트들이 그 내용을 이어받는 정도도 가장 크다. 그런 의미에서 「소나기」의 정본으로 설정해도 좋을 것이다. 특히 초본에서 많이 엿보이는, 표현이 불명확하거나 세련되지 않은 부분들이 대부분 B에 와서 다듬어진다. 그리고 이전 교과서인 E나 F에 비해 안정적인 서술이 엿보이는 G와 최근 교과서인 I가 B와 가장 가까운 모습을 보이며 전승하고 있다는 점에서도 그렇게 판단할 수 있을 것이다.

교과서 중에서는 E와 G가 변화의 계기가 되는 전환 텍스트가 된다. 그런데 다른 텍스트들과의 관계를 놓고 볼 때 E보다는 G의 변화가 의미가 있는 것으로 판단된다. E의 경우는 F와 짝을 이루어 '교과서의 특성'에 따른 변화를 충실히 보여주고 있기 때문이다. 앞서 설명한 '금기를 반영한 일부 삭제' 등이 그 예이다. 따라서 교과서들 간의 차이를 세밀하게 분석하다보면 그 '금기체계'가 보다 잘 드러날 수 있을 것이다.[138] 또한 4본의 교과서들은 E와 F, G와 I가 같은 표기나 표현을

---

138 필자는 정전을 다룬 문학교육학회의 학술발표대회 토론석상에서 우리 국어교과서의 역사를 '금기의 역사'로 명명한 바 있으며, 그 금기의 체계적 실상을 밝혀야 정전에 대한 온전한 접근이 이루어질 수 있다고 보았다, 다른 글을 통해 이 글에서 드러내 보인 것과 같은 방식의 금기에 대한 탐색을 시도해보고자 한다.

보인다는 점에서 대응된다. 그러나 두 범주 간에 무게 있는 차별성은 '금기 요소'외에는 잘 보이지 않는다.

표기법에서 사투리 등이 표준말로 대체되는 것은 교과서 E부터인데, 원작의 맛을 떨어뜨리는 부분도 상당히 있다. 어떤 경우 그대로 두는 것도 필요할 터인데 단지 교과서라고 해서 바꾼 탓이다. 물론 작가의 언어사용의 문제도 일부 있기는 하다. 서울에서 온 소녀가 사투리를 쓰다가 서울 말씨로 바뀌는 대목 등이 그것이다.

전집 H는 별다른 특징이 없이 B를 토대로 삼고 있지만 몇 부분에서는 손질을 가하고 있다. 그러나 그 손질은 별다른 원칙은 없어 보인다. 전집 H의 가장 큰 문제점은 246번 문장으로 " 소내길 맞은 탓 아니냐? → 소내기 맞은 탓 아니냐? → 소나기 맞은 탓 아니냐? → 소나기 맞은 탓 아냐? → 소나기 맞은 것 때메?"로 변하는 과정에서 '것 때메?'라는 매우 생소한 표현으로 고쳐 쓰고 있다. 아마도 소년의 언어 사용 특성이 잘 드러나도록 하기 위함이었을 듯싶으나, 다른 부분에서는 그러한 맥락의 변화를 주지 않았다는 점에서 파생본으로서는 매우 이례적이고 위험한 변화를 시도하고 있다고 할 수 있다. 이 전집은 교과서 중에서 비교적 안정적인 전수 상태를 보이는 G에 많이 의지하는 것 같으면서도 B나. 경우에 따라서는 A까지도 이어받고 있다. 이런 면에서 이 전집은 저본을 설정하고 따른다는 일반적인 원칙도 지키지 못한 것으로 판단된다. 그런 측면에서는 B와 거의 유사한 서술내용을 보이는 D가 전집으로서 더 의미를 가진다고 할 수 있다.

대학교재들의 경우에는 앞서 잠시 설명했지만 거의 B에 바탕을 두고 있는데 가끔 부분적으로 돌발적인 변화가 나타나기도 한다. 이는 편집상의 착오나 원본 대조 노력이 부족했음을 말해주는 증거로 보인다. 외국에서 수상을 했다는 사실을 재빨리 받아들였지만 정본 확정 작업 없이 편찬했기 때문으로 판단된다. 하지만 「소나기」에 대한 국내의 첫 공식적인 반응이라는 점에서 주목할 필요가 있다. 제재 뒤에 주어진 연구문제 등이 그 간접적인 평가내용이 될 것으로 본다.

이상과 같이 텍스트 간의 차이 분석에 따른 몇 가지 문제를 짚어 보았다. 그러나 중요한 것은 초본의 존재가 문학교육적으로 어떤 의미를 가질 것인가이다.

B를 정본으로 설정할 수 있는 것은 A라는 초본의 존재로 인해 그 근거를 분명하게 얻을 수 있기 때문이다. 그러나 보다 중요한 것은 A에서 B로의 전환의 양상이 작품에 대한 해석이나 감상의 실마리를 제공하거나 학생들의 활동 통로를 마련해 주는 계기로 활용할 수 있다는 점이다,

예를 들어 A에서 B로 전환되는 과정에서 큰 변화로 볼 수 있는 대목들인 '밤 → 호두' 관련 부분과 결말부분을 보자. 밤 → 호두로의 변화는 바우 할아버지 → 덕쇠 할아버지, 호두따기에 필요한 심리 변화까지로 이어지게 된다. 필자는 밤에서 호두로의 변화가 단순한 것이 아니 맥락일거라 본다. 작가의 고향인 평양은 호두의 북방한계선을 넘어서는 곳이기에 익숙한 자연물이 아님에도 그러한 변화를 시도한 것은 호두가 지닌 상징성에 관심을 두었기 때문이 아닐까 생각해 본다.[139]

이러한 변화 요소를 살피는 것은 곧 작품의 구성요소들에 대한 심도있는 이해나 접근 통로가 될 수 있을 것이다. 만일 B라는 텍스트만

139 북유럽에서는 11월 1일의 만성절(萬聖節:All Saints' Day)에 젊은 남녀들이 호두나 개암을 가지고 사랑의 점을 치는 풍습이 있다. 자기가 생각하고 있는 사람의 이름을 마음속으로 외우면서 호두나 개암을 불 속에 던져 터지는 정도에 따라 상대방의 정열도를 점치는 것이다. 또한 그날 밤에는 호두와 사과를 먹는 습관도 있다. 로마인들은 결혼식에서 아들·딸 많이 낳으라고 이 호두를 던지는 습관이 있었다고 한다.
권영한, 『재미있는 나무이야기』, 전원문화사, 2003.

주어졌다면 '호두'에 대한 관심은 현저히 약화되거나 무화되었을 것이다. 변화한 것이기에 왜 변화했는지에 따른 사고가 이어질 수 있을 것이다.

다음으로 결말 부분이다. 이 대목은 작품의 정서와 분위기를 살피는 데 매우 유용한 장치가 될 수 있을 것이며, 창작교육과 관련된 접근도 용이하게 해 줄 것이다. 현재의 문학교과서들의 대부분은 창작교육의 일환으로 결말 이어쓰기나 새롭게 쓰기 등을 시도하는데 그 결과로 제시된 내용에 대한 평가의 기준를 설정하기가 쉽지 않아 보이고 그 결과 타당성있는 활동으로 볼 가능성이 없어 보인다. 이런 경우 이 작품의 결말부분의 변화는 매우 적절한 사례로 활용할 수 있을 것이다. 매우 작위적인 이어쓰기나 바꿔쓰기가 아닌 적어도 작가의 입장에서 매우 고심한 대목을 보여줌으로써 얻는 효과는 매우 클 것이다.

아울러 하나의 작품이 발표되고 전집에 실리고, 교과서나 교재에 실리는 과정에서 다양한 변이양상을 보이는 과정은 그 자체로 문화적 현상의 한 보기가 될 것이다. 추상적인 차원에서의 '문화'에 대한 접근보다 그 흥미있는 과정을 통한 접근은 보다 효율적이고 생산적인 교육적 장치로 기능할 수 있을 것이다. 텍스트의 변이과정은 텍스트만의 차원이 아니라 사회문화적인 차원의 작용이 있기에 가능한 것이기 때문이다.

이같은 교육적 의미는 비단 이 작품에만 해당할 수 있는 것이 아닐 것이다. 다른 '교과서 정전'들의 경우에도 파생텍스트들에 대한 세밀한 접근을 거친다면 충분한 활용 및 활동 자료를 얻을 수 있을 것이다. 그런 의미에서 「소나기」의 초본 및 파생텍스트의 존재는 주목의 대상이 될 것이다.

우리 문학교육의 자장 내에는 많는 '교과서 정전'이 존재하고 있다. 그런데 그 정전의 텍스트 층위들에 대한 접근은 거의 이루어지지 않고 있다. 정전을 논의하면서 원본이나 정본에 대한 관심을 두지 않는다는 것은 반성적으로 검토해 볼 일이다.

2) 몇 가지 제안

이상의 작업들을 진행하면서 갖게 된 문제점과 관련하여 몇 가지 제안을 하고자 한다.

첫째, 교과서 정전 형성과정의 문제

교과서 정전의 형성과정에 대한 보다 구체적이고 정밀한 탐색이 필요하다는 점이다. 앞에서도 말했지만 교과서 정전에 대한 논의는 많이 있었지만 구체적인 텍스트 분석 작업은 거의 이루어지지 않았다. 초본은 어떤 텍스트이고 정본은 어떤 텍스트로 설정할 수 있는가? 또한 파생 텍스트들이 다수 존재한다면 파생의 원인이나 지배적 요소는 무엇인가? 등에 대한 탐구가 이루어져야 하리라 본다. 교과서 제재 및 그에 따른 문학교육에 대한 연구는 여기에서 출발해야 의미있는 접근이 이루어질 것이기 때문이다.[140]

둘째, 국어문화라는 맥락의 확장 문제

140 정전 논의 과정에서 주목해야 할 부분이 바로 '대학교재'의 역할이다. 예를 들어 초기 대학교재에 한국 현대 소설의 대표작으로 '메밀꽃 필 무렵' '배따라기' '감자' '소나기' 등이 실리게 되는데, 이들은 이후 국어 교과서에서 가장 빈번하게 등장하는 작품들이라는 점을 보면 시사점을 얻을 수 있다. 대학교재의 편찬자들이 교과서 편찬에 관여했을 가능성이 크기 때문이라고 본다. 현대문학의 경우에는 대학교재의 선택기준에 의해 공식적으로 '첫 평가'되었다고 볼 수 있기에 그 의미가 더욱 크다. 고전시가나 고전소설의 교과서 정전 형성 과정에서도 이와 같은 양상이 나타날 것이라 본다. 이에 대한 연구도 필요할 것이다.

교과서에 실린 주요 제재들의 다양한 텍스트들을 검토하다보면 수많은 편차들이 드러난다. 표기법에서부터 상징물 또는 상징체계의 변화, 어투나 어조의 변화, 특정 내용의 삭제나 추가 등에 이르기까지 층위와 맥락이 다양한 변화가 나타난다. 이 변화들에 대한 분석적 접근은 바로 국어문화라는 개념의 실천적 탐색의 한 예가 될 것이다. 7차 교육과정에서부터 국어문화라는 개념이 비중있게 쓰이고 있지만 그에 대한 구체적인 접근은 잘 이루어지지 않았다고 본다. 특히 국어교육의 현장에서 활용 가능한 형태의 연구결과가 그렇다. 다양한 파생텍스트들을 바탕으로 그 편차들을 찾고 해석해 가는 과정에서 이 문화적 요소들은 자연스럽게 이끌어지게 될 것이라 보기 때문이다. 적어도 교과서에 자주 등장하는 작품들의 경우에 한해서라도 시급히 이루어지기를 바란다.

셋째 교과서 비평[141]의 문제

웬일인지 흔히 교과서 정전이라 불리는 작품들에 대한 연구는 의외로 소략한 편이다. 교과서가 지니는 비중 때문에 그 정전이 된 작품들에 대해 언급하기가 어려워서이거나 당연히 교과서에 실린 작품이니 논할 것이 있겠느냐는 의식도 작용한 듯하다.

그러나 교과서 편찬 과정이나 학습 과정에서 작품에 대한 '매우 적절한 비평'적 자료들을 구하기가 매우 어렵다보니 오히려 정전에 대한 학습이 피상적이 되거나 자의적이 될 가능성이 크다. 「소나기」의 경

141 필자는 일반적인 비평과는 달리 교과서 즉 문학교육을 위한 비평적 접근들이 필요하다는 점에서 '교과서 비평'이라는 용어를 사용한 바 있다. 심도있고 정밀하면서도 그 수준과 맥락은 교육현장에 적합하도록 이루어지는 비평을 의미한다. 이에 대해서는 다음 참조.
졸저, 『문학연구와 문학교육』, 한성대학교 출판부, 2004.

우만 놓고 보더라도 본격적인 비평자료를 찾기가 어려운 형편이다. 본격적인 평가가 이루어지기 전에 교과서에 실리고, 교과서에 실리다 보니 여러 부담감들 때문에 쉽게 작품에 대한 평가를 내리기 어려웠을 것으로 보인다. 그러다보니 당시 교과서 간행에 맞추어 제작·발간된 참고서가 제재에 대한 비평적 접근의 첫 시도로 발견되기도 한다.[142] 그런데 이런 사정은 여전히 달리지지 않고 있다. 그래서 교과서 제작 시기에 급작스럽게 제재에 대한 교육용 접근이 이루어지는데 기존 연구를 바탕으로 삼고 있기는 하지만 그 내용들이 교육용으로 적절하지 않다보니 많은 부분에서 문제점을 노정하기도 한다.[143] 따라서 교과서 제재들에 대한 교육적 접근, 즉 '교과서 비평'이 본격적으로 이루어지기를 기대한다.

---

142 「소나기」가 교과서에 실린 것이 1966년에 발간된 2차 국어교과서인데, 그 다음해인 1967년에 간행된 『중학국어 모범자습서』(성문각)에 「소나기」에 대한 비평적 접근이 이루어지고 있다. 현재로서는 첫 평가자료가 아닌가 판단된다. 이 자습서에서는 주제를 "순진한 소년 소녀의 마음에 싹튼, 아지랑이같이 아렴풋하고 티없이 맑은 사랑"이라 설정하고 있다. 또한 '감상'을 통해 "시적인 향기로 가득차 있으며--배경과 주제의 조화--군더더기없이 꽉 짜인 문장--간접적인 묘사를 통해 인물의 성격을 뚜렷하게--현실과의 거리가 느껴지는 약점--" 등의 평가를 내리고 있다.

143 그 구체적인 예에 대해서는 다음 참조.
졸고, 「문학교육의 관점에서 본 소설 읽기 방법의 재검토」, 『문학교육』 22호, 2007.4.

비 동시대적 텍스트와 소설교육

1. 문제제기

독자들이 독서활동을 하는 시대가 아닌 그 이전 시대의 문학 텍스트들이 최근 들어 경쟁적으로 재간행되고 있다. '문학의 위기'라든가 '출판계의 불황' 등의 선정적인 말들 속에서도 문학 텍스트는 분명한 경쟁력을 지니고 있음을 말해주는 대목이기도 하다. 이 현상을 '문학의 부활'같은 논리적이지 않은 용어를 통해 확대해석하는 것은 그리 바람직하지 않아 보인다. 물론 이런 재간행의 성행에는 중·고등학교 국어과 교과서가 검인정으로 바뀌면서, 그래서 그 이유가 입시 준비든 정서함양이든 학생들이 보다 많은 작품들을 접해야 하는 환경이 형성되었다는 점도 작용했을 것이다. 하지만 독서라는 활동은 외적 요인에 의해서만 이루어지는 것이 아닌 만큼 이 재간행 텍스트들에 대해 새로운 접근이 필요하리라 본다.

재간행 텍스트들은 한국문학전집이나 한국문학대표작선집, 특정 작가의 전집 등의 성격을 띠거나, 아예 분명하게 학습을 위한 목록의 성격을 띠고 재간행되기도 한다. 그런데 이러한 재간행도서군에는 빠짐없이 등장하는 작품들이 있게 마련이다. 그래서 특정 텍스트들이 집중적으로 재간행되는 양상이 나타난다.

이광수의 『흙』을 예로 든다면 한성도서주식회사 본(1930년대, 1950년대) 삼중당 본(1960년대) 문학과지성사 본(2000년대)등을 거쳐 현재까지 매 년대에 걸쳐 지속적으로 간행되고 있다.[1] 다른 작품들의 경우를 집중적으로 조사해보지는 않았지만 아마도 가장 빈도 높은 재간행율을 보이는 작품이 아닌가 생각된다. 그만큼 독자의 수요가 존재해 왔음을 말해준다.

이렇듯 특정 작품들이기는 하지만 여전히 재간행되어 이 시대의 독자들에게 읽힌다는 것은 그 작품이 다른 작품들에 비해 독서 텍스트로서의 우월한 자질들을 지니고 있기 마련이다.

그런데 많은 독자들은 이런 재간행 작품들이 어떤 차별성을 지니고 있는가에 대한 의문을 가지고 있다. 수많은 작품들 중에서 어떤 것을 택해 독서를 할 것인가에 대한 실체적인 의문인 셈이다. 그중에서도 작가와 독자의 매개 역할을 하는 교사군(이들은 1차 독자이기도 하다)들의 의문이 보다 구체적이다.[2]

---

1 참고로 『흙』을 재간행한 출판사와 출판년도를 보이면 다음과 같다. 같은 출판사에서 재출판하는 경우도 있는데 여기서는 초판을 기준으로 하되, 상당한 변화를 준 판본은 다시 제시했다.
한성도서 1934, 한성도서 1953, 광영사 1957, 삼중당 1962, 우신사 1979, 홍문사 1980, 중앙서관 1983, 성한 1983, 삼성문화사 1983, 동서문화사 1984, 양우당 1986, 문학사상사 1992, 성공문화사 1993, 이가출판사 1993, 고려문학사 1993, 나나 1994, 어문각 1994, 문학과현실사 1994, 청목사 1994, 신원문화사 1994 일신서적 1994, 동아출판사 1995, 혜원출판사 1995, 대유 1995, 소담출판사 1995, 학원출판사 1996, 금성출판사 1997, 두풍 1997, 삼성당 1998, 문학세계사 1999, 범한 1999, 북토피아 2000, (주)인크리션 2001, 문학사상사 2002, 춘원 2003, 교연아카데미 2003, 와이즈북 2004, 좋은커뮤니티 2005, 하서 2006, 문학과지성사 2005, 연림북스 2006, 신원문화사 2006, ebook21 2007, 아이템북스 2009, 글누림 2008, 현대문학 2011.

사실 현재의 독서 문화에서 많은 형성기의 독자들(주로 학생들)은 본격적인 소설을 대하는데 어려움을 느끼며 교사 등 매개자의 도움을 받아 독서활동을 수행하는 경우가 대부분이다. 동시대적인 텍스트에 대한 대응양상도 이러한데 비 동시대적인 텍스트들에 대한 대응은 더 어려울 수 밖에 없을 것이다. 물론 현재와 상당한 시간적 거리가 있는 이전 텍스트는 일반적으로 구성이나 상징체계 등이 상대적으로 덜 복합적이기 때문에 쉽게 받아들이게 된다고 하지만 구체적으로 들여다 보면 사정은 퍽 다르다는 판단이다.

비 동시대적인 텍스트는 우선적으로 그 언어적인 면, 배경 요소 등 때문에 이해에 어려움이 많다는 것이 문학 작품을 많이 접하는 대학생들의 경험적 판단에서 확인할 수 있다. 그렇기에 보다 체계적인 접근이 필요하다고 보는데 필자가 확인한 독서관련 논의들에서는 아직 비동시대적인 텍스트에 대한 독서 전략을 위한 체계적이고 집중적인 접근을 찾아보기 어려워 이 논의를 구상하게 되었다. 즉 이 논의의 출발점은 『흙』을 어떻게 읽을 것인가라는 매우 현실적인 차원에서 이루어지는 셈이다.

필자가 이러한 접근을 위해 선택한 『흙』은 유사한 속성의 시기에 창작된 다른 근대소설들과는 다른 독특한 면모를 지니고 있다. 그 면모를 핵심적으로 요약하자면 비평가와 독자 간의 반응 양상의 거리감이 매우 크다는 것이다.

---

2 필자는 이런 의문을 중등교사 연수, 독서 및 논술 지도사 연수 강의를 통해 지속적으로 접해 왔다. 학생들에게 교과서 외 작품들을 읽히고 활동을 하게 해야 하는데, 유명한 작품들의 경우 너무 판본이 많아 어떤 것을 택해야 할지 어려움이 많다고 한다. 그래서 최근 4년 동안 독서 지도를 하는 다양한 교사군(중고등학교 교사, 독서 · 논술지도사, 독서관련학원 강사 등)을 접하면서 설문조사를 한 바 있다. 연인원 187명 정도가 응답을 해 주었는데 약 73%가 유명 작품을 선택했을 때 제일차적인 어려움으로 판본 선택을 꼽았다.

대부분의 비평가들은 작가의 이력이나 사상을 문제 삼는다. 작가의 친일적 성향을 군데군데에서 엿볼 수 있으며, 주인공 허숭을 통해 모습을 드러내는 농촌계몽 운동은 작가의 머릿속에서나 가능한 허구적인 것이라고 비판한다.[3]

그러나 독자들은 소설이 연재될 때부터 열띤 호응을 보낸다. 연재되는 한 회 한 회에 아낌없이 희비를 교차 표시하고 연재가 중단되면 강력히 항의하기도 했다. 시대가 변해도 독자들은 '꼭 읽어야 할 소설' '한국의 대표 소설' '가장 감명 깊게 읽은 소설' 등의 목록에 빠짐없이 『흙』을 올려놓았다.

그런데 이 비평가와 독자군 들과의 가상적 대결양상은 사실상 독자들의 승리로 이어진다고 보는 것이 타당할 것이다. 앞서 살펴 본 바와 같이 『흙』은 독자들의 수요에 의해 다른 작품들에 비해 월등히 높은 비율의 재간행률을 보이고 있기 때문이다.

그렇다면 이 『흙』을 읽는 전략을 어떻게 설정할 것인가의 문제는 세 가지 차원으로 압축될 것이다. 필자가 설정한 세 가지 차원은 텍스트, 사(史)적 독자,[4] 구조의 차원이다.[5]

---

3 비평의 대체적인 양상은 김동인 등의 당대의 비판적 비평 - 초기 이광수 연구자들의 긍정적 비평 - 80년대 후반 이후 신진 연구자들의 비판적 접근 등으로 나누어 볼 수 있을 것이다.

4 이 용어는 다음 저작을 참조해서 필자가 만들어본 조어이다. 현재적 독자들에 앞서 존재했던, 즉 그 텍스트가 한 사회에서 읽혀지던 역사적 과정에서 존재하고 있던 독자들을 의미한다.
알베르토 망구엘, 정명진 역, 『독서의 역사』, 세종서적, 2000.

5 이러한 세 가지 요소들을 설정한 근거는 일반적인 독서 이론에 필자의 경험에서 비롯된 발상을 덧붙인 데에 있다. 텍스트가 형성되는 과정은 이미 널리 활용되고 있는 요소이고 구조의 분석은 형식주의에서 깊은 영향을 받은 우리 문학교육의 뿌리깊은 관행이자 일반적인 독서의 양상이다. 여기서 이론의 여지가 큰 것은 사적 독자이다. 다소 자의적으로 볼 수도 있기 때문이다. 그러나 그동안 우리는 문학교육에서 문화적 측면을 운위하면서도 구체적으로 그 문화적인 것이 실

텍스트 차원은 공급자 및 매개자의 측면으로 나눌 수 있다. 공급자의 측면은 우선적으로 동시대적인 텍스트가 아니라는 점 때문에 생기는 본문 교정과 각주 등의 부가적인 요소를 어떻게 처리할 것인가의 문제이다. 많은 재간행본들은 저마다 차별성을 지닌 텍스트로 만들었음을 강조하고 있다. 정본이 있는 것이 아니라 재간행될 때마다 달라질 수 있는 여지가 많은 텍스트라는 점이다.[6] 이는 독서 과정에서 매우 중요하게 다루어야 할 부분이라 판단된다. 독서 활동의 매개자인 교사군들이 어떤 판본을 선정할 것인가를 고민하는 이유도 이 텍스트가 다양한 변이 가능태를 보여주고 있기 때문이다. 이 논의에서는 기존의 판본들에 관한 사항들을 정밀하게 살펴 어떤 텍스트가 독서 전략을 설정하는데 적절한 것일지를 탐색해 보고자 하였다. 앞으로도 지속될 것으로 보이는 또다른 재간행본들을 펴내게 될 공급자들이 텍스트 확정 과정에서 고려할 문제들을 제시하는 셈이다. 그리고 텍스트 해설과 관련된 몇 가지 문제들을 살펴 매개자들이 텍스트 선택하

체가 무엇인지에 대해서는 깊은 논의를 하지 못했다. 문화가 전승되어 사회구성원의 인식과 태도 형성에 작용을 하는 것이라면 전대의 독자들이 어떻게 읽고 어떻게 감상해왔는지는 문화적 작용태의 하나가 될 것이다. 문학은 개인과 사회에 대한 정서적 반응의 산물이자 출발이기 때문이다. 문학적 문화라는 용어를 사용할 때에는 바로 이 정서적 반응의 양상들이 축적되는 과정이나 결과를 분명하게 인식해야 한다고 본다. 이러한 발상은 김대행 외(2000), 한철우(2001)의 저작들을 살피면서 필자 나름대로 구상한 것이다. 문학의 생산과 유통은 한 독자만이 아닌 독자 대중의 관계망 속에서 이루어지기 때문이다. 베스트셀러나 스테디셀러를 찾아 읽는 행위도 이러한 맥락에서 설명할 수 있을 것이다.

6 그 사례를 들어보면 다음과 같다.
"그동안 여러 상이한 판본의 난립으로 인해 언전 텍스트가 침해되고 있는 심각한 상황을 고려하여 각각의 작가에게 가장 뛰어난 연구자들을 초빙하여 혼신을 다해 원전 텍스트를 확정하였다"(문학과지성사, 2005, 831쪽)
"본래의 의미를 최대한 존중하면서 여러 이본들을 발표 원문과 일일이 대조하면서 현대식으로 표기하였고, 교정 및 교열 작업을 거쳐 모범적인 판본을 만들었다."(글누림, 2008, 5~6쪽)

는 과정에서 참고가 될 수 있도록 하고자 하였다.

사적 독자의 차원은 이 논의에서 역점을 두어 설정한 전략적 장치가 될 것이다. 전대의 독자들은 이 텍스트들을 어떻게 수용해 왔는지를 아는 일은 현재의 독자들이 이 작품을 보다 풍부하게 읽어낼 수 있는 한 기제로서 작용할 수 있을 것이다. 독서 행위의 목적이 개인적 성취를 넘어 사회적·문화적 자양분의 섭취를 통해 공동체의 일원이 되기 위한 자질을 습득하는데 까지 이르기 위해서는 이러한 과정이 필요하리라는 가설에서 출발하였다. 작품이 발표될 당시의 독자들의 반응에서부터 그 후대이자 현재의 독자들보다는 앞선 세대들이 해당 텍스트를 어떻게 수용하고 있는지를 고려한다면 독서 행위는 보다 풍부해질 수 있을 것이다. 당시에는 왜 그런 반응을 했었고, 앞선 세대들은 어떤 면에 주목해서 텍스트를 읽고 있었는지를 안다면 비평가나 매개자의 도움을 받아 독서를 하는 것보다 자기 주도적인 접근이 수월할 것이기 때문이다. 비평가나 매개자가 독자들보다 우위에 있는 입장이기에 독자들은 그들의 도움을 받을 때 수동적이 될 수밖에 없지만, 자신과 같은 위상에 있는 다른 독자들의 생각을 엿보게 될 때는 그 수동성에서 자유로울 수 있기 때문이다.

구조의 측면은 일반적인 작품론과 그 성격이 크게 다르지 않지만, 위의 두 가지 측면을 적극적으로 고려한 독법의 한 양상을 제시하는데 의미를 두고자 하였다. 일종의 '『흙』 다시 읽기'인 셈인데 그 방향은 독자들에게 '무엇을, 어떻게 읽을 것인가'를 제시함으로써 필자가 구상하는 전략의 한 양상을 보여주고자 하였다.

2. 텍스트의 역사 파악하기

1) 텍스트 외적 측면

일반적인 독자들의 입장에서는 텍스트의 이본들 및 그 형성과정에 대한 정보는 그리 중요한 것이 아닐 수 있다. 그러나 연재소설의 경우는 달리 생각해 볼 필요가 있다. 텍스트를 생산한 작가가 연재분을 써나가면서 끊임없이 독자들의 반응을 비롯한 당대 사회적 반응들을 고려하기도 하고, 시간적 공백 등을 가지면서 인물의 성격이나 사건의 디테일이 어긋나기도 한다는 점을 알게 되면 독서 행위와 창작 행위 간의 관련 양상에 대한 사고의 기회를 가질 수 있을 것이기에 유의미할 것이라 판단하고 있다.

『흙』은 1932~33년에 동아일보에 연재된 소설이다. 거의 모든 단행본들에서는 4부로 나누어 정리하고 있는데 구체적인 서지 사항은 다음과 같다. 이 서지 사항 및 본문 교정과 관련된 내용은 필자가 약 4개월에 걸쳐 모든 원문 및 관련 자료(주로 당시 잡지들)을 하나하나 검토하여 확인한 내용들이다.

먼저 신문연재본은 4부로 나뉘어 1932. 4. 12~1933. 7. 10까지 총 274회에 걸쳐 연재되었다.[7]

첫부분은 별다른 구분없이 1932. 4. 12~6. 22까지 45회에 걸쳐 연재된 것이며, 각 회는 '[一]~[四十五]'와 같이 표시되고 있다. 45회는 작가가 독자에게 전하는 말로 되어 있다. 단행본들의 1부에 해당한다.

---

7 이 연재 횟수는 그동안 연구자 및 단행본 편자들마다 다르게 설명해 왔다. 그동안 291회 또는 293회설이 대부분이었으나 필자가 직접 연재본 원문을 확인한 결과는 274회였다. 20여회의 차이가 어디서 연유하는지는 연구자들이나 편자들이 밝히고 있지 않아서 확인할 수 없다.

두 번째 부분은 1부와는 달리 '둘잿권'이라는 구분으로 1932. 7. 15~9. 20까지 49에 걸쳐 연재되었으며, '둘잿권 [一]~[四十九]'와 같이 표시되고 있다. 단행본들의 2부에 해당한다.

세 번째 부분은 '셋잿권'이라는 구분으로 1932. 11. 23~1933. 6. 16까지 162회에 걸쳐 연재되었으며, '셋잿권 [一]~[一五九]'와 같이 표시되고 있다. 여기서 [一五九]는 바르게 표시되었다면 [一六二]가 되어야 하는데 106, 111, 112회가 두 번씩 셈되었기 때문에 그렇게 표시되었다.

네 번째 부분은 '넷잿권'이라는 구분으로 1933. 6. 20~7. 10까지 18회에 걸쳐 연재되었으며, '넷재권 [一]~[十八]로 표시되어 있다. 그리고 1933. 7.13의 '흙을 끝내며' 라는 기사로 마무리되고 있다.

다음으로 단행본의 경우를 보자.

『흙』이 첫 단행본은 지금까지 알려진 바와 같이 1953년 한성도서주식회사 본이 아니라 1934년 1월 한성도서주식회사에서 발생된 본으로 확인된다. 필자가 이 논의를 준비하면서 새롭게 확인한 동아일보 1934년 1월 21일 광고에 따르면 이 단행본은 4·6배판 상·하 합본 총 800쪽 분량으로 간행되었다. 한성도서주식회사가 창립 15주년 기념으로 최고급 종이를 사용해서 발간했다는 점을 강조하고 있다.[8]

참고로 당시 광고의 주요 문구를 옮겨 보면 다음과 같다.

"滿天下 愛讀者의 渴望하든 春園先生의 最近作品은 現代朝鮮文壇을 裝

8 이 단행본의 존재에 대해서는 기존의 연구나 전집류 등의 연보에서 언급되지 않고 있다. 이는 현재 이 단행본이 남아있지 않아서 그런 것으로 보이는데, 국립중앙도서관에 발행사, 발행년월 불명으로 처리되어 있는 한 권의 책이 바로 이 두 권 중의 하나로 판단된다.

飾하고 出現되었다.”

이런 광고 내용은 이 작품이 당시 독자들에게 어떻게 받아들여지고 있었으며 독자들이 창작 과정에 어떤 대응을 했는지도 엿볼 수 있다. 현재의 독자들보다 적극적인 독서 행위를 보였음을 간접적으로 확인할 수 있다. 이런 정보들은 텍스트의 한 부분으로 제공될 필요가 있다고 판단된다. 그렇게 될 때 현재 독자들의 입장에서는 보다 생생한 텍스트로 접할 수 있을 것이기 때문이다.

두 번째 단행본은 1953년에 간행된 한성도서주식회사본이다. 4・6 배판 상・하 694쪽 분량으로 간행되었다.

다음 단행본은 1962년 4월에, 삼중당에서 간행된 『이광수 전집』20권 중 제6권으로 나온 단행본 『흙・무명・육장기』이다. ‘무명’ ‘육장기’등과 같이 실렸으며 국판 530쪽 분량으로 간행되었다.

이후에도 『흙』은 많은 출판사에서 경쟁적으로 단행본으로 출간되고 있는데, 각 단행본들은 원문의 교정 수준에서 차별성을 지니는 것으로 판단된다. 구체적인 발행 양상은 앞에서 언급하였던 바와 같다.[9]

이러한 단행본의 역사는 이 작품이 보다 역동적으로 독자들에게 다가가는 역할을 할 수 있을 것이다. 내가 읽는 작품이 한국문학의 대표적인 정전이며 가치있는 텍스트라는 것을 확인할 수 있는 실체로서 작용할 것이기 때문이다. 사실 현재의 독자들에게 지나간 시대의 텍스트가 정전으로서의 의미를 가진다는 것은 매우 건조한 정보의 주어지고 있다. 그러다보니 텍스트에 접근하는 첫 통로가 수동적으로 주

9 『흙』에 대한 집중적인 접근은 아니지만 가장 최근에 이루어진 이광수 문학에 대한 서지적 연구로는 다음을 들 수 있다.
명혜권, 「춘원 이광수의 서지적 연구」, 중앙대 대학원, 2010.

어질 수밖에 없다.

그래서 텍스트에 대한 정보는 역사적 실체를 중심으로 구체적으로 제시될 필요가 있다. 텍스트에 대한 흥미유발은 이런 측면에서 확보될 필요가 있다. 1930년대라는 시기에 대해 현재의 독자들은 매우 막연한 정보를 지니고 있다. 아마도 대부분의 정보는 일제강점기에, 교과서적인 설명법에 의거하면 '궁핍한 생활'을 하는 시기로 정리되고 있을 것이며 그렇다보니 당시의 독자들이 우의 광고처럼 적극적인 반응을 보이는 일은 쉽게 생각하지 못한다. 매우 수동적인 편에 가까운 독자들에게 자기 점검의 기회를 갖도록 유도할 수 있는 전략적 정보로도 활용 가능할 것이다.

단행본 다음으로 『흙』의 텍스트 역사에서 주목을 끄는 것은 영화 텍스트이다. 지금까지 흙은 모두 세 번에 걸쳐 영화화되었다. 그 첫 번째 영화는 1960년에 개봉된 것으로 권영순 감독, 김진규 · 문정숙 주연의 영화이다. 당시 기사에서는 이 영화를 '왜정시대를 배경으로 농촌계몽운동으로 레지스탕스하는 한 인테리 청년의 러브 드라마'라고 소개하고 있다.[10]

두 번째 영화는 1967년 장일호 감독, 김진규 · 김지미 · 남궁원 · 남정임 주연으로 제작되어 개봉되었다. 이 영화에 대해서는 '1930년대 한국 젊은이들의 가슴을 휘어잡고 농촌으로 눈길을 돌리게 한 원작의 영화화'라고 소개하고 있다.[11]

세 번째 영화는 1978년에 개봉된, 김기영 감독, 이화시 · 김정철 · 염복순 · 김추련 주연의 영화이다. 이 영화는 '일제하 피압박의 어두

---

10 『동아일보』, 1959.12.30.

11 『동아일보』, 1967.5.20.

운 시절 인텔리 젊은이들의 사랑과 조국애에 얽힌 고뇌의 양상이 눈물겹게 그려진' 영화라고 소개되고 있다.[12]

한 문학작품이 약 10여년을 사이에 두고 세 번씩 영화화되고 있다는 점을 통해서 이 작품이 문학문화사에서 차지하는 비중을 가늠할 수 있을 것이다. 문화사의 측면에서 볼 때 의미있는 주제와 재미의 결합이라는 텍스트의 자질이 잘 드러나는 대목이라 할 수 있다.

이런 텍스트들에 대한 정보 역시 독자들에게 제공될 필요가 있다고 본다. 물론 다른 문학작품들과의 비교를 통해, 비교우위적인 위치[13]에 있다는 점을 통해서겠지만, 이 작품이 지닌 문화적 텍스트로서의 가치를 판단할 수 있는 전략적 기회를 제공할 수 있을 것이다. 특히 이 영화들이 『흙』의 어떤 면에 주목하고 있는지를 파악함으로써 '무엇을 읽을 것인가'에 대한 판단을 보다 용이하게 할 수 있을 것이다. 이렇게 될 때 자기주도적인 독서행위를 할 수 있는 계기도 마련할 수 있을 것으로 판단된다. 『흙』이 애정소설인가, 계몽소설인가 등에 대한 비평적 논점들에 대한 접근도 할 수 있는 토대가 될 것이다.

2) 텍스트 내적 측면

이 측면은 직접적으로는 단행본 텍스트에 달린 각주의 문제와 맞닿는다. 상당수 단행본들은 각주들을 달아서 본문의 이해를 돕고 있는데, 바로 이 각주들의 성격과 내용 때문에 앞서 설명한 바 있는 매개

---

12 『동아일보』, 1978.4.1.

13 이 점에 대해서는 본격적인 접근이 필요할 것이다. 필자가 국문과 3학년 학생들을 대상으로 한 강의를 통해 『춘향전』의 영화화 양상과 비교·대조하는 과제를 수행한 조원들의 『흙』에 대한 수용의 양상이 문자 텍스트만을 다룬 조원들에 비해 보다 확대된 시각을 보여주었다.

자들의 선택에 따른 고민이 비롯되기도 한다. 필자의 입장에서는 텍스트를 공급하는 측에서는 전략적으로 처리할 부분이며, 독자들 측에서는 활용 방안을 충분히 고려할 부분이라고 판단된다.

연재 이후 간행된 단행본들에 달린 각주들을 보면 어려운 어휘나 당시에만 쓰이던 어휘, 또는 방언 등에 사전적 의미를 덧붙인 뜻풀이형 각주에서부터 부가적인 내용을 덧붙인 설명형 각주, 그림들도 덧붙인 시각형 각주들까지 다양하게 존재한다.

그런데 각 유형별 각주들을 살피다 보면 과연 어느 수준까지 이 각주를 제공해야 보다 의미있는 독서가 가능할 것인지에 대한 고민을 하게 된다. 독자들이 문맥을 통해 충분히 파악할 수 있으며 오히려 그 유추과정을 통해 독서의 의미가 확대될 수 있을 터인데, 그것을 방해하는 역효과를 가져올 수도 있다는 점에서 그러하다. 또한 당시의 언어적 상황이나 배경에 대한 충분한 탐색이 이루어지지 않은 상태에서 현재의 사전적 의미만을 제시함으로써 오히려 오독의 결과를 낳을 수 있는 결과를 초래할 수도 있다.

몇 가지 예를 들어보기로 하자. 편의상 풍부한 각주를 텍스트의 미덕으로 내세운 두 출판사의 경우이다.

> 과히 (덥지 아니하냐): 정도가 지나치다(글누림 40쪽)
>
> 물레질: 물레를 돌리어 고치나 솜에서 실을 뽑아 냄. 또는 그런 일. (글누림 265쪽)
>
> 무언(無言)하다: 말없이 잠잠하다(문학과지성사 766쪽)
>
> 훈련원 운동장: 현재의 동대문 운동장(문학과지성사 780쪽)

이런 유형의 각주는 사실 각주로서의 의미를 상실하고 있다. 지나친 배려가 낳은 각주로 독서 행위를 축소시키는 결과를 가져올 수도 있다.

> 보잡이(밭을 가는 사람)는 등에 담뱃대를 비스듬히 꽂고 길단 채찍을 들어 혹은 외나짝* 소를, 혹은 마라짝* 소를 가볍게 후려갈긴다. 소들은 입에 거품을 물고 고개를 좌우로 흔들흔들하면서 걸음을 맞추어서 간다.(4부 1)

여기에 나오는 '외나짝'과 '마라짝'에 대해 두 출판사(문학과지성사 782쪽, 글누림 526쪽) 모두 '외나짝: 왼쪽' '마라짝: 오른쪽'이라고 간단하게 설명하고 있다. 그런데 이런 각주는 너무 간단해서 학생들에게 이 부분을 읽히면 '왜 왼쪽과 오른쪽 소가 나오는지를 알 수 없다'고 한다. 각주로서의 역할을 다하지 못하는 경우이다. 여기서는 각주를 준다면 이런 방식이 되어야 할 것이다. "논이나 밭을 갈 때 소 두 마리를 같이 부릴 때 왼쪽 소를 '외나짝 소'라 하고 오른쪽 소를 '마나짝 소(또는 마라짝 소)라 부른다."

비슷한 경우로 다음과 같은 경우 * 표시의 각주는 역시 각주로서의 역할을 못하고 있다. 역할을 다하려면 **과 같이 주어야 할 것이다.

> 농촌운동이라는 게 무어야요? 무지렁이 놈들 데리고 엇둘엇둘 한단 말야요? 원, 원, 요새 직업 못 얻은 놈들이 걸핏 하면 농촌운동, 농촌운동 하지마는, 그래 그깟 놈들이 운동 아니라 곤두*를 서보시오, 척척, 경제학의 원리원칙대로 되어가는 세상이 그깟 놈들이 지랄을 하기로 눈이 깜짝하나.(3부 4)

* 곤두: 곤두박질과 같은 말

** 곤두: 곤두박질과 같은 말. 당시 농촌운동이나 농민운동에 부정적

이던 사람들은 그것을 폄하하면서, '운동'을 의도적으로 당시 농촌에서 아침에 하던 체조 등의 '운동'과 같은 뜻으로 비아냥거리며 씀. 그리고 운동 동작을 과장하기 위해 곤두를 끌어 들인 것이다.

필자로서는 각주 등의 부가적 정보는 사전적 정보 제공을 넘어서는 것이어야 한다고 본다. 매우 적극적인 역할을 수행하는 각주가 되어야 한다는 뜻이다. 예를 들어 다음과 같은 경우를 보자.

"요새 계집애들은 저래서 병야. 부모도 모르고 남부끄러운 줄도 모르고."

이렇게 늙은 부인들은 정옥의 흉을 보았다. 그 늙은 부인들은 자기네가 젊었을 때에 지키던 엄격한 풍기가 깨어지는 것을 슬퍼하고, '요새 계집애'들의 방종한 것을 불쾌하게 생각하였다. (1부 8회)

여기에서 작가는 '요새 계집애'라는 말에 강조표시를 하였다. 이 말은 그 뜻을 이해하는 데는 어려움이 없다. 그래서 어느 단행본에서도 여기에 대한 각주나 설명은 달려 있지 않다. 그런데 필자는 이런 부분에 대한 각주가 필요하다고 보는 입장이다. 그 각주의 내용은 대개 다음과 같을 것이다.

당시 사회의 변화에 대해 부정적인 기성세대들은 요즘과 비슷하게 '요새 OOO' 라는 말 뒤에 부정적인 표현을 써서 못마땅함을 드러내고 있다. 즉 어느 시대에나 '요새 것들은'이라는 표현은 존재하고 있음을 알 수 있다. 참고로 1937년에 나온 『조선외래어사전』에서도 '요새 외래어를 너무 많이 써서'라고 편찬의도를 밝히고 있음을 통해 그같은 경향을 확인할 수 있다.

기성세대들이 젊은 사람들이 하는 양을 못 마땅해 할 때면 으레 사용하는 '요새 OOO'라는 표현이 요즘만의 문제가 아니라 어느 시대라도 가치관의 변화가 수반되는 상황에서는 어김없이 사용된 언어양상임을 알게 하는 것이 중요한 독서 활동이어야 한다고 본다.

보다 심화된 성격의 각주도 고려할 필요가 있다. 다음 경우를 보자.

> 그들이 모여서 하는 말은 잡담이었다. 가장 많이 나오는 화제는 가십과 연애 이야기였으나, 가끔 직업 이야기도 나왔다. 이를테면 일본말에 이른바 에로, 그로, 넌센스*에 사는 종교는 조선의 인텔리겐치아 여성까지도 완전히 정복하고 말았다. (3부 5)

> * 에로는 에로틱, 그로는 그로테스크를 가리키며 여기에 넌센스를 더해 하나의 새로운 말이 되었다. 일본에서 생긴 말로 '에로그로넌센스'로 붙어 썼다. 1920~30년대에 선정적이고 엽기적이고 허무맹랑한 이야기들이 한국에서나 일본에서 큰 유행을 하게 되는데 이런 풍조를 사이비 종교와 비슷하다고 비꼬는 의도가 담겨 있다. 당시 잡지에 많이 실리는 '소화(笑話)'의 상당 부분이 이런 말에 속한다. 참고로 다음과 같은 이야기는 '그로'의 성격이 좀 순화되기는 했지만 그 속성이 드러나고 있다.
>
> * 남편: 무엇이고 간에 남의 것을 훔쳤다면 그 사람은 일생을 두고 그것을 후회할 것이겠지?
>
> 아내: 뭘 그래요? 당신도 결혼 전에 나도 모르게 내 키쓰를 훔치지 않았어요?
>
> 남편: 내가 하는 말이 그말이요.[14]

비 동시대적 텍스트의 독서 과정에서는 이러한 방식의 각주가 필요할 것이다. 하나의 언어가 복합적인 사고와 문화의 산물인 것임을 이해하고 수용하는 일은 텍스트의 메시지 읽기와 맞먹는 비중있는 활동이 될 것이다. 그리고 무엇보다도 이런 구체적인 것을 통해 '시대적 문화적 상황이나 배경을 이해한다'와 같은 독서 목표도 비로소 달성될 수 있을 것이다. 교육과정에서도 이러한 목표 진술은 빠지지 않고 이루어지고 있지만 구체적으로 무엇을 통해 그 목표에 접근해 갈 수 있는지에 대해서는 판단하기 어려웠던 것이 사실이다. 비 동시대적 텍스트의 독서 전략으로서 텍스트의 역사를 고려해야 한다고 강조한 것은 이러한 점을 염두에 둔 때문이다.

3. 독자들의 반응 고려하기

이처럼 다양한 양상의 텍스트로 존재하면서 그 문학문화사적 함량을 인정받고 있는 『흙』이 구체적으로 어떻게 읽히고 있었는지에 대해 검토해 보는 일도 흥미로운 전략일 것이다. 하나의 작품이 지속적으로 읽히는 것 자체가 결코 그 텍스트적 자질에 의해서만 이루어지는 것이 아니라 독자들로 구성되는 환경과 맥락 속에서 새로운 텍스트로 거듭나기를 반복하면서 나타나는 결과이기 때문이다. 교육의 매개자가 선택하고 권유하고 교육하는 일의 과정에서 반드시 이러한 사적

14 조광 1936.5. 이 소화는 필자가 상당한 시간에 걸쳐 '에로그로넌센스'의 의미를 파악하는 과정에서 30년대의 거의 모든 잡지들을 뒤지면서 그 예로 찾아 본 것 중의 하나이다. 아무래도 잡지에 실리다보니 '그로테스크'한 부분은 완화된 측면이 강하다. 단편적인 기사들을 통해 이런 소화들이 그 한 유형임을 짐작하면서 어렵게 '에로그로넌센스'의 의미를 확인할 수 있었다.

독자들의 반응이 고려될 것이기 때문이다.

먼저 앞서 살핀 바 있는 첫 단행본의 광고 기사에서 드러나는 당대의 독자들의 반응에 대해 엿보기로 하자. 해당 광고는 당시의 『흙』에 대한 독자 반응을 설명하고 있는데, 그 내용을 간추리면 이렇다.

> "『흙』이 연재되매 판매부수는 미증유의 격증을 보였으며, 연재 중 작자에게 온 독자의 감격의 서신이 2백여통이며, 휴재될 때마다 매일 독촉의 투서와 전화가 폭주하였음을 보아 『흙』이 어떻게 감격적 대파동을 일으켰는지를 알 수 있다. 『흙』은 1933년도 조선의 대파노라마요, 영(靈)의 고투의 절규인 동시에 명일의 조선의 암시다. 『흙』한권을 읽으면 금일의 조선을 알 것이다."

이 문구에서 당시의 독자들은 이 작품에 대해 감격적인 반응을 보였으며, 출판계에서는 조선의 현실을 생동감있게 그려내고 아울러 미래에 대한 전망을 제시한 작품, 즉 '현실의 전망을 그려낸 풍속화'로 보고 있음을 알 수 있다.

당대의 반응을 볼 수 있는 또 른 자료에는 "우리에게 준 가르침이 크고 존중할만한 구상은 청년의 피를 뛰게 함이 있고 그 작품의 향기는 우리 청년대중의 머리 위에 구원히 스러지지 않을 것임을 확신하는 바입니다"라고 서술되어 있다.[15] 이 서술에서는 『흙』이 지닌 계몽성의 한 면모를 엿볼 수 있는데, 농촌을 살려 조선을 구한다는 구상에 대한 젊은 대중들의 반응이 잘 드러나 있다.

---

15 세포단남 생, 「검불랑의 흙이 될 갑진군을 위하야 - 춘원의 『흙』을 읽고」, 『동아일보』, 1934.7.18.

당대의 반응을 넘어 이후 세대의 반응들은 다양한 형태의 독서실태 조사를 통해 엿볼 수 있다. 편의상 1960년대~90년대까지 관련 자료들을 통해 살펴보기로 하자.

먼저 1960년대의 독서실태에서 드러나는 『흙』의 위상을 보자.

1960년대 중반 대학생들의 의식조사 중 독서의식에 대한 조사결과를 보면 '가장 감명깊게 읽은 책' 중 문학작품으로는 『흙』 『죄와 벌』 『좁은 문』 『삼국지』 『테스』 『레미제라블』 등으로 나타났다고 한다. 외국 작품 일색에 국내 작품으로 유일하게 『흙』이 올라 있음을 통해 당시 대학생들에게 『흙』이 한국문학의 대표작으로 인식되고 있음을 확인할 수 있다.[16] 다른 조사 항목들과 견주어 볼 때, 『흙』에서 나타나는 결혼과 애정의 문제가 중요하게 작용하고 있다고 판단된다. 이는 곧 『흙』이 시대를 넘어 '보편적인 인간의 삶의 풍속'을 다루고 있음을 말해주는 것이기도 하다.

1970년대는 베스트셀러 목록과 독서실태조사 결과를 통해 『흙』의 위상을 보기로 하자.

72년 벽두에 국립도서관이 성인들을 대상으로 한 '베스트셀러 · 작가'의 조사 결과는 『흙』과 『사랑』의 이광수, 『자고 가는 저 구름아』의 박종화, 『흙 속에 저 바람 속에』의 이어령, 『조선총독부』의 유주현으로 나타났다.[17]

또한 같은 해 11월의 베스트셀러 목록을 보면 국내소설 부문에서 ① 『톰스크의 하늘 아래서』(이범선) ② 『회색인』 ③ 『탁류』 ④ 『흙』 ⑤ 『소문의 벽』 등이 상위 순위에 올라 있다.[18]

---

16 「대학4년의 백서」, 『경향신문』, 1964.12.16.

17 「한 달 한 권 하루 한 시간」, 『동아일보』, 1972.1.31.

18 「문화계 소식」, 『조선일보』, 1972.11.21.

70년대의 위 두 자료에서도 『흙』은 여전히 시대적 흐름에 관계없이 독자 대중들에게서 폭넓은 관심과 탐색의 대상이 되고 있는 것으로 나타나고 있다. 70년대가 한국의 농촌현실에 대한 정치사회적인 관심이 매우 높았던 시기임을 감안하면 『흙』이 다루고 있는 문제의식에 대한 반응의 결과로 볼 수 있을 것이다.

1980년대의 경우 한 여론조사 기관의 독서실태 조사 결과를 인용한 기사를 통해 보기로 한다. 기사에 따르면 1981년에 성인들을 대상으로 전년도에 '가장 감명깊게 읽었던 책'을 조사한 결과 ① 『삼국지』 ② 『테스』 ③ 『어둠의 자식들』 ④ 『만다라』 ⑤ 『좁은 문』 ⑥ 『성경』 ⑦ 『대지』 ⑧ 『데미안』 ⑨ 『옛날 옛날 한 옛날』 ⑩ 『흙』 순으로 나타났다고 한다. 외국 작품과 당시 발표된 작품들을 제외하면 지난 시대의 국내 작품으로는 유일하게 『흙』이 선정된 셈이다.[19]

이보다 조금 앞서 중 · 고교 국어교사들을 대상으로 '가장 좋았다고 생각하는 국내 작품'을 조사한 결과를 보면 ① 『토지』 ② 『부초』 ③ 『광장』 ④ 『흙』 ⑤ 『나무들 비탈에 서다』 ⑥ 『장길산』 ⑦ 「메밀꽃 필무렵」 ⑧ 『사람의 아들』 ⑨ 『북간도』 등으로 나타났다.[20] 중 · 고교 교사들이 청소년들의 독서능력 함양 및 독서습관 형성에 큰 영향을 미치고 있으면 사회에서 높은 수준의 독자에 속한다는 점을 감안할 때 『흙』의 문제의식 및 작품성에 대한 인정으로 봐도 무리는 없을 것이다. 그리고 그 문제의식은 해당 교사들이 같은 설문조사의 한 항목인 문학의 현실참여에 대부분 공감한 것으로 보아 『흙』의 현실의식에 대한 평가에서 비롯된 것으로 좋을 것이다.

또 다른 자료로 한 방송사가 주관한 '83한국소설 1천년전'에 참가한

19 「길고 긴 불황 출판 불황」, 『동아일보』, 1982.6.3.

20 「중 · 고교교사들이 좋아하는 문인 · 작품」, 『경향신문』, 1980.8.16.

시민들을 대상으로 조사한 '한국소설베스트10'의 결과는 ①『상록수』 ②「메밀꽃 필 무렵」 ③『무정』 ④『인간시장』 ⑤『흙』 등의 순서로 나타났다. 『상록수』와 함께 『무정』 『흙』이 상위권에 포함된 것은 그 작품들이 계몽문학이라는 속성을 넘어서는 대중성과 문학성을 충분히 확보하고 있음을 말해 준다고 할 수 있을 것이다.[21]

이런 자료들을 통해 확인할 수 있는 것은 우선적으로『흙』이 지닌 문학적 보편성일 것이다. 애정이라는 사적 영역과 사회적인 삶이라는 공적 영역에 걸친 인간의 보편적 문제를 다루고 있으며 그것이 매우 문제적임을 말해주는 것이기도 하다.

90년대에 들어서면서부터 『흙』이 독자 대중들의 관심에서 상당히 멀어지고 있음을 통해서는 농촌이라는 공간적 배경과 민족주의적인 속성을 기반으로 삼고 있는 가치체계가 현재 우리 사회 구성원의 가치체계와는 사뭇 다른 것이기에 그러할 것이라는 판단이 가능할 것이다.

한 문학 작품의 독자로서 흥미 있게 살펴 볼 수 있는 범주로는 소설가들을 상정해 볼 수 있을 것이다. 같은 소설가의 입장에서 다른 작품을 어떻게 받아들이고 있는가는 또다른 독자반응의 양상으로 의미를 가질 것이기 때문이다. 『흙』과 관련해서는 『관촌수필』이라는 작품을 통해 농촌의 언어적 형상화를 수준 높게 구현한 소설가 이문구의 경우를 들어보기로 하자. 이문구는 이렇게 말하고 있다.

"책을 읽는 이면 으레 있기 마련인 난독시대를 나는 중학생 때에 보냈는데 그 무렵의 내 안목에 우리나라 작가에는 이광수만한 이가 없었고 나는 특히 『흙』을 제일로 쳤다. 그리고 빈농 맹한갑의 어머니가 뚝배기 대신 호박잎에 된장찌개를 끓이는 것이 '된장에 있던 구더기가 뜨거운

21 MBC, 「한국소설베스트 10 조사」, 『조선일보』, 1983.11.15.

> 것을 피해서 잎사귀 가장자리로 기어나기 때문'(인용자 - 2부 13회)이라는 데에 이르면 번번이 가슴이 떨리곤 했다. 나도 이광수가 『흙』을 쓴 나이가 되면 이 정도는 쓸 수 있다는 자신감으로 설레는 가슴을 누를 수 없었기 때문이었다."[22]

소설가 이문구가 같은 소설가로서 이광수에게 존경의 염을 표하는 이 대목의 핵심은 『흙』에서 드러나는 작가의 언어적 감수성과 핍진성일 것이다. 이문구 역시 누구보다도 진정으로 농촌에 대한 애정을 지니고 있으며 생활적 경험을 했을 터이지만 농촌생활의 곤궁함을 절실하게 보여주는 장면을 적절하게 포착하고 그것을 형상화해내는 이광수의 문학적 능력 앞에서 경의를 표하고 있는 셈이다. 일반 독자들로서는 쉬 주목하기 어려운 요소를 같은 소설가이기에 예리하게 지적하고 있다. 『흙』이 지니고 있는 또 다른 특정적 면모들을 이를 통해 유추할 수 있을 것이다.

마지막으로 독자의 반응 양상으로 좀 더 특이한 경우를 생각해보기로 하자. 이는 확대해서 살핀다면 문학과 정치의 관계 양상이라고도 할 수 있을 것이다. 흔히 정치인들이 중요한 선거를 앞두고 여론에 노출될 때 자신의 삶의 이력이나 인생관, 가치관 등을 이야기하는 자리에서 자주 문학작품을 들먹이는 경우를 보게 된다. 정치인에게도 문학의 바탕이 되는 감수성이 필요하다는 것을 알고 있기에 그러할 것이다. 그래서 으레 언론과의 대담 등에서 자신의 독서 경력에 대해 말하곤 한다. 『흙』은 바로 이 맥락에서도 등장한다. 1990대의 어느 대선정국에서 유력 후보들을 대상으로 한 '대선후보 연구'라는 기획기사에 포함된 '독서'항목을 간추려서 엿보기로 하자.

22 이문구, 「활자의 숲서 갈무리한 상상력의 자유」, 『동아일보』, 1999.5.29.

"OOO이 독서라는 언어개념에 맞는 책을 접한 것은 김구의 '백범일지'를 접하기 이전이다. 아직 일제의 압박을 받던 OO중 재학시절 그는 잠시나마 소설가가 되려는 꿈을 가지고 이광수의 『흙』과 『사랑』 심훈의 『상록수』 등을 즐겨 읽었다."[23]

"보통학교 졸업 직후인 32년 조간에는 방인근의 '마도의 향불'이라는 소설이 연재되고 있었고 석간에는 이광수의 『흙』이 연재됐는데, OOO을 사로잡은 것은 『흙』이었다. 『흙』은 보성전문학교 법과대학생인 주인공 허숭이 사회적 지위와 명예를 버리고 빈한한 농촌 고향 '살여울'로 돌아가 농촌계몽운동을 벌이는 과정을 그려내고 있다. OOO은 '그 당시 소설은 허구가 아닌 실제로 일어나는 일을 매일매일 적는 것으로 생각했다'며 '그래서 주인공처럼 공부해 변호사가 되어야겠다는 생각을 했다'고 술회했다. 다시 말해 소설이 가출의 한 동기로 작용했다는 것이다."[24]

이 기사를 보면 세 사람의 유력한 대선 후보 중 두 사람이 『흙』을 읽고 감명을 받았으며 나아가서 행동에 까지 이르게 되었음을 말하고 있다. 이를 통해 범박하게는 문학의 영향력, 구체적으로는『흙』의 긍정적 가치 등을 확인할 수 있게 된다. 즉 『흙』은 우리 사회에서 정치인들이 자신 있게 내놓을 수 있는 목록인 셈이다. 논란의 여지가 될 만한 이념적, 정서적 문제가 없는 작품으로 선택했을 가능성이 높은 것이다.

추측컨대 흙이 지니는 계몽적 성격, 그 계몽성이 일제 강점기에는

23 대선후보연구(14) 독서, 『경향신문』, 1992.8.14. 또 다른 기사에는 이 작품들을 읽으면서 '몹시 감동을 받아 울면서 밤을 새웠다'는 대목도 있다.

24 위의 기사.

민족주의와 통한다는 사실이 정치인들이 내세우기에는 매력적인 것이었을 일이다. 비록 이광수가 친일의 문제로부터 자유롭지 못하다 하더라도 대중들에게 자신의 정치적 건강성을 내세우기에 이만한 작품도 없었을 것이다. 젊은 지식인이 자신의 기득권을 버리고 농촌과 농민을 위해 헌신한다는 설정은 국민을 위해 헌신한다는 정치인의 구호와 맞물리기에 충분한 것이었을 것이다.

민족주의, 농촌 살리기 등의 화제야말로 정치인들에게는 결코 불리할 수 없는 덕목이다. 그리고 그 용어가 보편적으로 인정받는 문학작품을 통해 제시될 때 그에 대한 최소한의 거부감마저 배제될 수 있음을 알고 있다는 점에서, '문학적 감염설'을 잘 활용하고 있는 사례일 것이다. 인간적으로나 가치관상으로 볼 때 허숭을 창조한 이광수의 의도는 60여년을 지난 시기에도 여전히 유효했던 것이다. 여기에서 설득과 감염이라는 측면에서 정치와 문학의 상관성을 새삼 확인할 수 있을 것이다.

이러한 자료들은 독자들에게 독서행위가 자신의 삶에 미치는 영향을 보다 구체적으로 생각해보게 할 수 있다는 점에서 우선적인 의미를 가지게 될 것이다. 또한 문학의 현실적 효용성에 대한 검토의 기회를 제공하여 보다 능동적인 독서를 유도할 수 있는 장치가 될 수 있을 것이다. 극단적으로 말하면 나의 이익 실현을 위한 도구로서의 독서에 대한 생각도 가질 필요가 있기 때문이다.[25] 독서 전략으로서 선행 독자들의 수용 양상을 살펴보는 일을 설정한 의도는 여기에 있다.

---

25 필자는 현대소설 비평 강의에서 학생들로 하여금 '이 작품을 어떻게 나의 현실적인 삶(언어활동이나 취업 등)에 활용할 수 있을 것인가'를 반드시 포함하여 비평적인 접근을 시도하도록 요구한다. 이 같은 요구를 할 경우 학생들은 보다 적극적인 비평양상을 보여준다.

4. 텍스트에 주체적으로 접근하기

『흙』은 현재적인 재현이 가장 지속적으로 이루어지는 소설이자 현재적인 것과 가장 거리가 먼 지점에서 형성된 소설이기도 하다.[26]

앞서 살펴 본 내용들을 바탕으로 이제 독자 자신의 읽기를 유도할 수 있는 전략적 층위를 검토해 볼 차례이다. 그것을 위해 세 가지 통로를 마련해 볼 수 있을 것이다. 언어와 풍속, 그리고 욕망이라는 개념이 그것이다.[27]

1) 언어의 층위

언어의 문제를 먼저 살펴보자.

『흙』은 언어의 형상물인 소설이다. 너무도 당연한 이 말을 새삼 기술하는 것은 『흙』이 놓여 있는 언어적 환경의 특수성 때문이다. 『흙』의 인물들은 3중 언어 환경에서 저마다의 언어를 구사하며 생활하고 있다.

하나는 전통적인 가치에 충실한 언어 세계이다. 딸의 장래를 부탁하는 아버지들의 말에서 전형적으로 드러난다.

---

26 본격적인 근대 소설의 출발을 어디에서 구하느냐에 대해서는 논란의 여지가 있지만 여기서는 크게 중요한 논쟁점은 아니기에 『무정』을 그 출발점으로 상정하고 논의를 진행하고자 한다. 이 점에 대해서는 다음 논의를 집중적으로 참조하였다.
김윤식, 『이광수와 그의 시대』, 솔, 1999.

27 이 개념들은 그간 이루어진 『흙』에 대한 선행연구들을 참조하여 연계 설정한 것이지만 『흙』을 언어와 풍속 그리고 욕망이라는 개념의 결합체로 읽어보고자 한 것은 필자의 발상이다. 특히 풍속은 그간 필자가 근대소설을 연구하면서 '현실의 총체성' 을 구체적으로 구현하는 개념으로 보고자 했다는 점에서 특수하게 사용한 것이다.

"저야 장사나 해먹는 놈이 무얼 압니까. 그저 공부가 좋다니, 자식이라고 그것 하나밖에 없구 해서, 학교에를 보냅지요."

"그런데 내가 자네 보고 하자는 말은 그것이 아니고, 또 하나 중대한 말일세. 내 딸자식 말이야, 정선이 말일세. 그거, 변변치는 않지마는 자네 혼인해 주지 못하겠나. (중략) 내 자식을 내가 말하는 것도 무엇하지마는 그리 못쓸 자식은 아니구, 또 자네를 보고 직접 말하는 것이 도리가 아니지마는 어디 말할 데가 있나. 그러니까 자네도 어떻게 알지 말게."

앞의 말은 순례의 아버지가 한선생을 찾아가 딸의 혼사를 부탁하는 장면이고, 뒤의 말은 윤참판이 허숭에게 정선과의 혼인을 부탁하며 하는 말이다. 이 언어들에 나타나는 부모의 입장에서 구사할 수 있는 전략과 그 표현은 이전 시대의 그것들과 다를 바가 없다. 그들의 전통적인 가치관은 이런 표현을 통해 비로소 그 의미가 실현되는 것이다.

두 번째 언어 환경은 김갑진의 언어로 대표되는 외국어와 비속함이 침입한 환경이다. 이 시대에는 이미 외국어가 언어 우리 언어 환경에 깊숙이 침투하고 있었다. 1부의 각주에서도 제시하였지만 1937년에 간행된 '조선외래어사전'의 서문에서 저자는 '요새 외래어를 너무 많이 써서' 사전을 편찬하게 되었다고 기술하고 있을 정도이다. 이 외래어 내지는 외국어는 일본어와 영어로 나타나는데, 이를 생경하게 가져다 쓰는 인물들에게는 단순한 표현 수단을 넘어 가치관과 자질의 표명 수단에 이르게 된다.

"미국 계실 때에도 조선 음식을 잡수실 기회가 있어요?"

하고 체조 교사같이 생긴 정서분이가 입을 열었다.

"예스, 프롬 타임 투 타임."

하고 이박사는 분명한 악센트로, 영어로 대답을 한다. 그리고는 이어서 조선말로,

"서방에 있을 때에는 우리 동포 가정에서 조선 음식을 먹을 기회가 있습니다. 김치도, 그렇지마는 이렇게 김치 맛이 안 나요. 선생님 댁 김치 맛납니다."(1부 3)

'조선어'를 쓸 수 있지만 영어나 일어를 일부러 구사하는 장면들에서 드러나는 인물들의 모습은 허숭이나 한민교 같은 인물들의 언어와 맞물리는 순간 부정적일 수밖에 없는 것이다. 마찬가지로 굳이 비속한 표현을 골라 쓰는 것도 같은 맥락에서 볼 수 있다. 이 비속한 표현들은 첫 번째 언어 환경에서 벗어나는 것이기 때문이다.

결국 왜곡되고 일그러진 태도와 의식은 이 생경한 외국어와 외래어, 비속한 표현들을 통해 비로소 적절하게 표현될 수 있음을 볼 수 있다. 언어가 곧 사람인 것을 분명하게 보여주는 장면들이다. 그 언어들에서 진정성은 점차 사라지게 되고 그에 따라 인물들의 사회적 추락이 이어진다. 작가의 의도이지만 이미 생경한 언어를 구사할 시점부터 예견된 것임을 작가는 누차에 걸쳐 강조하고 있다. 그들이 허숭에게 감화를 받아 변화할 때 쯤 그들의 언어가 생경함에서 벗어난다는 사실은 언어를 통한 인물 형상화에 대한 작가의 탁월한 감각을 확인할 수 있다.

세 번째 언어 환경은 허숭으로 대표된다. 허숭의 언어는 위 두 가지 언어환경의 중간지대에 놓여 있다. 그가 표현하는 언어는 전통적인 사회의 언어이지만 외래어와 외국어도 이해할 수 있다. 표현과 이해의 언어가 다른 환경에서 살고 있는 셈이다. 허숭이 또래로서 앞으로의 사회생활에서 주로 접해야 하는 인물들은 후자이기에 그들의 언어를 이해하는 일은 필수적이다. 그래서 첫 번째 언어환경에 놓인 인물

들과는 우호적 관계가, 두 번째 언어환경에 놓인 인물들과는 대립적인 관계가 형성된다. 허숭은 두 양상의 언어를 접하지만 그가 발화하는 언어는 진정성을 얻기 위한 최대치의 선택을 하고 있음을 발견하게 된다. 참을 수 없는 상황에서도 그의 언어는 최대한의 절제를 보이고 있음은 그 한 예이다. 작가는 서술자의 언어에는 외래어가 존재하지만 허숭의 언어에는 존재하지 않도록 함으로써 두 번째 유형의 언어들이 지니는 부정적인 맥락들이 스며들지 않도록 배려하고 있다.

인물들의 관계와 가치관과 자질들이 언어를 통해 드러난다는 발상과 그 발상의 구체화로서의 소설 담론은 『흙』의 정체성의 한 면을 매우 잘 보여주는 요소들이다. 따라서 이 소설을 읽어 나갈 때 인물들이 구사하는 언어들, 작가가 사용하는 언어들이 지니는 속성들을 살피는 일은 풍부한 읽기를 위한 전제가 될 것이다.

2) 풍속의 층위

다음으로 풍속의 문제를 검토해보자.

이 소설을 당대 풍속의 재현이라는 측면에서 접근해 가는 것도 흥미로울 것이다. 앞서 살펴 본 언어의 풍속도뿐만 아니라 의복, 음식, 교통, 제도 등의 모습을 매우 실감나게 엿 볼 수 있다. 그리고 그 풍속들은 핍진성을 지니고 있다. 앞서 살펴 본 이문구의 지적처럼 소설가의 입장에서 볼 때도 쉬 달성하기 어려운 당대 현실의 형상화가 이루어지고 있으며 그 중심에 풍속이 놓여 있다.

이 소설에서는 오랜 세월동안 형성되어 온, 사회 구성원들이 체현하는 것으로서의 풍속과 새롭게 들어 온 외래적인 것으로서의 풍속이 병존한다. 이 둘은 당연히 길항관계를 형성하고 있다. 허숭의 선택은 다른 말로 하면 풍속의 선택이라 할 수 있다. 당연히 전자의 풍속에 의미를 두고 있으며, 그 풍속을 지켜나가고 살려 나가는 것이 '민족주의'에 해당한다고도 할 수 있을 만큼 작가의 의중이 풍속에 강하게 담겨 나타나고 있다. 그 의중의 드러남은 풍속의 묘사에서 확인된다. 묘사의 방식이며 태도가 다르게 나타나고 있다.

새로운 풍속, 즉 부정적인 풍속은 인물들의 행동이나 대화를 통해 나타나는 경우가 많다. 그것은 정제되지 않는 언어를 통해 드러난다. 그와 반대로 작가가 지키고자 하는 풍속은 정제된 언어를 통한 묘사로 나타난다. 자연스럽게 독자들은 두 가지 풍속에 대해 가치를 부여하게 된다.

여기에는 지식도 포함된다. 새로운 지식을 얻는 다는 것, 그리고 그 지식을 삶에 반영하려는 시도들 또한 풍속의 주요한 양상이 된다. 특히 개화기에 이어지는 몇 십년간의 한국 사회에서는 새로운 지식들이 풍속에 미치는 영향이 매우 컸다. 새로운 문명과 문물을 알고 들여옴으로써 지식 자체가 풍속이 되는 경우가 있지만, 풍속을 변화시키고 퇴출시키는 역할도 하기 때문이다. 허숭 일행이 살여울에서 실현하는 삶의 모습들은 지식이 풍속에 긍정적으로 작용하는 예가 된다.

소설 속의 풍속은 단순한 구성 요소가 아니다. 풍속은 구체적으로 형상화하기 어려운 현실을 매우 효과적으로, 그리고 인상적으로 그려낼 수 있다. 정선이와 갑진이가 탈선의 하루를 보내는 과정의 묘사를 통해 당대 교통편이나 유흥시설의 속성들이 실체적으로 드러난다. 백과사전식의 언어를 통해서는 전달하기 어려운 속성들이 드러나게 된다. 인물들의 생동감도 풍속 속에서 보다 자연스럽게 발현된다. 풍속은 작위적인 것이 아니기 때문이다. 물론 작가의 뛰어난 관찰력과 포착력이 뒷받침되어야 한다.

우리들은 이 작품에 그려진 도시와 농촌의 풍속을 통해 당대 사회에서 두 공간이 어떻게 형성되고 어떤 속성들을 지니고 있는지를 생생하게 알게 된다. 그리고 거기에서 비로소 문학작품의 보편성이 자리잡게 된다. 70년대 한국사회에서『흙』이 의미있게 읽히는 것은 농촌이라는 공간이 지니는 동질성을 발견할 수 있는 것이 한 이유가 될 것이다. 그런데 그 동질성은 설명문이나 보고서로는 확보할 수 없는 것이다. 문학이기에 가능한 작용일 것이다.『흙』을 읽는 독자들은 소설 속 곳곳에서 자리잡고 있는 풍속들에 대한 의미부여를 시도할 때 보다 풍부한 읽기를 경험하게 될 것이다. 소설은 풍속의 재현이라는 말에도 공감할 수 있을 것이다.

3) 욕망구조의 층위

이제 욕망의 문제를 다루어보기로 한다.

욕망은 소설의 동력 중의 하나이다. 소설의 구조를 갈등구조나 욕망구조로 설명하려는 시도들은 오랫동안 이루어져 온 것이며, 매우 유용한 접근들이다. 욕망과 갈등을 매우 다른 것으로 규정하고 분리해서 설명하려는 이론들도 있지만 두 개념은 서로 분리되기 어렵다. 사람이라면 누구나 욕망을 가지며 그것을 달성하기 위해 노력하는 과정에서 필수적으로 갈등을 겪게 된다는 점에서 두 개념의 분리는 어렵다고 본다.

흔히『흙』을 폄하하는 입장에 있는 논자들은『흙』에서 나타나는 욕망들이 건강하거나 현실적이지 못하다는 점을 지적하고 있다. 인물들의 행위나 의식에서 드러나는 욕망들이 당대 민중들의 삶과 유리되고 건강하지 못한 말초적 욕망들이며, 다른 소설적 요소들이 거기에 매몰될 정도로 강한 자극을 주도록 전면에 드러나 있기 때문이라는 것이 그 한 근거이다. 그런데 이는 좀더 달리 생각해 볼 수 있을 것이다. 어차피 욕망이라는 것은 변화하는 것이고 그래서 그 과정과 결말이 어떤 상태인가가 살피는 일이 더 중요한 일일 것이다. 정지 상태의 욕망이 아니라 과정적 실체로서의 욕망에 주목해야 한다는 것이다.

정선이나 갑진, 건영 등의 인물들이 지니고 있는 욕망은 일정한 과정을 거쳐 결국에는 허숭의 욕망 체계, 즉 건강하고 긍정적인 욕망 체계 내로 수렴된다는 점을 중시해 볼 필요가 있다. 물론 서로 다른 가치관과 인생관, 삶의 이력을 지닌 인물들의 욕망이 급격하게 다른 인물의 욕망 체계로 수렴되는 것은 현실적이지 않을 수 있다. 그런데 이 소설의 인물들은 몇 가지 장치를 통해 과정적인 수렴을 이루는 것이지 급격하게, 순간적으로 이루어지지는 않는다. 갑진과 정선은 윤리적이든 의식적이든 '자책'이라는 장치를 통해, 건영은 아직은 보수적 사회적 가치관이라는 '장벽'에 의해, 정근은 작은갑이의 '협박' 그에 이은 '반성'이라는 장치를 통해 욕망 체계의 변화를 이루게 된다. 마지막으로 허숭과의 '용서와 화해'라는 이차적인 장치를 통해 완전한 전환을 이루게 된다.

이러한 장치들은 어떤 면에서는 현실에서 가능한 것이며 인간적인 것이라는 점에서『흙』의 통속성과 비현실성에 대한 비판으로부터 벗어날 수 있는 여지를 얻게 된다. 반면에 이 장치들은 상당히 작위적일 수 있다는 점에서 반대의 여지를 만들 수도 있다. 자책이라든가 반성, 화해 등은 어떤 인물이든지 인격과 개성을 지닌 존재라는 점에서 상당히 어려운 과정을 거쳐 발휘될 수 있는 것들이라는 점에서 작가의 의도가 과잉되면서 빚어낸 장치들로 볼 수 있다. 그렇지만 허숭과 작은갑이 등이 보여주는 희생과 용서는 우리 사회에서도 자주 볼 수 있는 미덕이라는 점에서 현실적인 힘을 지니고 있다.『흙』의 휴머니즘이라든가 계몽성을 긍정적으로 평가할 수 있는 근거도 여기에 있다.[28]

28『흙』에 대한 다양한 평가에 대해서는 다음 논의들을 참조함.

『흙』은 언어와 풍속과 욕망이라는 개념들이 빚어낸 형상물이다. 『흙』의 읽기는 이러한 개념들에 대한 주체적인 발견과 해석에서 출발할 때 비로소 의미있게 이루어질 것이다.

구인환, 『이광수소설연구』, 삼영사, 1983.
김윤식, 『이광수와 그의 시대』 1-3, 솔, 1999.
윤홍로, 『이광수의 문학과 삶』, 한국학연구원, 1992.
이재선, 『이광수문학의 지적 편력』, 서강대출판부, 2010.
하정일 외, 『이광수 문학의 재인식』, 소명출판, 2009.
한승옥, 『이광수장편소설연구』, 박문사, 2009.

텍스트로서의 작가론과 읽기 전략

1. 문제제기 - 소설 읽기와 '작가의 부재'

초등학교에서 고등학교에 이르기까지 문학교육을 받아 온 대학생 독자들에게 새로운 소설 텍스트를 던져 주었을 때, 무언가의 도움을 받지 않고 능동적으로 수용해 내는 '이상적 독자'들을 찾아보기가 매우 힘들다. 이 독자들에게 왜 그러한지를 물었을 때 대부분은 문학교육의 탓으로 돌린다. 그 중 대표적인 것이 '읽기 방법을 제대로 배우지 못했다'는 응답이다. 좀더 구체적으로 '제대로'의 뜻을 강조해서 다시 물으면 '배운 대로 읽는데 잘 읽히지 않는다'는 뜻이라 한다. 방법에 대해 무엇을 배웠는가를 물으면 주섬주섬 '플롯' '시점' '인물' '구성단계' 등을 내어 놓는다.[1]

그 구체적인 내용을 다시 물으면 실제적인 '읽기 전략'으로 이어가

---

1 이는 발표자가 10여전부터 지속적으로 시행해 온, 대학의 교양과정과 전공과정의 소설 관련 과목의 수강생들을 대상으로 한 문학 능력 설문 조사의 결과를 바탕으로 삼은 것으로 그 일부 결과에 대해서는 다음 참조.
졸고, 「비평 능력 신장을 위한 문학 독서교육」, 『독서연구』 20호, 2008.

기에는 무리인 형해화된 상태의 이론들을 설명한다. '스토리는 시간 순서대로 늘어놓은 것이며 플롯은 인과관계에 따라 늘어놓는 것'이라든가 '시점에는 4가지 있다는 것', '인물에는 평면적 인물과 입체적 인물, 개성적 인물과 전형적 인물 등이 있다는 것' '구성은 발단 - 전개 - 위기 - 절정 - 결말로 이어지는 것' 등의 설명이 이어진다. 그리고 거기서 멈춘다. 그 내용들은 교과서 밖 소설들을 읽어내는데 도움이 되지 않는다고 말한다.

주요 이론 개념들에 대한 최소한의 지식은 가지고 있지만 그 지식들이 방법적 지식으로 전환되지 못하고 저장되어 있는 상태에 가깝다는 판단이 든다. 그리고 그 지식들 또한 명쾌하게 자리 잡지 못하고 있는 형편이다. 특히 소설에서 중심이 되는 '사건'에 대한 인식이 그러하다. 개념으로서의 사건에 대한 이해도 그리 높지 않지만 구체적으로 작품을 통해 사건의 양상을 포착해서 설명해 내는 일이 쉽지 않다. 최근의 소설들을 따라가기에는 더욱 역부족이다. '언제 어디서든 주어지는 불특정 텍스트'를 최소한도로 읽어내는 능력을 지니고 있어야 중고등학교까지의 문학교육이 의미를 가질 터인데 썩 그러하지 못하다는 판단이다.

주요 이론 개념들을 방법적 지식으로 수용할 수 있도록 하기 위한 노력이 없이 우리 사회의 고급 독자로서, 때로는 일상적 비평가로서 존재하기를 바라는 일은 무망하다는 생각이 든다. 더군다나 사회계열이나 이공계열의 학생 독자 — 문학의 저변을 확대해 나가기 위해 필연적인 공략의 대상이 되는 구성원들 — 에게는 더욱 무망한 일이다. 궁리 끝에 이 책의 73쪽과 79쪽에서와 같은 도식을 제시하고 설명해 주면 그때는 조금은 달라진 읽기 양상을 보여준다.

가장 기본적인 원리를 알고 그것을 구체적인 텍스트를 통해 주체적으로 이해하게 함으로써, 공교육 이후 다양한 상황에서 만나게 될 텍스트들에 접근하는 통로이자 장치로 활용할 수 있도록 하는 교육이 충분히 이루어지지 않은 측면에 대한 반성적 고찰이 필요할 것이다. 그렇다고 여기서 문학 이론이나 지식 교육을 강화하자는 주장을 하는 것은 아니다. 오히려 설익은 이론이나 지식은 소설 읽기에 장애가 될 가능성도 크기 때문이다. 다만 문학교육의 대상자들이 이상적 독자로서, 일상적 비평가로서 자리 잡는 데 '장애'로 작용하는 요소들을 찾아 제거해 주는 일을 모색해 보자는 제안을 하는 단계에서 문제 현상의 한 양상으로 거론하고자 한 것이다.

우리 시대의 독자들은 온전한 독자로 나아가는 길목에서 다양한 성격의 '장애'요소들을 만나게 된다. 공적 문학교육의 최대치의 근원이 되는 교과서 작품들을 '대표적이고 모범적인 정전'으로 보는 관점, 평가의 필요성이나 위력적인 참고서를 통해 만나게 되는 확정적 형태의 정보들에 기대게 되는 태도, 다른 작품으로의 확산을 위한 접근 통로가 제한되는 환경, 교육을 위한 비평적 자료들의 부족 상태 등이 필자가 생각하는 장애들의 예이다.

이러한 장애 요소의 제거를 문학교육의 실제적인 방향성이라고 보는 입장에서 문학교육을 돌아볼 때 이들 장애 중에서 매우 문제적인 것의 하나로 실질적인 '작가의 부재'[2]를 들고자 하는 것이 이 논의의 출발점이다. 텍스트의 생산자인 작가에 대한 접근이 사실상 이루어지지 않고 있다는 판단이다. 매우 단편적인 사실 외에 텍스트를 수용하는데 도움을 줄 정보가 제공되지 않는다는 현상을 지적하고 싶다. 소설을 읽는다는 행위가 생산자에서 수용자에 이르는 소통을 의미한다

2 실질적이라 표현한 것은 교과서나 그 위성 텍스트들인 지도서, 참고서에 작가에 대한 정보가 실려 있다. 그러나 그 존재 양태가 지면을 장식하는 수준에 머물 정도에 머물고 있다는 판단 때문이다.

고 볼 때, 생산자에 대한 접근이 이루어지지 않는다면 온전한 소통이라고 할 수 없을 것이다.

이러한 문제적 소통양상에 대해 그동안의 문학교육 논의들은 별다른 언급을 하지 않고 있다. 하지만 필자의 입장에서는 실질적인 '작가의 부재' 현상은 소설 텍스트 읽기 능력 향상의 측면에서 시급하게 해결해야 할 문제라고 생각하고 있다.

앞서 설명한 바 있는 대학생 독자들을 대상으로 한 설문 조사의 한 항목에서 응답자들은 '무엇을 읽어내야 한다고 생각하는데, 왜 어려운가?'라는 질문에 '작가의 의도를 읽어내기 어렵다'는 것이 대체적이다. 작가가 전달하고자 하는 메시지의 파악에 앞서 '왜 이런 이야기를, 이렇게 다루고 있는가?'라는 부분에서부터 막막함을 느낀다고 한다. '작품 읽기의 궁극적인 목적'에 대해 주제를 파악하는 일과 함께 작가의 의도 파악이 중요하다는 생각이 상당히 지배적으로 나타나고 있다는 것은 작가의 중요성에 대한 인식이라는 면보다는 작가라는 요소가 장애 요소로 작용하고 있다고 판단하는 것이 발표자의 입장이다.

2. 전사의 검토 - 작가 부재의 양상들

문학교육에서의 '작가의 부재'라는 발표자의 견해에 선뜻 동의하기 어려운 측면도 있을 것이다. 교과서에 실린 작품에는 거의 예외없이 작가에 대한 소개가 이루어져 있고, 일정한 정도의 작가에 대한 접근이 이루어지기 때문이다. 그러나 그것들이 실질적인 자료로서 작품 읽기에 관여하고 있는지를 판단해 볼 때 그렇지 아니하다는 판단을 하게 된다. 이러한 판단을 하게 된 발표자는 그 근거를 마련하기 위해 다음의 두 가지 현상을 살펴보았다. 문학교육의 실질적 현장인 교과서 속에서 작가가 하나의 편집상의 '장식'에 머물고 있다고 까지 단정하게 되는 사례와 교육과정사에서의 작가의 위상에 대한 검토이다.

1) 교과서 속의 '컷'과 '작가 정보'의 대조적 양상

교과서에 소개된 작가에 대한 정보와 교과서 편집 과정에서 등장하는 '컷'이라는 요소를 비교해 보는 일은 의외로 의미있는 일이 될 것이라고 본다. 독자들의 읽기 활동에 미치는 영향을 고려할 때 그러하다.

다음 그림들은 김유정 소설인 '동백꽃'을 다루는 단원의 컷들이다.[3]

5차 문학 교과서

6차 문학 교과서

2007 개정교과서

2007 개정교과서

---

3 여기서는 2010학년도부터 사용되기 시작한 2007 개정교육과정에 따른 국어교과서에서 높은 빈도로 수록된 김유정과 '동백꽃'을 주요한 예로 삼고자 한다. 김유정 소설의 수록 양상은 지면 관계상 발표 과정에서 따로 제시하기로 한다.

2007 개정교과서

2007 개정교과서(A)

교과서에 실린 컷들은 일종의 비평적 접근의 결과이다. 컷의 생산자들은 문학교육을 받은 후의 독자들로서 자신들의 '읽기 결과'를 컷으로 그려내고 있는 셈이다. 이러한 성향은 최근 들어 교과서의 편집 기능이 강조되면서 더욱 분명하게 드러나고 있다. 5차나 6차 교과서의 컷들은 교과서에 실린 작품의 한 장면을 그대로 이미지화하는 쪽에 가까웠지만 7차나 2007 개정 교과서에서는 작품에 대한 '해석'이 곁들여진 쪽으로 나아가고 있다. 컬러 교과서 시대의 개막도 거기에 한 몫을 하고 있다.

컷이 역할에 대한 이러한 판단은 '동백꽃'의 경우를 놓고 볼 때 보다 선명하게 드러난다. 위 컷들 중 아래 쪽 컷들에서와 같이 단순한 장면의 이미지화가 아닌 결말구조에 대한 해석이 개재되어 있다. 이제 교과서에 실린 소설 텍스트는 비평적 텍스트가 내재된 복합 텍스트로 거듭나고 있는 셈이다.

발표자는 2007 개정 교과서들에 개재된 컷들을 이전 학습자들인 대학생 독자들에게 제시하고 다시한번 '동백꽃'에 대한 비평적 접근을 시도해 보도록 했다. 결과는 발표자가 예상했던 대로 컷의 작용양상이 드러나고 있었다. 특히 컷 A에 대한 반응이 주목되었다. 이미지 자료에 익숙한 이 시대의 독자들의 성향을 반영하듯 컷의 세부적인 요소들까지 자신들의 비평적 접근 과정에 개입시키고 있었다. 가장 주목할 만한 접근 결과는 컷 A에 나타난 '눈물' 한방울을 읽어낸 것이었다. 작중 인물 '나'의 눈물은 원래의 작품에는 등장하지 않은 것으로 컷 생산자가 이끌어 낸 해석적 장치로 읽히고 있었다. 이 결과는 대학생 독자들에게 '동백꽃'이 좀더 다른 텍스트로 인식되는데 중요한 역할을 하고 있었다. '사춘기 소년 소녀의 사랑'이라는 주제를 구현하는 텍스트에서 벗어나 '어른들의 권력관계가 아이들의 권력관계로 전이되는 양상'을 보여주는 텍스트로 인식되는 것을 볼 수 있었다.[4]

그런데 컷이라는 '부수적' 요소의 역할과 견주어 볼 때 '작가에 대한 정보'는 그 작용 양상이 매우 축소되어 있다는 생각이다. 다음은 교과서에 실린 작가 김유정에 대한 정보들의 사례이다.

김유정(1908～1937)

소설가. 단편 '소낙비'로 등단. 주로 해학적 시각으로 어둡고 삭막한 농촌 현실과 그 속에서 살아갈 수밖에 없는 농민들의 곤궁한 삶을 표현하였다. 작품에는 '동백꽃' '만무방' '금따는 콩밭' 등이 있다. [7차 국정 국어]

김유정: 소설가. 강원도에서 출생하였으며, 주로 농촌의 순박한 사람들이 사는 모습을 토속적 어휘와 해학적인 문체로 담아냈다. '소낙비' '금따는 콩밭' '봄봄' '동백꽃' 등의 작품이 있다. [2007 국어]

김유정: 1930년대에 활동했던 소설가입니다. 어두운 농촌 현실과 그

4 이 요소를 '진땀'으로 해석하는 경우도 상당수였으며, 그에 대한 의미부여도 비슷한 무게를 지닌다.

속에서 살아가는 농민들의 곤궁한 삶을 해학적인 시각으로 그렸으며 '소낙비', '동백꽃' 등 많은 작품을 남겼습니다. [2007 국어]

이 정보들이 과연 독자들의 읽기 활동에 과연 어느 정도의 기여를 하게 될지에 대해서는 굳이 관찰의 결과를 제시하지 않아도 짐작할 수 있을 것이다. '토속적'이라든가 '해학적' 등의 핵심 어휘들에 대한 구체적인 이해도 어려울뿐더러 그것이 작품에 어떻게 구현되고 있는지에 대한 판단도 쉽지 않기 때문이다. 작가에 대한 정보가 거의 '장식' 수준에 머무르고 있다고 판단한 이유는 여기에 있다. 발표자는 이를 달리 '작가의 부재'로 표현하고자 했다.

2) 문학영역 교육과정에서의 작가의 위상

이제 교육과정에서는 '작가'라는 요소가 어떻게 다루어져왔는지를 검토해 보고자 한다. 다음 표는 제1차부터 2009 개정기에 이르는 과정별로 내용 요소로서의 '작가'가 언급되는 양상을 정리한 것이다.

[표] 교육과정의 내용에서 드러나는 '작가'의 위상

과정기	급별	교육 내용
1차	중학교 (1955.08)	3. 언어 문화의 체험과 창조 (ㄱ) 문학 및 예술 g. 현대 문학(세계 문학) · 현대 문학의 대표적인 작가 및 그의 작품에 대하여 연구한다.
	고등학교 (1955)	읽기 3. 문학 학습의 목표 ㅇ. 문학 작품을 읽고, 작가의 창작의도를 알게 된다. ㅈ. 문학 작품을 읽고, 작가의 사상 감정과 서로 통한다.

2차	중학교 (1963)	3. 언어 문화의 체험과 창조 ㅅ. 현대 문학(세계 문학) (1) 현대 문학에는 어떠한 종류가 있는가를 안다. (2) 우리 나라 현대 문학의 대표적인 작가 및 작품을 안다.
	중학교 (1969)	3. 언어 문화 체험과 창조 ② 소설류 ㄷ. 이야기나 소설에 작가의 견해가 어떻게 나타났는가를 생각하며 읽는다
	고등학교	(1963, 1967) 관련 내용 없음
3차	중-고등	(1973, 1976, 1977, 1979) 관련 내용 없음
4차 (1981)	중-고등	관련 내용 없음 · 중학 - 6영역 체제 / 고등 - [국어 II]: 고전문학, 현대문학, 쓰기
5차 (1998)	중-고등	[국어]에 관련 내용 없음
	문학	-문학 작품의 이해 및 감상 1) 문학 작품의 의미는 인생관과 세계관의 표명임을 알고, 인생에 대한 작가의 관점이 작품 속에서 어떻게 형상화되고 있는지 파악한다.
6차 (1992)	중-고	관련 내용 없음 * [문학]에도 없음
7차 (1997)	중학교	8학년 작품에 드러난 작가의 세계관과 그 시대의 사회, 문화적 상황을 관련지어 이해한다. 기본: 작품 속에 드러난 작가의 세계관이 그 시대의 사회, 문화적 상황과 어떻게 관련되는지 말한다. 심화: 작품의 사회, 문화적 상황이 바뀐다면, 작가의 세계관이 어떻게 될지 토론한다.
	고등국어	(4) 작가, 작품, 독자의 관계를 알고, 작품 수용에 능동적으로 활용한다. 기본: 작가, 작품, 독자의 관계를 고려하여 작품을 능동적으로 수용한다. 심화: 작가, 작품, 독자의 관계를 알고 작품을 읽는 경우와 작품을 모르고 읽는 경우의차이점에 대해 토론한다.
	문학	관련 내용 없음

2007 개정	중학교	관련 내용 없음
	고등국어	(2) 문학 작품에 드러난 작가의 개성을 이해한다. · 작가의 성격, 취미, 인생관 등이 드러난 부분 찾기 · 작가의 개성을 자신의 체험에 비추어 이해하기 · 여러 작가의 작품을 읽고 성격, 취미, 인생관 등을 비교하기
	문학	(다) 문학의 소통 ① 작가 · 작품 · 독자 및 생산 · 유통 · 수용의 역할과 틀을 이해한다. ② 다양한 매체를 통한 문학 작품의 수용과 생산에 참여한다.
2009 개정	문학	관련 내용 없음

이 표를 통해 드러나듯이 '작가'라는 요소를 의미있게 다루고자 한 경우는 교육과정은 1차 중학교 과정과 7차 중학교 8학년 과정 정도에 불과하다. 이러한 교육과정의 양상은 교과서 제작에 그래도 이어지면서 '작가의 부재'현상을 낳은 것이 아닌가라는 판단을 하게 된다.

교육과정에서 '작가'가 이러한 위상을 가지게 된 연유를 발표자 나름으로 거칠게나마 추론해 본다면 두 가지 이유가 가능할 것이다.

하나는 해방 이후 교육과정을 입안해 나가는 과정에서 작용한 일종의 '금기체계'와 무관하지 않다는 점이다. 해방 정국에서의 '작가'들은 친일, 이념이라는 굴레에서 자유롭지 못한 상황에 있었으며 이는 교과서의 편제 과정에서 고스란히 작용할 수밖에 없었다.[5] 그래서 다음과 같은 현상이 나타나고 이후 지속적으로 이어지는 것으로 파악하고 있다. 여기서 '작가'는 다음 작품과의 구분을 나타내는 표지 정도에 불과할 정도로 기호화되고 있다.

5 이 점에 대해서는 다음 참조.
졸고, 「'문장'지와 국어교육」, 『한국근대문학연구』 20집, 2009.

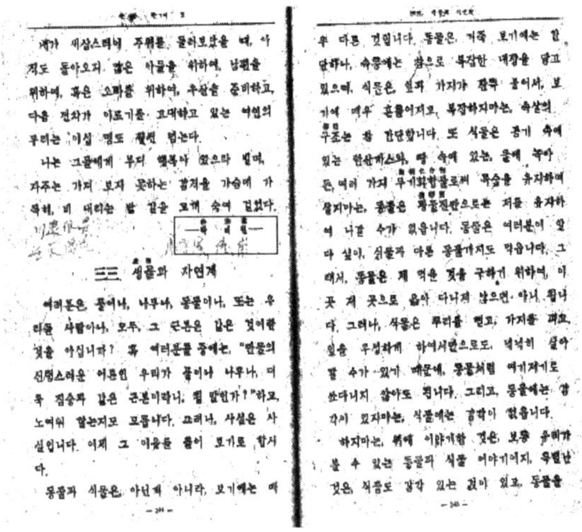

<군정기 국어교과서>

다른 하나의 이유는 신비평의 영향일 것이다.[6] 주지하다시피 신비평은 객관식 평가, 통제적 교육정책(문학교육에서는 현실과의 연계 차단)과 맞물리면서 유독 한국에서 긴 생명력을 유지한 것이다. 신비평의 토대가 되는 논리적 특성 상 작가의 요소는 배제의 대상이 될 수밖에 없었던 것으로 파악된다.

그런데 교육과정 상에서의 이러한 위상과는 달리 실제 교육현장에서는 작가가 중요한 요소로 작용하고 있었다. 특히 초기 입시에서는 '작가'가 문학교육의 중심 요소였음을 확인할 수 있다. 물론 고전문학의 범주가 중심이기는 하지만 '작가'라는 요소를 둘러싼 저간의 사정을 짐작할 수 있을 것이다. 실제 교육 현장에서는 중요 요소로 다루되 교육과정이나 교과서에서는 '피해가야 하는 요소'였음을 확인할 수 있다. 다음은 그 예이다.

---

6 신비평과 문학교육의 관련 양상에 대해서는 다음 참조.
정재찬, 『문학교육의 사회학을 위하여』, 역락, 2003.

【5】 다음 各 項目 中 서로 關係가 있는 것을 線으로 連絡하라. (16 점)

(예) 松江— 松江歌辭— 歌辭.

(1) 金壽長	(가) 新小說	(A) 白雲小說
(2) 假面	(나) 普賢十願歌	(B) 海東歌謠
(3) 稗官文學	(다) 英祖	(C) 演劇
(4) 血의 淚	(라) 李奎報	(D) 均如
(5) 佛敎	(마) 山臺都監	(E) 李人稙

2】 다음 공란에 해당하는 말을 넣어라.

가

詩歌名	作者	年代	形式
翰林別曲	翰林諸儒		
漁父四時詞			時調

나

作品名	作者	年代	內容
金鰲新話			傳奇短篇小說集
海東歌謠		李朝, 英祖	
	兪吉濬		歐美紀行文

교육과정에서의 작가의 위상이 특수한 맥락과 밀접하게 연관되어 있음은 대학교양교재에서의 작가에 대한 접근 양상과의 비교를 통해서도 확인된다. 초기 대학교재에서는 작가의 요소가 중·고등학교 교과서와 달리 중요한 요소로 부각되어 있다. 다음은 그 한 예이다.

[머리말]

"한탄스럽게도 오늘날 우리나라 대학생들의 공부하는 법은, 공책과 철필을 가지고 수업 시간에 나가서 선생의 강의를 적어다가 놓았다가, 시험 치르는 전날 밤에 머리를 싸매고 밤을 새워 가면서 이를 마구 집어 삼키어서, 그 이튿날 시험지 위에다가 쏟아 놓는 것으로 능사를 삼는 형편이라 함이 사실에 어긋난 혹평이라 하기 어려울 것이다."

"대학교수법은 (중략) 그 읽은 글의 <u>지은이의 태도</u>, 취의와 그 글의 짜임과, 펼침 등에 관한 방법적 연구 및 비평을 함으로 말미암아, 학생들의 실제적 문자 생활의 능력을 기름으로 목적을 삼아야 할 것이다."[7]

다음 자료는 교과서 비평을 처음으로 시도한 위성텍스트로서의 참고서에 기술된 내용이다. 교육과정과 교육 현장, 문학연구와 문학교육이 분리되기 시작한 시절에 교육현장에 제공되어 거의 최근까지 강력한 영향력을 행사해 온 위성텍스트이다. 그런데 그 내용이 현재의 교과서 기술 내용과 수준이 매우 흡사하다.[8]

(3) 김 유정(金裕貞, 1908~1937) : 소설가. 강원도 춘천 출생. 연희 전문 학교 문과 중퇴. 1935년 조선일보에 〈소낙비〉, 중앙일보에 〈노다지〉가 당선되어 문단에 등장. 폐환(肺患)으로 신음하면서도 불과 2년간에 30편에 가까운 소설을 발표하였는데, 모두 역작이었음. 주로 불우하고 부족한 사람들을 제재로 삼되, 관찰이 유우머러스한 데다 문장에 향토적 서정미가 농후하여 특이한 작풍을 이룬 작품들임. 〈동백꽃〉은 그의 업적을 기념할 만한 유일의 작품집임. 예총 강원지부(藝總江原支部)에서는, 김 유정 비(碑)를 강원도 춘성군 의암댐 부근에 1968년 4월경 춘천 개나리 문화제 때 건립했음.

현재 학생 독자들이 만나는 작가 정보들은 위 참고서의 내용을 반복하거나 기본적인 사항만을 나열하는 선에서 이루어지고 있다는 점에서 반성적으로 검토할 일이다. 그리고 이 기술 내용이 작품의 수용과정에 적극적으로 작용하기를 기대한다기보다 장식적인 것에 가까운 쪽에서 조직되었음을 말해 주는 것이기에 연구자들의 인식 전환이 필요한 시점이다.

이런 자료들을 놓고 본다면 교과서나 교육과정에서의 작가의 위상은 현실적 맥락과 상당한 거리를 두고 있는, 본질적이거나 실천적이지 않은 맥락에 영향을 받은 인식의 관습적 전승의 결과라 할 수 있을 것이다. 문학교육의 중심이 되어야 할 교육과정이나 교과서에서는 작가가 매우 소홀히 다루어지고 있는데 실제 교육현장에서는 여러 가지

7 연세대학교 국어교육분과위원회, 『대학국어』(연세대학교출판부, 1955), 머리말(위원장 최현배)
대학의 교양국어교재는 현대문학 정전의 형성과정에 직접적인 영향력을 행사한 매체로서의 성격을 지니고 있어서 이에 대한 심도있는 접근이 필요하다.

8 『일류고등국어 3』, 세운문화사, 1975.

필요상 자체적인 관습이나 질서에 의해 전승된 작가론이 일정한 역할을 하고 있는 것으로 판단된다. 이는 시급히 해결되어야 할 과제이다. 교육과정이나 교과서 특히 교과서에서 작가가 적절한 위상을 갖추고 존재하게 될 때 문학 능력 향상을 위한 교육이 이루어질 수 있을 것이기 때문이다.

이제 이러한 문제적 양상들을 해결할 수 있는 방안으로서의 작가론[9]을 모색해 보기로 한다.

3. 읽기 전략으로서의 작가론의 방향성

앞에서 살펴 본 내용을 바탕으로 발표자는 소설 텍스트 읽기 전략으로서의 작가에 대한 정보가 충실하게 제공될 있다고 판단하고 있다. 이에 대해 두 가지 차원에서 접근해 보고자 한다. 하나는 2007 개정교육과정에 근거를 두고 모색해 본 것으로 현재적인 학교 현장에서의 읽기 전략에 대한 탐색으로서의 의미를 지닌다. 다른 하나는 공교육으로서의 문학교육 이후를 상정한 측면에서의 접근으로서의 의미를 지닌다.[10]

---

9 앞서 살펴 본 작가 관련 텍스트들을 놓고 볼 때 그 속성을 '작가론'으로 보기에는 어려움이 따를 수 있다. 그러나 짧은 텍스트임에도 불구하고 그것이 작성되기 위해서는 일반적인 작가론을 넘어서는 수준과 깊이가 필요하다. 이 점을 고려하여 작가론으로 표현했다. 학생들이 문학 교육을 받으면서 가장 넘기 어렵다고 생각하는 부분이 창작이며 그 창작의 어려움은 수용과정까지 포함하여 제한 요소로 작용하는 '작가성(Authorship)'에서 비롯된다는 점에 주목할 필요가 있다. 작가는 일반인들과는 다른 특별한 능력을 가지고 있으며 독자 위에 군림하는 존재라는 생각은 의외로 폭넓게 독자들의 인식에 자리잡고 있다. 특별한 재능을 지닌 자로서의 작가의 작품을 비평하고, 창작에 임한다는 일은 자신들의 영역을 넘어선다고 생각하고 있기에 활동상의 제약을 많이 받는다.

1) 지식과 맥락으로서의 작가론

소설을 비평한다는 일은 복합적 사고 작용을 필요로 한다. 비평을 '자기화된 문제발견과 그 해결을 위한 논리적 사고활동'라고 정의하거나 '자의적인 발상에서 출발한 문제를 타당한 결론으로 이어지게 하는 활동'으로 보거나 '주관적 · 개별화된 읽기에서 보편적 읽기로의 전환 활동'으로 규정하거나, '자신의 관점을 타당한 것으로 받아들이게 하는 활동'이라고 하거나 간에, 다양한 차원에서 이루어지는 사고활동의 결과들을 재조직하는 것이라는 점은 동일할 것이다. 그리고 여기에는 7차 개정교육과정이 표나게 강조하고 있는 '지식'과 '맥락'이 필요하다는 입장이다.

그런데 독자들에게 작품을 둘러싼 맥락이나 관련 지식을 통해 작품에 접근하도록 요구하는 일은 그리 쉬운 일은 아니다. 독자들은 아직 경험이나 학습이 충분치 않기 때문이다. 그렇다고 해서 작품 내에서만 사고하고 활동하게 하는 것은 비평능력의 신장을 기대하기는 어렵다. 따라서 어떠한 방식을 통해서든 지식과 맥락이 제공되어야 하며, 작가론은 그 한 양상이 될 것이다.

지식과 맥락을 통한 읽기는 다양한 관련 자료의 제공을 필요로 한다. 필자는 문학작품의 교수-학습과정의 초기 단계에서 문학사적 자료, 사회 · 문화사적 자료, 상호 텍스트적 자료 등이 제공되어야 한다고 본다.

문학사적 자료는 문학사 자체보다는 당대 문학사를 특징짓는 문학

---

10 다음 논저에서 모색에 필요한 발상들을 얻을 수 있었다.
김윤식, 『작가론의 새 영역』, 강, 2006.
김학동, 『원전확정과 작가론의 반성』, 새문사, 2006.
레온 에델, 김윤식 역, 『작가론의 방법』, 삼영사, 1988.

현상들까지 관련된 것이어야 할 것이다. 사회 · 문화사적 자료는 사회적 상황 및 문화적 특성은 물론 생활사 및 풍속사까지 포괄할 수 있는 자료들이다. 상호텍스트적 자료 들은 작품의 창작 과정 및 타 작품들과 관련된 자료를 말한다. 이 자료들은 그 존재방식에 따라 '지식'과 '맥락'으로 분류할 수 있을 것이다. 작가론은 이 세 자료의 특성을 모두 아우르고 있다는 것이 필자의 판단이다.

(1) 지식으로서의 작가론

지식으로서의 작가론은 우선 작가의 문학사적 위상에 관한 자료를 통해 제시될 수 있을 것이다. 공시적이고 통시적인 측면에서 조명된 문학사적 위상에 대한 자료는 독자들에게 읽기 전 또는 읽기 후 과정에 필요한 지식으로 작용하게 될 것이다.

이 자료는 '작가 마당'(가칭)과 같은 방식으로 실제 단원의 구성에 포함될 때[11]에는 뒷부분에 배치되는 것이 바람직할 것이며, 이는 학습 독자들의 작품에 대한 포괄적 비평 활동을 위한 자료로 활용될 수 있을 것이다.

또 다른 지식으로서의 작가론의 내용은 해당 작품의 생산과 유통과 관련된 것들을 들 수 있다. 당대의 문단 상황 및 유통 구조 등은 해당 작품을 넘어 그와 유사한 시기의 작품들을 이해하는 데도 도움이 될 지식으로서의 성격을 지니기 때문이다. 예를 들어 30년대 작품들이 발표될 당시의 문맹률과 컷의 활성화, 매체의 성격 등에 대한 자료들이 그 예가 될 것이다.

---

11 필자는 '작가 마당'은 적어도 한 쪽 정도의 분량으로 편성되어야 한다고 본다.

(2) 맥락으로서의 작가론

'작가 마당'을 구성하는 자료의 하나로 제시할 수 있는 맥락 자료는 매우 다양하게 조직할 수 있다. 우선 사회 ·문화적 상황과 관련되는 자료들이다. 앞서 지식의 측면에서도 사회 ·문화적 상황과 관련된 자료들을 설정할 수 있다고 보았지만, 맥락의 측면에서는 좀더 포괄적이면서도 해당 단원의 제재인 작품과 관련된 성격이 강한 자료들로 구성될 것이다. 해당 작품의 공간적 ·시간적 요소, 상징체계, 구성적 장치들에 대한 접근을 용이하게 하는 자료들이 포함될 것이다. 작가의 전기적 사실 들도 여기에 포함될 수 있다.

상호텍스트적 자료들은 작품과의 연관성이 가장 강한 것들로 구성될 수 있다. 작가의 언어관이나 문학 수업기의 체험, 비교 문학적 영향 관계, 경향이나 소재, 주제 등의 측면에서 견줄 수 있는 다른 작품들이 여기에 포함된다.

다음 자료는 발표자가 대학생 독자들에게 위와 같은 견해를 제시하고 그것을 바탕으로 자신의 입장에서 소설 읽기에 필요한 '작가론'의 내용을 조직해 보도록 한 과제의 수행결과의 하나로 동화 작가 지망생이 '강아지똥'을 염두에 두고 작성한 것이다.

〈글쓴이〉

권정생 (1937～2007)

일제시대에 일본의 빈민가에서 태어났다가 해방이 되자 귀국했으나 가난으로 인해 가족들과 헤어져 온갖 일을 하면서 성장했다. 여러 병을 앓게 되면서 걸식을 하기도 했으며 교회의 종지기로 정착하면서 비로소 정착생활을 하게 되었다. 1969년에 〈강아지똥〉을 발표하여 아동문학상을 받고, 1973년에 신춘문예에 동화부문에 당선되었다.

자연과 생명, 어린이, 이웃, 북녘 형제에 대한 사랑을 주제로 하고 있는데 깜둥바가지, 병어리, 바보, 거지, 장애인, 외로운 노인, 시궁창에 떨어져 썩어가는 똘배, 강아지 똥 등 그가 그려내는 주인공들은 하나같이 힘없고 약하다. 그러나 그들은 나를 죽여 남을 살려냄으로써 결국 자신이 영원히 사는 길을 택한다는 종교적인 믿음의 표현이기도 하다. 대표작으로는 '강아지똥' '밥데기 죽데기' '한티재하늘' 등의 동화집이 있다.

이 작가에 대해서는 그의 삶과 맞물려 대체로 긍정적인 평가가 주를 이루고 있는데, 아동들에 대한 애정과 믿음이 작품을 통해 드러나는 바와 삶 속에서의 모습과 다르지 않다는 점을 높이 사고 있다. 또한 작품 속의 삶에 대한 진지하고 애정어린 시선에 대해서도 긍정적으로 평가받고 있다. 그러나 인물들이 대체로 불우한 처지에 있거나 소외된 대상으로 설정되고 있는데 대해서는 우려의 목소리도 높다.

종이 문패를 붙인 권정생선생의 흙집

〈작가의 유언장〉

내가 쓴 모든 책은 주로 어린이들이 사서 읽은 것이니 여기서 나오는 인세를 어린이에게 되돌려 주는 것이 마땅할 것이다. 만약에 관리하기 귀찮으면 한겨레신문사에서 하고 있는 남북어린이 어깨동무에 맡기면 된다. 맡겨 놓고 뒤에서 보살피면 될 것이다.

유언장이란 것은 아주 훌륭한 사람만 쓰는 줄 알았는데 나 같은 사람도 이렇게 유언을 한다는 것이 쑥스럽다. 앞으로 언제 죽을지는 모르지만 좀 낭만적으로 죽었으면 좋겠다. 하지만 나도 전에 우리 집 개가 죽었을 때처럼 헐떡헐떡 거리다가 숨이 꼴깍 넘어가겠지. 눈은 감은 듯 뜬 듯 하고 입은 멍청하게 반쯤 벌리고 바보같이 죽을 것이다. 요즘 와서 화를 잘 내는 걸 보니 천사처럼 죽는 것은 글렀다고 본다. 그러니 숨이 지는 대로 화장을 해서 여기 저기 뿌려 주기 바란다.

2) 작가의 부활과 작가론의 읽기 전략화

일반적인 소설 읽기 과정에서 작가론은 전략적으로 활용할 필요가 있는데 이를 작가의 역할에 따라 다음 세 가지로 나누어 설정해 보고자 한다.

(1) 대화 상대자로서의 작가(론)

이는 작가를 실체로 만나는 것을 의미한다. 소설 읽기가 독자의 내부에서 이루어지는 작가와의 대화라는 관점을 지니고 있는 발표자로서는 작가의 등장은 대화의 출발이라고 보고자 한다. 즉 첫 단계는 대화 상대자를 불러들이는 일과 상통한다. 자신에게 소통의 대상을 제공하는 사람으로서 대화의 전제 조건에 해당한다.

이는 기존의 비평적 텍스트로서의 작가 정보와 크게 다르지 않다.

대화 상대자가 어떤 배경에서 성장했으며 가치관은 어떠하고, 어떤 삶의 이력을 지니고 있는지 등을 아는 일이 상호 소통과정에서 중요한 고려 요소가 되듯, 작품 읽기에서도 그 작품을 통해 독자에게 메시지를 전달하는 발신자의 실체를 파악하는데 필요한 정보를 제공함으로써 읽기 활동의 기반을 마련해주게 될 것이다. 이때, 지나치게 많은 양의 정보는 선입견을 심어 줄 우려가 있으므로 최소화할 필요가 있다.

앞서 살펴 본 대학생 독자의 '권정생론'에서는 앞 다섯 줄이 이에 해당할 것이다. 그리고 이 단계의 성격은 문학교육에서 문학을 실체로서 바라보는 관점과 상통한다.[12]

(2) 게임 상대자로서의 작가(론)

앞서 일반적 독자들이 '작가성'과의 대결을 상당한 압박으로 받아들이고 있음을 설명한 바 있다. 능동적인 독자란 작가가 전해주는 메시지를 일방적으로 전달받는 자가 아니라 경쟁적으로 대화하는 입장에서 작품에 대해 접근할 수 있어야 한다. 작가가 사람과 사건을 보는 관점, 사건 관련 내용들을 조직하는 원리 등은 상대방과의 대화D서 우위를 점하고자 선택하는 전략과 마찬가지로 작품의 수용과정에서 긴밀하게 작용할 것이다.

물론 한 작가가 일관되게 작품의 구성 원리나 대상을 바라보는 관점 등을 유지하는 것은 아니다. 그러나 해당 작품과 관련해서 관련 내용들을 재조직해서 제시하는 일은 가능할 것이다. 특히 소설은 인물의 성격화라든가 플롯의 조직화 원리 등이 작품을 읽는 과정에서

12 문학교육에서의 문학을 바라보는 관점은 크게 실체로서, 속성으로서, 활동으로서의 관점으로 나눌 수 있을 것이다. 이에 대해서는 다음 참조.
김대행 외, 『문학교육원론』, 서울대출판부, 2000.

중요한 요인으로 작용하기 때문에 작가가 지속적으로 또는 일반적으로 보여 온 관점이나 원리 등에 대한 정보는 읽기 과정에 실제적인 효용성을 지니고 작용할 것이다.

앞의 '권정생론'에서는 두 번째 단락이 여기에 해당하는데 이는 문학을 속성으로서 바라보는 관점과 상통한다.

(3) 논쟁 상대자로서의 작가(론)

작품을 읽는 일의 완성은 비평적 접근의 결과를 이끌어내는 일일 것이다. 비평적 에세이라 부를 수 있는 텍스트의 산출 등은 그 한 예이다. 그런데 이런 읽기 활동은 작품에 대한 비판적이고 논리적인 접근을 필요로 하는 일종의 논쟁적 성격을 띤다. 그렇지만 작가와 논쟁 상대로 선다는 일은 쉽지 않다. 독자들의 입장에서 주어진 작품에 대해 이렇게 접근해 가는 일이 쉽지 않은 것이다. 특히 정전으로 성격화되는 작품들을 대하는 입장은 더욱 용이하지 않다.

따라서 이 단계에서는 평가의 성격을 띤 분석 내용들이 제시될 필요가 있다. 아직 미성숙한 학생 독자들로서는 일단 조력자의 도움을 얻어 접근의 통로를 마련하는 일이 필요하다. 작가가 텍스트를 생산하듯 독자도 비평 텍스트의 생산자로 활동하게 하기 위해서다. 기존의 비평 텍스트들을 참조하여 작성하여 제시할 필요가 있는데, 다양한 텍스트들 중에서 해당 작품과 연관되는 내용으로 집중화시킬 필요가 있다. 위 '권정생론'에서는 마지막 단락이 여기에 해당하며, 이는 문학을 활동으로서 바라보는 관점과 상통한다.

그리고 위 '권정생론'에서 마지막에 제시한 자료는 위 세 단계에 모두 해당하는 자료로서의 의미를 지닌다.

활동의 방법

「메밀꽃 필 무렵」 수용 활동 돌아보기

1. 문제제기

이 논의는 문학교육의 궁극적이거나 잠정적인 목표를 어디에 두어야 할 것인가에 대한 질문으로부터 출발하게 된다. 수용자인 학생들과 직접적인 접촉을 통해 구체적인 향유활동을 이끌어내는 일은 교사의 몫이지만 그 방향을 어떻게 설정하느냐는, 현재의 교육환경에서는 비 교사들의 몫이다. 그리고 그 구체적인 모습은 교과서로 나타나게 된다.

교과서의 현장 구속력이 어느 정도인지에 대해서는 명시적으로 말하기 어렵다. 그러나 수업과 인식의 출발이 교과서라는 점에서는 그 영향력을 짐작할 수 있을 것이다. 한 예로, 최근 북핵 문제와 관련하여 대학생들을 대상으로 한 '한국 전쟁에 대한 대학인들의 의식 조사' 결과에서 교과서의 영향은 매우 강하게 드러나고 있음을 확인할 수 있었다. 특히 교과서 속의 문학작품을 통해 얻게 된 한국전쟁에 대한 의식이 전반적인 영향 요소였다는 점이 그같은 사실을 잘 말해 준다.[1]

교과서를 논의의 대상으로 삼게 될 때의 초점은 교육의 결과를 가정한 목표의 설정에 놓여야 할 것이다. 과연 문학교육을 받은 학생들이 어떤 모습으로 나아가기를 원하는가, 그리고 어떤 결과를 보이는가를 논의해야 할 것이다. 현재의 현실에서 거의 대부분의 사회구성원이 받는 문학교육은 고등학교 수업이 끝인 경우가 일반적이다. 삶에서 훨씬 많은 비중을 차지하는 고등학교 시절 이후에는 문학교육이 존재하지 않는다고 봐야 할 것이다. 이는 역설적으로 고등학교까지의 문학교육의 중요성을 말해주는 대목이기도 하다. 그들이 중·고등학교에서 무슨 작품을 통해 무엇을 생각하게 되었느냐가 문학 향유자로서의 존재성을 결정하게 되는 셈이다.

현재의 문학교육의 결과는 과연 어떻게 평가될 수 있을 것인가를 생각해 보게 된다. 대학에서 교양강좌를 통해 문학 수업을 하다보면 대학인들이 지닌 문학 능력이 매우 저조한 데에 대해 놀라게 된다. 인문대학 몇 개 학과, 특정한 몇몇 학생을 제외하고는 중·고등학교까지의 문학교육에 대해 회의적인 시각을 보이지 않을 수 없는 상황을 맞게 된다. 물론 자책과 반성이 밑바탕을 이룬 시각이다. 문학 작품의 주체적인 수용에 다가가지 않더라도 문학현상에 대한 생산적인 접근 통로를 갖지 못하고 있다는 사실이 부각된다. 많은 학생들이 자신에게 주어진 '새로운 소설', 즉 교과서에서 배운 소설들과는 여러 면에선 다른 작품을 읽고 스토리 라인 정도를 충분하게 설명하기도 어려워한다. 어떤 작가에 대한, 문학사적 현상에 대한 진술도 띄엄띄엄,

1 졸고, 「한국 현대소설에서의 전쟁의 형상화 방식 - 교육적 지평을 위한 접근」, 한성대학교 전쟁과 평화연구소 8차 콜로키엄. 2006. 10.
4개 대학의 학생 100여명을 대상으로 이루어진 조사 결과에서 많은 학생들은 한국 전쟁에 대한 인식의 원천으로 대부분 교과서 속의 소설 작품을 들었다. 그들이 제시한 작품들은 다음 순이었다.
학마을 사람들, 오발탄, 수난이대, 장마, 태백산맥(교과서 외), 엄마의 말뚝, 학, 광장, 유예.

단편적으로 해낸다.

문학교육의 목표에 대해 필자는 오랫동안 '이상적인 독자로서의 성장'에 두어야 한다고 주장해 왔다.[2] 그런데 이상적인 독자로서의 모습을 개별적인 문학 능력의 함양이라는 맥락에서만 바라게 될 때, 불특정 텍스트로 주어지는 문학 작품을 자신의 능력으로 생산적인 수용을 할 수 있게만 할 수 있다면 한 작품에 대한 교육의 내용은 그리 크게 문제가 되지 않을 것이다. 그렇지만 이상적 독자의 요건으로, 한 사회의 구성원으로서 갖추어야 하는 공동체적 자질의 하나로 함양해야 할 문화적 소양을 설정하게 된다면, 문화적 소양의 일부를 이루게 되는 문학 현상에 대한 '집단적 · 제도적 경험'의 최대치를 제공하게 될 문학교육의 내용 설정은 매우 신중하게 이루어져야 할 것이다.

문학교육에서 교과서가 지니는 일차적인 의미는 문학 현상에 대한 '선험적 인식'을 준다는데 있을 것이다. 교과서에 실린 작품과 작가는 거의 무의식적으로 대표성이나 규범성을 얻게 된다. 그리고 교과서에서 배우게 되는 특정 작품에 대한 '강렬한 인상'은 고스란히 평생의 문학관으로 자리 잡게 된다. 초등학교 때부터 운명적으로 맞이하게 되는 '사적 독서'를 통해서보다는 학교에서 교과서를 통해 이루어지는 '공적 독서'가 더욱 강력한 영향을 미치게 된다고 보는 입장에서는 교과서의 의미는 보다 강화된다. 교과서에 제시된 목표나 활동 하나 하나는 잠재적이라 할지라도 한 학생에게는 평생의 감수성이 되기도 하고 인식의 통로가 되기도 한다. 그래서 교과서의 작품 선택이나 접근 방향 설정, 지식의 진술 등은 고도의 정제과정을 거쳐야 할 것이다.

새로운 교과과정이 마련되고 다시 교과서가 편찬되게 되는 시점이 되었다. 짧게는 5~6년 동안 길게는 십 수 년 간 수많은 학생들에게

---

2 졸저, 『문학연구와 문학교육』, 한성대학교 출판부, 2004.

'문학'에 이르는 길을 제시하고 문학적 인식의 토대를 제공해 줄 역할을 담당할 교과서들이 다시 편찬되게 된다. 이번 기획 주제가 이러한 시점을 고려한 결과일 것이라는 판단에서 이 논문의 방향이 설정되었다. 이 글에서 7차 검인정 문학 교과서들의 검토를 통해 주어진 주제를 해결해 보려한 것은 자기반성과 함께 문제의 공유를 제안하기 위해서이다.[3]

교과서의 내용에 대한 문제제기가 지속적으로 이루어지거나, 그 타당성에 대한 의문이 이어지는 것은, 교육과정안이 확정 고시된 연후 그에 따른 교과서를 편찬할 수 있는 물리적 시간이 매우 한정적이라는 제도적인 탓도 있겠지만, 본질적으로는 연구자들이나 편찬자들의 탓이라고 할 수 있기 때문이다. 특히 문학교과서에서 다루게 되는 작품에 대한 접근이 과연 타당하고 적절한 지에 대한 충분한 검토와 논의 없이 기술되는 경우가 많지 않은가 하는 우려의 목소리에 귀를 기울여야 할 것이다.

필자는 '교과서 비평'이라는 용어를 사용한 바 있다. 교과서를 편찬하는 과정에서 작품에 접근할 때는 일반적인 문학연구나 비평과는 사뭇 다른 접근법이 필요함을 말한 대목이다. 물론 편찬자의 관점이나 철학이 반영된 접근이라는 점에서 비평으로서의 일반적 성격도 지녀야 한다. 하지만 앞서 설명한 맥락에서 볼 때 경계하거나 주의를 기울여야 할 요소들이 많다. 지나치게 편찬자들의 주관적 관점이나 접근법이 작용하는 경우도 있을 것이고, 교과서의 속성 상 드러날 수밖에

3 새로운 교육과정의 성격이나 방향에 대한 다양한 제언들을 통해 문제의식의 단초를 얻을 수 있었다.
우한용, 「문학교육과정 개정의 방향 탐색」, 『문학교육학』 21호, 2006.8.
김중신, 「서사 장르의 교육과정 개정에 관한 한 제언」, 『문학교육학』 21호, 2006.8.

없는 서술 상의 문제도 있을 것이다. 이 글에서는 주로 후자의 경우를 다루고자 한다.

이 글은 궁극적으로 교과서 서술 상의 보편적인 문제를 들추어 그 문제의식을 공유하자는데 초점을 두고자 하였다. 서술 상의 보편적인 문제들이 대개는 편찬의 시간 부족이라는 제도상의 맹점에서 비롯되는 것임에도 불구하고 편찬자들의 문제에 대한 인식만으로도 해결될 수 있는 성격의 것들이라 보기 때문이다. 특히 교과서들에서 자주 접하게 되는 '자동기술법(自動記述法)'[4]은 문제점의 공유만으로도 해결될 수 있다는 점에서 대표적 사례가 될 것이다. 그래서 이 글의 주된 내용을 교과서의 기술 내용에서 발견할 수 있는 접근 방식과 기술 방식에서 드러나는 '보편적 문제의 구체적 사례 제시'에 두게 된 것이다. 그러다보니 문제의 해결과 그에 이어지는 대안 제시는 시도하지 않았다. 작품에 대한 최종적인 기술 내용은 편찬자의 고유한 몫이라고 보기 때문이다.

논의할 대상 작품으로는 이효석의 「메밀꽃 필 무렵」을 선택했다. 「광장」「동백꽃」 「비오는 날」과 더불어 가장 많이 수록된 작품이며, 일반인들이 가장 많이 기억하는 작품 중의 하나임이 우선적으로 고려되었다.[5] 강한 영향력을 행사해 왔고, 행사할 것으로 보이는 작품이기에 '어떻게 다룰 것인가'를 살피는데 도움이 될 것이다.

---

4 이 용어는 필자가 편의적으로 끌어다 쓴 것이다. 교과서를 편찬할 때, 매 단원에서 반복적으로 이루어지는 일련의 서술 내용들이 거의 자동화된 형식, 어법, 구조, 어휘 등을 통해 이루어진다고 보이기에 이 용어를 사용했다. 작품의 개괄적인 소개, 줄거리 소개, 작자 소개 등에서 특히 잘 드러난다.

5 2002년 상반기에 검정을 통과한 교과서를 기준으로 삼을 때 「광장」과 「메밀꽃 필 무렵」이 5권에, 「비 오는 날」, 「동백꽃」이 4권에 실려 있다.

2. 어떤 단원에 속해 있고, 어떻게 도입하고 이끌고 있는가?

「메밀꽃 필 무렵」을 본 제재로 다룬 교과서로는 다음 A-E의 다섯 종을 들 수 있는데, F는 참고로 살폈다.[6] 각 교과서들이 제재를 다룬 1차적인 방향은 단원명에서 드러나게 되며 수용의 측면에서 다룬 경우가 창작의 측면에서 다룬 경우보다 우세한 편이다. 이러한 방향설정에 대해서는 교과서 고유의 몫이므로 문제를 지적할 대목은 아니다. 발표자가 관심을 가지고 살펴 본 대목은, 이 작품을 창작활동과 관련하여 설정된 단원에서 제재로 삼는 경우와, 배경이라는 측면에 초점을 맞춘 경우이다.

해당 교과서	단원
A	소설의 형식과 표현
B	문학의 창조적 재구성
C	문학 작품의 창작
D	소설의 배경과 사건
E	인물과 배경
F	문학의 갈래

6 서술의 편의를 위해 A-F로 표기하고자 한다. 각 교과서의 대표 저자와 출판사는 다음과 같다.
A: 박경신 외 - 금성출판사
B: 오세영 외 - 대한교과서
C: 권영민 - 지학사
D: 최웅 외 - 청문각
E: 김병국 외 - 케이스
F: 홍신선 외 - 천재교육

그런데 이 작품이 특별히 학생들의 창작활동 수업과 관련하여 어떤 미덕을 지니고 있는지에 대한 설득력 있는 근거가 없이 해당 단원에 배치한 것으로 보인다는 생각을 떨쳐 버리기 어렵다. '창작을 염두에 두고 작품을 감상'한다거나 '소설 창작의 원리를 이해하고 실제로 창작해'보는 것은 굳이 이 작품이 아니라도 가능한 목표이기 때문이다. 물론 단원에 적절한 제재란 딱 맞아 떨어지는 경우가 거의 없다. 그러나 그같은 접근이 가능한 근거를 최대한 확보하려는 노력 없이 주어진 작품을 단원에 맞추어 나가는 일은 피해야 할 일이다. 처음부터 창작의 원리는 무엇인데 어떤 작품에서 이런 원리들이 가장 잘 드러나고 있는지를 체계적으로 탐색해야 할 것이라 본다. 그렇지만 교과서들을 살피다보면 대체로 적절한 것으로 보이는 작품을 그 단원에 배치하고 그 작품으로부터 원리를 이끌어 낸 것은 아닌지 하는 의구심을 떨쳐버리기 어렵다. 그러다보니 그 원리 학습이 비체계적으로 이루어지게 된다. 단원과 제재의 선택이 정말 최적인지에 대한 심도 있는 논의가 편찬과정에서 필요할 것이다.

다음에는 각 교과서에서 이 작품을 도입하는 맥락을 살펴보도록 하자. 논의의 편의를 위해 해당 내용들을 인용해 보도록 한다.

〈A〉

메밀꽃이 하얗게 핀 강원도 산골의 달밤이라는 환상적인 배경 위에 어느 장돌뱅이의 잊을 수 없는 아릿한 추억이 크레파스 그림처럼 겹쳐진 낭만적인 이야기이다.

메밀꽃에 하얗게 핀 강원도 산골의 달밤을 배경으로 부자의 기구한 인연을 전지적 작가 시점으로 그린 이 작품은 인생을 자연에 융화시킨 예술성과 부드러우면서도 강단 있는 문체가 잘 조화된 낭만적 경향의 작품이다.

〈B〉

'메밀꽃 필 무렵'은 어느 장돌뱅이의 사랑과 인연을 서정적인 문체와 감각적이고 비유적인 묘사로 형상화한 작품이다. 토속적인 정취와 그윽한 향토미 속에 드러나고 있는 우리 민족의 전통적인 인생관과 운명관을 살펴보도록 하자. 또한 뚜렷한 결말을 제시하지 않은 작품의 결말을 여러 가지 방법으로 새롭게 재구성해보자.

〈C〉

이 작품은 강원도 산골을 배경으로 장돌뱅이 허생원의 순박한 삶을 그려 낸 소설이다.

〈D〉

'메밀꽃 필 무렵'은 공간적 배경이 직접 작품 주제에 관여한 점이 특징이다. 이 작품 전체의 공간적 배경은 강원도 땅 봉평에서 대화에 이르는 팔십 리의 밤길로, 이 밤길은 떠돌이인 유랑객들에겐 정신의 고향이자 안식처인 것이다. 푸른 달빛에 젖은 메밀꽃이 깨알깨알 흐드러지게 피어 있는 밤길이 아름답고 낭만적인 자연이야말로 그들에게 꿈과 같은 환상의 세계이면서 동시에 현실의 세계이다.

이러한 진술들에서 눈에 띄는 것은 '환상적' '낭만적' 등의 용어이다. 그런데 이 용어들의 내포적 의미가 교과서마다 다르게 쓰이고 있을뿐더러 서로 배치되기까지 한다. 말하자면 내포적 의미도 분명하지 않고 논리적일 수 없는 개념을 사용하여 작품을 설명하고 있다. 그것도 단원의 첫머리에서 접근의 방향과 태도를 결정하는 맥락에서 사용하고 있다는 점에서 문제적인 부분이라 아니할 수 없다. 요즘 같은 문화적 환경에서 학생들은 말 그대로 환상적이고 낭만적인 세계를 바탕으로 생산된 애니메이션이나 게임 등에 익숙해 있을 터인데, 이 작품을 낭만적이고 환상적인 이야기의 형상화라고 설명할 때 어떤 혼란을 겪게 될지 염려스럽기도 하다.[7]

작품에 대한 접근의 초입에 해당하는 도입 부분에서는 '사실적인 정보 + 방향 제시' 정도가 서술 내용으로 적절하리라 본다. 작품에 대한 가치의 형성은 학생들의 활동의 결과로 미루고 최소한의 정보와 활동의 방향을 제시하는 것이 어떨까 싶다. 위의 인용 부분 중 〈C〉의 내용은 경우에 따라 사실적인 정보로 구성된 것이라 할 수 있겠지만 '순박한 삶'이라는 표현에 상당히 비중 있는 가치가 개입되어 있다고 할 수 있다. 물론 '낭만적'이라든가 '환상적' 같은 용어와는 다르겠지만 도입 부분에서 기술한 내용으로는 적절치 않다고 본다. '순박하다'는 규정이 된 마당에 등장인물들의 삶에 대한 다양한 접근이 가능하겠는지 생각해 보면 그렇다.

'환상적'이고 '자연적'이고 '낭만적'인 배경이라 설명하고 나서 "이 작품의 배경이 어떤 특성을 지니고 있는지 이야기해 보자"라는 활동은 그리 생산적으로 보이지 않는다. 또한 교과서 어디에도 개념에 대한 설명이 없는 상태에서 학생들에게 단순한 '인상적 지식'으로 남게

---

7 『국어교육학사전』에서는 '낭만성'에 대해 다음과 같이 설명하고 있다. 그 내용을 참조하더라도 교과서 상의 '낭만적'이라는 용어의 내포적 의미는 여전히 불확실하다.

"(전략) 낭만주의는 무질서와 부조화를 승인하였다. 또한 비합리적 사고와 환상적 사유를 인정하였다. 또한 비합리적 사고와 환상적 사유를 인정하였다. 지성적 세계 인식보다는 감성적 세계 인식을 선호하였으며, 인간의 자유로운 상상력과 내면적 능력을 중시하였다."

서울대학교 국어교육연구소, 『국어교육학사전』, 대교출판, 1999, 163쪽.

될 용어를 사용하는 일도 그리 바람직스럽지 않은 것으로 보인다. '환상적'이나 '낭만적' 등이 쓰인 자리에 어울릴만한 개념을 찾는 일이 결국은 학생들의 활동이 아닐지 생각해 보게 된다.

한편 다음의 경우는 학습 목표와 같은 맥락에서 수용 방향을 제시하고 있는데 그 내용은 다음과 같다.

〈A〉

자연의 아름다운 배경과 순박한 인간상이 어떻게 조화를 이루는지 주의하면서 작품의 분위기에 젖어 보자.

〈E〉

작가의 고향인 봉평을 무대로 메밀꽃이 하얗게 핀 여름밤의 자연 속에서 인간과 자연이 혼연일체를 이루는 신비스러운 삶의 모습을 보여주는 작품이다. 자연적 배경을 중심으로 작품을 읽어보자.

이와 같은 내용들은 다른 교과서에서도 비슷한 맥락으로 드러나고 있는데 학생들에게는 매우 추상적인 접근을 요구하고 있다는 인상을 받게 된다. "좋은 작품이기는 한데 어떻게 읽혀야 할지?"라는 고민의 일단이 드러나는 대목으로 판단된다. '분위기에 젖는다.'는 표현이나 '배경을 중심으로 읽는다.'는 말이 구체적으로 의미하는 바를 찾기란 쉽지 않다.

이러한 기술 내용들의 전제는 우리가 흔히 이 작품의 특징적인 부분이라 보는, 메밀꽃 핀 산길을 묘사하는 대목이 작품의 구조나 주제에 필연적인 요소로 작용하고 있다는 판단일 것이다. 그렇지 않다면 이러한 활동들은 무의미하게 될 것이다. 그러나 이 작품에서 해당 대목은 허생원이 자신의 이야기를 하기에 '제격'인 분위기를 연출해줄 따름이다. 그리고 그 이야기란 이미 조선달은 너무나 익숙해져서 별다른 감흥도 없다. 다만 처음 동행하는 동이에게 들려주는 이야기를 그 '길'에서 하는 것일 뿐이다.

그 표현의 필요성을 우선 인정하고 살핀다 하더라도, '산 길'보다는 좀더 의미있는 공간이라 할 수 있을 '개울'은 그렇지만 '아름다운' 자연으로 보기에는 적절치 않아 보인다. 그렇기에 위의 활동들은 그리 구체적이고 적절한 것으로 보이지 않는다. 전제가 흔들리기 때문이다. 이런 맥락들은 교과서 서술이 '자동기술법'에 의해 이루어지는 것은 아닌가 하는 의구심을 낳게 해준다. '메밀꽃 핀 산길 = 아름다운 자연 = 배경과 인간의 조화' 라는, 우리 고전 시가를 통해 익히 학습해 온 등식이 충실히 작용하고 있는 것으로 읽힌다.

3. 무엇을, 어떻게 분석하고 있는가?

단원 및 도입, 그리고 접근 방향 제시에서 드러나는 문제점들은 대체로 본문 학습이나 학습활동을 통해서도 드러나게 된다. 이제 구체적으로 그 양상들을 살펴보도록 한다. 해당 교과서들을 살피면서 떠오르는 문제들을 다음 몇 가지로 나눠 보았다.

1) 사건은 하나인가? 두 개인가?

교과서에 따라 다르기는 하지만 이 작품을 통해 설명하는 '사건'의 양상은 상당한 편차를 보이고 때로는 혼란스럽기도 한다. 이는 서사 양식에 대한 가장 기본적인 원리 학습이라는 점에서 검토를 요하는 부분이기도 하다. 그 해당 맥락을 예를 들면 다음과 같다.

〈A〉

이 작품은 두 개의 사건을 축으로 하고, 그 두 축이 씨줄과 날줄처럼 서로 교차하면서 이야기가 진행된다. 그 하나는 허생원이 회상하는 과거의 추억이고 또 하나는 등장인물들이 봉평장에서 대화장으로 옮겨가는 과정과 관련된 현재의 사건이다. 그리고 그 두 축을 결합시키는 것이 메밀꽃이 흐드러지게 핀 달밤이라는 배경인 것이다. 작가는 전자를 통하여 인간의 근원적인 유랑의 삶을 보여 주고자 하였으며, 후자를 통해서는 인간의 혈육에 대한 정을 부각시키고자 하였다.

〈B〉

이 작품에서 사건은 시간의 흐름과 공간의 이동에 따라 교묘하고 치밀하게 구성되어 있다. 기법상 평면적 시간의 흐름을 골격으로 하고, 역순행적인 과거 시간을 끼워 놓은 구성 방법을 취하고 있다.

이러한 진술들은 학생들에게 소설의 '사건'에 대한 오해를 불러일으킬 가능성이 크다. 우선 이 작품에서 사건이 '두 개'라는 대목이 문제시 될 수 있다. 구조나 플롯 등의 개념의 도움없이 '사건'이 사용되다 보니 '이야기' '구성' 등과 섞여 개념이 불분명하게 잡힐 개연성이 크다. 학생들의 입장에서는 '작은 사건들이 모여 소설을 이루어낸다'고 생각할 수도 있고, '여러 요소들이 모여 사건을 만들고 그것이 진행되어 어떤 결론에 이르는 것'이라 이해할 수도 있다. 그러나 이러한 체계에 대해 판단할 수 있는 사전 정보 없이 다양한 층위에서 '사건'이라는 용어를 사용한다면 학생들이 얻게 될 교육적 결과는 그리 바람직스럽지 않을 것이다.

또한 예로 든 〈A〉와 〈B〉 사이에도 사건에 대한 정의가 상당한 거리감을 보여주고 있듯이 기본적인 원리에 대한 교과서 간의 편차도 고려의 대상이 된다.[8] 교과서 편찬자들의 관점이나 해석으로 보기에는 너무 원리적인 것이기에 보다 심도있는 접근이 요구된다. 적어도 교과서를 편찬하기 이전에 주요한 원리적인 개념이나 용어에 대한 충분한 논의를 통해 의미규정이 이루어진 상태에서 교과서 편찬이 이루어지게 된다면 교과서 간의 편차는 오히려 줄어들 것이라 판단된다. 충분한 논의를 거친다면 적어도 교과서를 통해 학생들에게 가르칠 내용은 자연스럽게 한, 두 이론으로 수렴될 가능성이 크다고 보기 때문이다.

2) 배경은 과연 주제인가?

대부분의 교과서에서 이 작품의 핵심 요소로 '배경'을 들고 있다. 그 대표적인 내용을 들어보면 다음과 같다.

〈A〉

이 작품의 핵심적 모티프는 '혈육 찾기'라 할 수 있는데, 이는 작품의 배경과 밀접한 관계를 맺고 있다. 이 작품의 배경은 시간적으로는 여름날 달밤이며, 공간적으로는 산길이다. 달밤이라는 서정적인 분위기는 인간의 본연적인 애정을 부각시켜 주는 역할을 하며, 산길은 삶의 역정을 암시하는 동시에 허생원과 동이가 육친으로서의 따뜻한 정을 느끼게 하

8 소설에서 사건을 분리해서 설명하는 일은 그리 간단하지도 않고 일정하지도 않다. 다만 한 서술 체계 내에서 일관성을 지니고, 관련 정보들이 제공된 상태에서 사용된다면 그 이해 결과가 '응용 가능한 지식'으로 남을 수 있을 것이다. 필자는 개인적으로는 학생들에게 제공할 수 있는, '사건이란 무엇인가'라는 것과 같은 기본적인 지식은 교과서 편찬자나 교사가 최대한의 공분모를 지닌 상태에서 학생들에게 제공할 수 있어야 한다고 본다. 문학교육학 연구자들이 당당해야할 중요한 몫이라 생각한다.

는 역할을 한다.

이 작품의 가장 큰 장점은 줄거리나 구성보다 배경 묘사에 중점을 둠으로써 배경 자체가 사건이 일어나는 장소나 시간을 제시하는 본래 기능뿐만 아니라, 작품의 분위기 형성과 사건의 진행이나 주제 형성에 적극적으로 기여하게 한다. 그리고 대화 중심의 진행과 암시와 추리의 기법을 통해 주제를 간접적으로 부각시킨 구성, 지명을 반복하여 사용함으로써 인물의 의식과 감정을 고조시켜 나가는 전개방식도 특이하다.

〈B〉

이 작품에서 공간적 배경은 매우 중요하다. 달이 비치는 메밀밭, 장꾼들이 이동하는 강원도의 산길, 고개, 개울, 벌판, 그리고 해가 기울 무렵부터 달이 기울 때까지의 분위기 등은 순박한 인물들과 조화를 이루어 서정성 짙은 소설을 만들어 내고 있다. 특히 푸른 달빛에 젖은 메밀꽃이 흐드러지게 핀 광경이야말로 현실의 세계이면서도 환상을 자아내기에 충분하다.

〈E〉

이 작품은 사건이나 인물보다는 배경이 중요한 역할을 하는 특이한 작품이다. 봉평 장터에서 대화로 가는 길의 달빛과 메밀꽃은 한 폭의 산수화를 연상시킨다. 이러한 공간적 배경은 자연과 인간의 친화를 의미하는 낭만적 공간이다. 늙은 나귀에 대한 묘사를 통해 허생원의 성격을 암시한 것에도 이러한 특징적인 묘사 방식이 드러난다.

이 작품의 시간적 배경은 현재의 일상적인 시간이지만, 허생원의 과거, 동이와 그의 어머니의 과거가 교묘하게 삽입된다. 공간적 배경은 강원도 봉평 장터와 봉평에서 대화에 이르는 메밀꽃이 흐드러진 달밤이다. 메밀꽃 핀 개울가는 단순한 자연적 정경에 그치는 배경이 아니라, '인생의 인연'을 상징하여 작품 주제와 직접 관련된다. 그리고 메밀꽃 핀 산길의 달밤은 낭만적인 자연 배경으로 허생원의 옛 이야기를 꺼내는데 효과적이다. 이런 낭만적인 배경은 작품의 주제를 애잔한 그리움으로 이끌어간다.

이들 내용에서 제기할 수 있는 것은 배경의 중요성을 그같이 강조하는 것이 타당하며 그것을 주제와 동일시하는 것이 가능한가하는 문제이다. 어느 측면으로는 배경의 지나친 강조는 작품의 의미를 축소시키는 결과도 낳을 수 있을 것이다. 배경 외에는 특별히 소설적으로 설명할 것이 없는 작품일 가능성이 크기 때문이다. '특이한 작품'이라고 까지 설명하게 되는 맥락이 그 한 예이다.

그러나 어느 소설에서도 배경은 한 구성 요소에 불과하며 본령은 될 수 없다. 분명 이 소설의 스토리 라인에서도 배경의 역할을 그리 과중해 보이지 않는다. 성서방네 처녀와 허생원이 연을 맺은 것도 배경 때문일 수 없다. 산길은 여정 중의 한 과정일 따름이다. 학생들의 입장에서는 이 작품이 자꾸 특이한 작품으로 남을 가능성이 크고, 그 결과 소설에 대한 학습 결과는 예기치 않은 방향으로 흐를 개연성이 크다.

교과서에서는 작품이 지닌 특수성보다는 보편성의 측면에 중점을 두어야 한다고 생각한다. 예를 들어 이 작품에서의 배경을 '길'로 보고 그 '길'이 지니는 성격에 주목하여 '여로 형식'의 측면에서 접근하는 것이 형식에 대한 이해, 메시지 창출을 위한 장치 등에 대한 이해라는 면에서 더 생산적이리라 판단된다. 그렇데 판단한 근거는 '여로 형식'은 하나의 특수한 장치가 아니라 소설이라는 양식이 보여준 다양한 형식 중에서도 가장 대표적인 것이라 보기 때문이다.

여행을 떠나 '길' 위에서 벌어지거나 겪은 일들을 이야기하다보면 자연스럽게 '구성'이 이루어지게 되는 방식은, '변형담'이나 피카레스크 소설 군에서 확인할 수 있듯이 소설이 발생하고 발전하는 초기 단계에서부터 가장 흔하게 사용되는 방법이었다. 근대와 현대에 들어와서도 '자아의 탐색'이나 '세계의 발견' 등의 주제를 구현하기에 적절한 장치로 지속적인 재생산이 되던 방식으로 인식되어 왔다. 이런 측면에서 여로 형식의 측면에서 설명해 들어가는 맥락이 보다 생산적이고 보편적이지 않겠느냐는 판단을 하게 된다.

3) 생원과 처녀는 사랑하는 사이였는가?

대부분의 교과서에서는 허생원과 성서방네 처녀 사이의 사랑에 대해 이야기 하고 있다. 다음 경우가 대표적이다.

〈E〉

작가는 짧았던 순간이나마 한 여성을 사랑하고 그것을 평생 잊지 못하는 허생원의 모습을 제시하여, 삶의 근원적인 가치가 사랑에 있음을 말하고 있다. 이 작품에는 허생원과 성서방네 처녀의 이야기, 동이와 어머니의 이야기, 허생원과 동이가 나란히 길을 걷고 있는 현재의 상황이 복합적으로 진행되고 있다. 이같은 과거와 현재의 사건 연결은 허생원과 동이의 관계를 암시하는 복선으로 제시된다. 그러나 작가는 그것을 암시하는 데에 그친다. 사건을 낱낱이 보여주는 것보다는 독자 스스로 짐작하게 함으로써 여운있는 결말을 짓고 있다.

〈F〉

허생원을 중심으로 한 장돌뱅이의 사랑와 애환을 그리고 있다. 그러한 주제가 달빛과 메밀밭이 이루어내는 서정적 분위기에 의해 더욱 잘 전달된다. 특히 이 작품의 초입에 보여지는 달빛에 젖은 메밀밭의 풍경 묘사는 작가의 미적 감각을 잘 드러내 준다.

작품에 나타난 상황을 통해 볼 때 허생원과 성서방네 처녀가 사랑하는 사이였다 라든가 장돌뱅이의 사랑을 그리고 있다는 식의 진술은 수긍하기 어렵다. 그 둘의 만남은 지극히 우연적인, 하룻밤의 일이다. 두 사람 중 어느 쪽도 둘의 관계를 위해 노력한 흔적은 보이지 않는다. 훗날을 위한 방책을 마련한 것도 아니고, 두 사람 모두 적극적으로 찾아 나섰다는 대목이 없다. 성서방네가 그 다음날 제천으로 줄행랑을 친 것은 다급한 사정 때문이었으니 미처 겨를이 없었다 하더라도, 둘이 사랑하는 사이였다면 연락 가능성을 열어 두었을 것이다. 허생원도 성서방네가 제천으로 갔다는 사실을 알면서도 제천 시장에 들르는 것이 아니라 추억의 봉평만 찾아다니는 모습을 보인다.

두 사람이 사랑했다는 식의 진술은 학생들에게 이 작품이 '사랑 이야기'라는, 선지식에 가까운 수용 양상을 유도하게 될 것이다. 장돌뱅이의 속성이나 '도주민'들의 상황 정도만 고려해도 이같은 진술은 쉽지 않을 것이다. '사랑 이야기'로서의 속성 규정은 이 소설에 담긴 삶에 대한 치밀한 접근을 원천봉쇄하는 역할을 하게 될 것이다.[9]

---

9 이 작품에서는 사실 '장돌뱅이'에 대한 역사적·사회적 정보도 상당히 중요하게 작용할 수 있다. '성서방네 처녀'와의 일을 둘러싼 맥락이나, 그 이후의 삶에 대한 이해가 필요하기 때문이다. 다음 자료들을 참조할 때 「메밀꽃 필무렵」은 당대 현실의 반영이라는 측면에서도 의미있는 접근이 가능하리라 본다.
박원선, 『보부상』(한국연구총서 16), 한국연구원, 1965.

4) 자연은 인간과 융합하고 있는가?

교과서들은 대체로 배경으로 거론된 메밀밭을 위시한 풍경과 나귀로 대표되는 동물을 자연으로 규정하고 그것들이 인간과 합일을 이루는 경지를 보여줌으로써 주제의식을 드러낸다고 보고 있다. 다음 예는 가장 전형적인 경우이다.

〈A〉

허생원과 나귀－나귀는 허생원과 정서적으로 융합하는 존재로 등장하고 있다. 나귀의 과거 내력이나 외모, 행동 양상이 허생원과 흡사하다. 나귀의 눈꼽 낀 눈은 나이 든 허생원의 모습을 대변한다. 암나귀를 보고 발광하는 늙은 나귀의 행동은 충주집을 찾아가는 허생원과 닮은 꼴이다. 강릉집 피마에게서 새끼를 본 것은 성서방네 처녀와 인연을 맺고 동이를 얻은 것과 유사하다. 이것은 자연과 인간의 합일이라는 작가의 주제 의식과 밀접한 관련을 맺고 있다.

나귀가 허생원과 정서적으로 융합한다는 설명은 그 의미가 쉽게 드러나지 않는다. 융합이라는 용어 자체가 낯설거니와 대변-유사로 이어지는 관계 규정도 논리적으로 보이지 않는다. 어디까지나 허생원이 중심이 되고 나귀는 그의 분신이거나 상징 정도로 형상화되고 있다. 이런 나귀를 자연의 대리물로 보고 인간과 자연의 합일을 이야기한다면 혼란을 야기하게 된다. 고전시가를 통해 인식해 왔던 자연합일이라는 개념과 상당 부분 배치될 가능성이 크기 때문이다.

대학생들이나 일반인들이 기억하는 「메밀꽃 필 무렵」에서 가장 인

김택준 편집, 『장돌뱅이 돈이 왜 구린지 알어?』, 뿌리깊은 나무, 1984.

상적으로 남아 있는 부분이 '허생원과 나귀의 관계'라고 하는 것을 듣게 되는데, 그런 만큼 보다 정확한 접근이 이루어져야 할 것이다. 체홉의 '비탄'에 나오는 늙은 마부와 말의 관계를 고려하게 되면 이러한 문제제기는 보다 구체적이 될 것이다.[10] 아주 냉정하게 이야기한다면 이 부분은 이효석의 독서체험에서 비롯된, 비교문학적 '영향'관계를 고스란히 보여주는 대목으로 설명할 수도 있기 때문이다.

5) 한국인의 운명관이 드러나고 있는가?

이 작품에 대한 풍부한 접근 내용에서 아마도 가장 곤혹스러운 부분은 이 작품이 한국인 또는 우리 민족의 전통적인 운명이나 인생관을 드러낸다는 진술이다. 다음 두 경우가 특히 직접적으로 그러한 진술을 하고 있다.

〈A〉

토속적인 정취와 그윽한 향토미 속에 드러나고 있는 우리 민족의 전통적인 인생관과 운명관을 살펴보도록 하자.

〈B〉

이 작품에서 작가는 길, 유랑인의 애수, 길을 장식하는 아름다운 대자연과 거기에 녹아드는 삶의 실상, 만남과 헤어짐, 그리고 그리움 등을 통해 한국인의 전통적인 운명관과 정서를 형상화하고 있다.

중 · 고등학교에서 문학교육을 받은 학생들이 대학에 와서 문학작

10 주종연, 「효석 소설의 원천에 대한 고찰」, 『이효석전집』 8, 창미사, 1983.

품과 관련된 보고서 등의글을 쓸 때 전가의 보도처럼 활용하는 내용들이 있다. '일제 강점기의 궁핍한 현실 속에서' '우리의 전통적인 정서를 표출하는' 등의 표현이 그것이다. 전자는 그렇다 치더라도 후자를 보는 입장은 씁쓸하다. 도대체 헤어짐이나 이별, 슬픔, 고난 등이 나오면 왜 전통적 정서와 연결되는가 라는 의구심 때문이다.

이 작품이 체홉의 소설을 비롯한 서구문학의 체험적 영향을 받은 것임을 굳이 밝히지 않더라도 '장돌뱅이 허생원'의 삶의 과정이나 정서가 우리의 전통적인 것이라고 할 어떠한 근거도 없다. 학생들이 배우게 되는 '전통과 인습'의 개념적 관계를 대입해 보면 그 타당성에 대한 의문이 보다 커지게 될 것이다.

6) 서정적 소설이란 무엇인가?

교과서들에서 발견하게 되는 위험한 용어 중의 하나가 바로 '서정적 소설' '시적 소설'이라는 용어이다. 그리고 이 용어들은 이렇게 사용되고 있다.

〈B〉 이 소설은 세련된 언어와 시적 분위기 속에서 낭만적 정서의 세계로 독자를 이끈다. 특히 허생원 일행이 달밤에 걸어가는 장면은 언어 예술의 한 진경(眞境)을 이룬다.

〈E〉 짐승 같은 달의 숨소리가 손에 잡힐 듯이 들리며, 콩포기와 옥수수 잎새가 한층 달에 푸르게 젖었다. 산허리는 온통 모밀밭이어서 피기 시작한 꽃이 소금을 뿌린 듯이 흐뭇한 달빛에 숨이 막힐 지경이다.

(예시답) '짐승같은 달의 숨소리'는 죽은 듯이 고요한 배경을 보여준

다. '콩포기와 옥수수 잎새가 한층 달에 푸르게 젖었다'는 표현은 푸른 달의 이미지를 선명히 보여준다. 또한 '소금을 뿌린듯이 흐뭇한 달빛'을 통해 메밀꽃을 부각시킨 표현도 시적(詩的)이다. 이런 의미에서 이 작품은 시적 소설, 서정적 소설이라는 평가를 받는다.

두 교과서의 예를 들 때 소설은 '장르'가 아니라 어떤 '표현 방식' 정도로 규정될 것이다. 서정이나 시는 서사나 소설과 대응되는 장르명일 터인데 두 개의 대비적인 장르가 형용 가능한 관계로 전화되어 있는 셈이다. 그것도 작품의 전반적인 경향이 아니라 어느 한 부분에 집중함으로써 가능해진 서술이라는 점에서 문제가 된다. 뒷부분에 주목하다보면 '극적 상황'을 보게 되는 데 그렇다면 '극적 소설'이라고도 해야 할 것이다. 언제부터인가, 누군가로부터 시작된 〈다〉 부분의 문체에 대한 영탄(詠嘆)이 지금까지 생명력을 이어내려 오고 있는 셈이다. 전체가 아닌 부분에 집중된 진술은 '문학교육의 방향성'과 관련해서 지양되어야 할 문제라 판단된다. 이 부분은 '시적인 정서나 분위기, 또는 시와 같이 감각적 표현이 주를 이루는 묘사가 인상적인 소설' 정도가 되어야 하지 않나 생각한다.[11]

7) 어떤 활동을 하게 하는가?

교과서에 주어진 활동은 학생들이 수행하면서 해당 작품에 대한 직접적 인식을 갖게 만든다는 점에서 그 의도와 목표, 방향성이, 실천적

---

11 이와 관련해서는 다음 자료 참조.
김동리, 「산문과 반산문」, 『이효석전집』 8, 창미사, 1983.
이상옥, 「이효석의 심미주의」, 『이효석전집』 8, 창미사, 1983.

가능성 등이 매우 중요하다. 무엇보다도 이 활동을 통해 학생들이 무엇을 생각하고 느끼게 할 것인가를 신중하게 고려해야 한다.

〈A〉

배경의 기능

o 봉평에서 대화장까지의 70리 밤길이라는 공간적 배경이 주제의 형상화에 어떻게 기여하고 있는지 그림 (가)를 참고로 말하여 보자. 또 만약에 배경을 그림 (나)나 (다)로 바꾼다면 이 작품의 주제와 어울리겠는지, 어울리지 않는다고 생각한다면 그 이유를 말하여 보자.

(가) (나) (다)

[가]는 허생원이 조선달에게 들려주고 있는 추억담이며, [나]는 [가]를 '보여주기'의 방법으로 바꾸어 쓴 것이다. 두 글을 읽고 주어진 활동을 해보자.

[가]

장 선 꼭 이런 날 밤이었네. 객줏집 토방이란 무더워서 잠이 들어야지. 밤중은 돼서 혼자 일어나 개울가에 목욕하러 나갔지. 봉평은 지금이나 그제나 마찬가지나 보이는 곳마다 모밀밭이어서 개울가가 어디 없이 하얀 꽃이야. 돌밭에 벗어도 좋을 것을, 달이 너무도 밝은 까닭에 옷을 벗으러 물방앗간으로 들어가지 않았나. 이상한 일도 많지. 거기서 난데없는 성서방네 처녀와 마주쳤단 말이네. 봉평서야 제일가는 일색이었지.(……) 날 기다린 것은 아니었으나 그렇다고 달리 기다리는 놈팽이가 있는 것두 아니었네. 처녀는 울고 있단 말야. 짐작은 대고 있었으나 성 서방네는 한창 어려워서 들고날 판인 때였지. 한집안 일이니 딸에겐들 걱정이 없을 리 있겠나. 좋은 데만 있으면 시집도 보내련만 시집은 죽어도 싫다지…… 그러나 처녀란 울 때같이 정을 끄는 때가 있을까. 처음에는 놀라기도 한 눈치였으나 걱정 있을 때는 누그러지기도 쉬운 듯해서 이럭저럭 이야기가 되었네…… 생각하면 무섭고도 기막힌 밤이었어."

[나]

"어휴 방이 너무 덥군. 잠을 잘 수가 없네."

허 생원은 밤중에 혼자 일어나 메밀꽃이 하얗게 핀 개울가로 내려갔다.

'오늘은 달이 왜 이렇게 밝담. 보름인가. 저기 물레방앗간이 보이는군. 게서 옷을 벗어야 겠군.'

물레방앗간으로 들어서던 허 생원은 사람이 있는 것으로 보고 놀라 발을 멈추었다.

"거기 누가 있소?"

하고 소리를 작게 하여 물었다.

"누, 누구세요?"

성 서방네 처녀는 깜짝 놀라 눈물을 닦으며 쪼그리고 앉아 몸을 잔뜩 움츠리고 경계하는 모습이었다.

"아가씨, 놀라지 말아요. 이렇게 한밤중에 혼자서 울고 있으니, 무슨 걱정이라도 있소?"

(1) [가]의 내용에 충실하게 [나]의 뒤를 이어 써보자.

(2) 동일한 사건을 내용으로 하는 [가]와 [나]의 차이점을 말하여 보자.

이 활동들을 보게 되면 다양하고 흥미 있는 활동도 중요하지만 작품 자체가 부정될 가능성에 대해 생각해 보게 된다. 앞의 활동의 경우 (나)와 (다)도 분명히 작품 내적 공간으로 배경으로서 기능하고 있는데, 그 같은 공간을 배경으로 삼는다면 주제가 달라질 것이라는 답변을 유도하고 있다. '달밤 메밀꽃 장면'에 주목하다 못해 거의 긴박당하고 있다는 느낌마저 갖게 하는 활동이다. 저자들의 입장에서는 소설의 요소에 대한 다양한 접근(이 단원명은 '소설의 형식과 표현'이다)도 중요하지만 적어도 작품을 형해화하는 일은 피해야 할 것이다.

두 번째 활동은 '보여주기'라는 용어가 문제가 된다. 같은 교과서의 다른 부분을 보면 보여주기와 설명하기에 대해 언급하고 있다, 물론 성격에 관해서다. 그런데 추억담의 한 상황을 '대화'로 만들면 '보여주기'가 되는 것인가? 왜 이런 활동을 해야 하는지 선뜻 이해가 되지 않는다. 그 결과에 대한 확신이 서지 않아서이다. 차라리 대화로 처리하는 과정을 통해 회상할 때의 (서술)시간문제와 대화로 처리할 때의 (서술)시간문제를 인식하게 하는 것이 더 중요하지 않을까 생각된다.

이 제재가 아니더라도 많은 교과서에서 만연에 가까울 정도로 양식 변용을 요구하는 활동이 설정되고 있는데, 그 목표가 불분명한 경우가 많다. 교과서에 실린 작품이 하나의 정전이 아니라 모델이라 하더라도 목표가 불분명한 양식 변용은 흥미유발이라는 차원을 넘어서기 어려울 것이다.

다음 예를 통해서도 하나의 문제를 발견하게 된다.

〈B〉 다음의 활동을 통해서 이 작품을 재구성해보자.

이 작품의 주제 의식을 현대인의 감수성에 맞추어 바꾼다면, 어떻게 바꿀 수 있겠는가?

(예시답) 이 작품에서는 남 · 녀간의 사랑이나 혈육의 정을 지나치게 운명적인 것으로 바라보고 있는데, 이러한 운명적인 태도를 현대인이 수용한다는 것은 어려운 일이다. 사랑의 상처는 새로운 사랑을 통해서 치유될 수 있고, 가족은 혈연을 떠나서도 형성될 수 있다. 그러므로 인간 본연의 애정의 소중함을 운명적인 태도로 드러내고 있는 이 소설의 주제 의식은 인간의 애정은 운명적인 것이 아니라 그때그때의 상황에 최선을 다할 때 얻어질 수 있는 것으로 바뀌어야 한다.

이 작품의 결말구조를 미완성이라 가정하고, 앞의 주제에 맞추어 이 작품의 결말을 300자 내외의 분량으로 보완해보자.

(예시답) 대화장을 마치고 제천으로 들어선 일생은 주막집 앞에서 헤어졌다. 조선달과 허생원은 주막에 봇짐을 풀고 동이는 어머니 집으로 간다고 나섰다. 허생원은 슬그머니 동이의 뒤를 따라가 동이가 들어간 집 울타리에 서서 안을 살펴 보았다. 이윽고 방문이 열리고 한 여인이 나왔다. 세월이 흘러 모습이 변했으나 분명히 잊지 못하던 성서방네 처녀였다. 허생원은 이끌리듯 마당으로 들어섰다. 성서방네 처녀는 누구인가 의아해 하는 눈치더니 이내 눈물을 훔치며,

"허생원님……" 하고 말을 잇지 못했다.

"자네가 그럼…… 동이 어미?" 그녀는 말없이 고개를 끄덕였다.

허생원은 동이가 자신처럼 왼손잡이 인 것이 핏줄을 닮은 탓이로구나 생각하니 마음이 벅차 올랐다. 혼자인 줄로만 알았던 자기 바로 곁에 자신의 피붙이가 있었던 것이었다. 허생원은 운명이 얄궂다는 생각을 하며 동이 어미의 손을 힘껏 쥐었다. 허생원을 이끌고 방문을 열면서 동이 어미는 떨리는 목소리로 말했다.

"동이야… 아버님 오셨다."

이 활동의 압권은 '동이야…… 아버님 오셨다'이다. 이 활동에서는 허생원과 성서방네 처녀, 동이 등의 관계를 '운명적인 것'이라 규정한 다음, 그것을 현대적인 것으로 바꿀 때는 '그때그때의 상황에 최선을 다하는 것'이라고 유도함으로써 활동으로서의 의미는 현저히 약화되게 된다. 물론 '현대인의 감수성'이라는 단서 차제부터 수긍하기 어려운 측면이 있다. 수많은 생각과 태도를 지닌 사람들이 하나의 생각을 가질 것으로 예단하는 결과를 낳고 있기 때문이다. 예시답으로 주어진 내용을 보더라도 이 같은 활동이 매우 부자연스러운 것으로 나타난다. 현대적인 감수성이 아니더라도, 주제를 바꾸지 않더라도 이어질 수 있는 내용이기 때문이다. 매우 비판적으로 본다면 이런 활동은 '재구성'이 아니라 '작품 다르게 보기'일 터인데, '재구성'으로 접근함으로써 오히려 작품을 잃게 되는 결과를 얻게 되는 것은 아닌지 우려가 된다.

또 다른 변용의 예를 보자.

〈D-1〉

다음은 '메밀꽃 필 무렵'의 일부분이다. 갈래의 속성이 잘 드러나도록 이를 시로 표현해보자.

이지러는 졌으나 보름을 가제 지난 달은 부드러운 빛을 흐붓이 흘리고 있다. 대화까지는 칠십 리의 밤길, 고개를 둘이나 넘고 개울을 하나 건너고 벌판과 산길을 걸어야 된다. 달은 지금 긴 산허리에 걸려 있다. 밤중을 지난 무렵인지 죽은 듯이 고요한 속에서 짐승 같은 달의 숨소리가 손에 잡힐 듯이 들리며, 콩포기와 옥수수 잎새가 한층 달에 푸르게 젖었다. 산허리는 온통 모밀밭이어서 피기 시작한 꽃이 소금을 뿌린 듯이 흐뭇한 달빛에 숨이 막힐 지경이다. 붉은 대궁이 향기같이 애잔하고 나귀들의 걸음도 시원하다. 길이 좁은 까닭에 세 사람은 나귀를 타고 외줄로 늘어섰다. 방울 소리가 시원스럽게 딸랑딸랑 모밀밭께로 흘러간다. 앞장선 허생원의 이야기 소리는 꽁무니에 선 동이에게는 확적히는 안 들렸으나, 그는 그대로 개운한 제 멋에 적적하지는 않았다.

(예시답) 부드러운 빛 흐뭇이 흘리는 달 아래
대화까지는 팔십 리 밤 길
죽은 듯한 고요 속 짐승 같은 달의 숨소리
푸르게 달 젖은 콩포기와 옥수수
소금을 뿌린 듯한 메밀밭은
흐뭇한 달빛에 숨이 막힌다
좁은 길 외줄로 늘어서 나귀 탄 세사람과
딸랑딸랑 방울소리 메밀밭께로 흘러간다.

앞에서 살펴 본 것처럼 이 소설을 시적인 것이나 서정적인 것으로 보려는 데서 온, 거의 자동화된 접근법이 가져 온 활동의 하나도 판단된다. 어떤 갈래의 일부를 갈래로 변용하는 일이 왜 필요한지를 충분히 경험할 수 없는 제한된 상황에서 이루어지는 활동은 의미를 갖기 어렵다. 여기에 주어진 활동을 통해 학생들이 소설의 한 속성에 대해 또는 시의 어떤 속성에 대해 알 수 있으리라는 기대를 하기 어렵다. 예시답에서 드러나는 바와 같이 어떤 상황을 '행구분'이라는 형식을 통해 다시 정리하고 있기 때문이다. 차라리 박목월의 시 '청노루'를 패러디 하여 이 부분을 '회화적'으로 표현해 보라는 것이 낫지 않을까 싶다. '청노루루'라는 시의 표현적 특성을 통해 소설의 묘사법, 이 소설의 문체적 특성을 보다 구체적으로 인식할 수 있을 것이기 때문이다.

8) 작가는 어떻게 소개하는가?

교과서들에는 예외 없이 작가에 대한 소개가 이루어지고 있다. 그런데 그 작가 소개의 내용이 무성격이다. 이 소개를 통해 학생들이 무엇을 얻어 가야 할지 쉬 잡히지 않는다.

〈A〉 소설가. 호는 가산(可山). 강원도 평창(平昌) 출생. 1928년 「도시와 유령」으로 문단에 나온 이후, 초기에는 경향문학을 발표하다가 점차 자연과 교감을 묘사한 서정적인 작품을 발표하였다. 주요 작품으로 「노령근해」, 「돈(豚)」, 「들」, 「산」, 「화분(花粉)」 등이 있다.

〈B〉: 호는 가산(可山). 동반작가로 데뷔하고 활동하다 구인회에 참여하여 순수 문학 경향의 향토색 짙은 작품을 발표하였으며, 작품에서는 자연과의 교감을 수필적인 필체로 유려하게 묘사하였다. 대표작으로는 '수탉', '들', '메밀꽃 필 무렵' 등이 있다.

〈C〉 소설가. 호는 가산(可山). 강원도 평창 출생. 경성제국대학 영문과 졸업. 1920년대 말부터 소설 창작을 시작하였다. 1932년 무렵부터 점차 향토색 색채가 강한 서정적인 작품을 썼으며, 구인회에 가담하여 창작활동에 전념했다. 단편 소설 '산', '돈', '개살구', '석류' 등과 장편소설 '화분' '벽공무한'이 있다.

〈D〉 호는 가산(可山). 강원도 평창 출생. 1928년 단편 〈도시와 유령〉을 발표하면서 문단 활동을 시작했으며, 한때는 동반자 작가의 입장에서 작품활동을 하다가 그 후 예술적 가치를 추구하는 순수 문학을 지향하였다.

〈E〉 소설가. 호는 가산, 강원도 평창 출생. 1928년 '도시와 유령'을 발표하여 데뷔했다. 초기에는 반도시적이면서 사회적 모순을 고발하는 동반자적 경향을 보이나 후기에는 유미적인 문학 경향으로 전향했다. 세련된 언어, 풍부한 어휘, 시적인 분위기로 산문 세계의 예술성을 승화시켰다는 평을 받는다. 대표작에 '분녀', '들', '돈' 등이 있다.

작가는 초기의 동반자적인 경향을 청산한 다음, 인간과 자연의 조화를 중시하는 서정적인 세계를 작품의 주제로 삼았다. 그 작품 세계는 매우 낭만적인 분위기를 띠고 있어서 현실적인 문제들은 의도적으로 배제되었다. 평생 힘겹게 장터를 떠도는 장돌뱅이 삶의 어려움을 작가는 서정적인 필체로 감춘 셈이다.

앞에서도 언급했듯이 학생들이 이 수업을 끝으로 '공적인 경험으로서의 문학 현상 수용'을 그만둔다고 할 때, 이후에 작용할 영향력은 매우 심대할 것이다. 그런데 대부분의 소개 내용이 '동반자적 경향에서 다른 경향으로의 변화'에 초점을 맞추고 있다. 매우 기계적인 수용이 이루어질 가능성이 큰 대목이다. 실제 대학생들이 기억하는 이효석은 대부분 여기에 머물고 있다. 정작 '동반자 작가'가 어떤 의미를 지니고, 그가 변모해간 양상이 무엇을 의미하는지에 대해서는 기억하거나 알지 못한다.

작가 소개는 구색 갖추기에 그치지 않고 단원명에 걸맞은 내용으로 구성하거나 문학사적 현상을 제시하는 장치로 활용될 수 있어야 할 것이라 본다. 이효석의 경우 교과서에서 다루는 초점이 '배경' '창작' 등에 있다면 그의 문학적 영향 관계, 이 작품의 창작과 관련된 사항들을 중심으로 그 내용을 구성함으로써 '작가 소개'의 정체성을 확보해 나가야 할 것이다.[12]

---

12 예를 들어 이 작품이 실화를 바탕으로 하고 있다는 주장들에 대한 고려도 필요할 것이다. 특히 창작의 측면에서 활용도가 높을 것이다. 이와 관련된 자료는 다음 참조.
자료조사연구실, 「'모밀꽃 필무렵'의 소재는 실화였다」, 『문학사상』 창간호, 1972.10.
김용성, 「'메밀꽃 필무렵'의 이효석」, 『한국현대문학사탐방』, 현암사, 1984.

매체 서사의 요소와 소설 읽기의 상호작용

1. 매체언어교육의 경향성

이번 기획주제의 하나인 문학교육과 매체언어문화의 접점을 찾기 위해서는 매체언어교육의 경향성을 살펴보는 일이 우선적으로 필요할 것이다. 그동안의 논의를 살피면 매체와 국어교육의 관계는 '매체언어교육'으로 수렴되는 경향을 보이는 것으로 판단된다. 다음은 그러한 논의들의 대표적인 논지가 드러나는 대목이다. 이 논의의 성격상 학교현장과 직접 연관성을 보이는 언급들을 선택하여 제시해 보기로 한다. 요약적 제시보다는 그대로 보이는 것이 본 논의의 전개상 필요하다는 판단에서 그대로 옮겨 본다. 각 논의들의 내용 체계에서 문학이 어떤 위상으로 드러나고 있는지에 주목하여 살펴 볼 필요가 있다.

> "매체언어교육은 매체 언어의 성격과 사회 · 문화적 맥락에 대한 이해를 바탕으로 다양한 매체 자료를 비판적으로 수용하고 창의적으로 생산하는 능력을 기른다. 나아가 매체를 통해 형성되는 사회적 의사소통에 주체적으로 참여하고 (중략) 미디어 교육은 교육과정 내용이나 범위 등

에서 진정한 통합의 정신을 살려야 하고, 미디어 현상과 현대인의 언어적, 인지적, 사회적, 문화적, 비판적 기능을 기르는 것과의 교육 내용의 상호성을 높여야 한다. (중략) 미디어 교육과정의 내용이 '미디어 현상'을 중심으로 전개되도록 한다는 것은 구체적으로 교육과정 내용상의 어떤 강조점을 가지는 것인가. 대략 다음과 같은 내용 범주를 상정해 볼 수 있다.

· 미디어 리터러시 입문하기(using media의 기본 리터러시 범주)
· 각종 미디어를 현상적(기능적)으로 경험하고 질적으로 이해하기
· 미디어 장르를 다양하게 경험하기(개별 장르의 수용과 내면화 범주)
· 미디어 장르 간(미디어 텍스트 간)의 다양한 상호텍스트성 경험하기
· 미디어 공간 안에서 소통의 주체가 되어 보기 및 경험 내면화하기
· 미디어의 작용을 메타적으로 이해하고 인식하기(개인적, 심리적 범주)
· 미디어의 사회·문화적 작용을 이해하고 비판하기(사회적, 문화적 범주)"[1]

이 논의는 미디어 리터러시를 중핵으로 삼고 미디어 현상의 수용과정을 내적 계열화를 통해 범주화하고 있어 패러다임의 가능태를 보여준다. 이 기획주제와 관련해서는 '미디어 장르 간의 다양한 상호텍스트성 경험하기' 범주를 유용하게 참조할 수 있었다. 하지만 문학교

1 여기에서 인용한 자료들은 〈2008 중등 국어과 심화단계 직무연수(제4기) 서울특별시 교육연수원 2008. 11〉에서 가져왔다. 연수과정은 가장 의미 있는 연구와 교육현장의 만남이 이루어지는 곳이라고 생각했기 때문이다.
박인기, 「매체언어교육의 이해」, 위의 책, 244~248쪽.

육의 맥락에서 접근할 수 있는 여지는 제한되어 있었다. '문학'과 '미디어 장르' 간에 개입되어 있는 거리감 때문이다. 매체언어교육이 제한적인 의미를 지니는 '매체'라는 현상적 대상을 중심으로 이루어지고 있으며 문학이라는 장르와의 교섭 양상에 대해서는 언급되어 있지 않다. 문학을 당연히 미디어 장르의 하나로 본다는 인식이 깔려 있다고 보기에는 어려움이 따르는 범주 설정이다.

다음 내용은 문학 장르와의 교섭양상이 드러나 있는 논의의 일부이다.

매체 텍스트의 성격 이해

- 매체의 사회적 기능에 따른 뉴스, 보도기사, 칼럼, 사설, 다큐멘터리, 시사프로그램, 교양 프로그램 등의 성격 이해
- 대중매체의 상업적, 오락적 특성이 매체 텍스트의 의미에 미치는 영향 이해
- <u>심미적 텍스트</u>로서 매체 텍스트의 성격 이해(드라마, 영화, 인터넷 소설, 하이퍼텍스트 소설 등)
- 블로그, 미니홈피, 온라인 대화, 문자 메시지 등의 1인 미디어, 대인 미디어적 특성에 대한 이해
- 인터넷 토론이 지닌 사회적, 공적 소통으로서의 특성 이해 등
- <u>장르 특성 이해</u> 필요

매체 언어 교육의 방법: 몇 가지 사례

가. 사진이나 그림을 통한 영상 언어 해석하기 수업

나. 영화의 한 장면을 만든다고 가정하고 토론하는 수업

다. 매체 언어의 소통 목적과 수용자에 대한 호소력을 이해하는데 초점을 둔 수업 - 광고

라. 같은 사건을 다룬 두 신문사의 사설을 비교 분석하는 수업"[2]

위 논의는 매체 텍스트의 성격 이해를 바탕으로 매체 언어의 수용(기호 해석과 전략 분석 등)과 생산을 주요 활동으로 제시하고 있다. 구체적으로 교육 방법을 제시하고 있다는 점에서 실천적 논의의 성격을 지닌다. 이 기획주제와 관련해서는 '소통 목적과 호소력'이나 '비교 분석'이라는 원리적이거나 방법적인 개념이 제시되었다는 점에서 시사점을 제공해 주고 있다. 그러나 전통적인 문학 장르가 차지하는 위상은 그리 포괄적이고 구체적이지는 않다는 판단이다.

필자는 문학도 역시 소통의 목적(설득, 정보전달, 사회적 상호작용, 감정 표현 등)이 분명하고 호소력을 얻기 위한 전략(다양한 장치들)을 구사하며 다른 텍스트들과의 비교 분석(메시지의 영향력 등의 측면)이 필요한 '(문자, 장르)미디어 텍스트'라고 봐야 한다는 강한 주장을 하는 입장이다. 이 논문의 기본 전제도 그러한 주장의 한 맥락에 속하는데, '문학작품도 매체언어교육에서 대상 범주화하고 있는 미디어 텍스트의 주요한 양상으로, 보다 적극적으로 봐야 한다.'로 요약할 수 있다.

다음 내용은 교육현장에서 매체 언어 교육을 담당하고 있는 교수자의 입장이 잘 드러내고 있는 부분이다.

매체 언어교육의 필요조건

1. 매체가 단순한 도구나 수단으로 활용되는 것이 아니라 교육의 목표나 내용이 되어야 한다. 다시 말해 언어 사용 능력을 기르기 위한 인터넷 매체나 방송 매체 활용하기(예 - 뉴스 형식으로 말

2 정현선, 「매체 언어교육의 방법」, 앞의 책, 258~269쪽.

하기, 광고 카피의 문구에서 비문법적인 표현 찾기 등)나 문학적 감수성 및 상상력을 기르기 위한 영상물이나 대중가요 감상하기 같은 활동보다는 매체 텍스트 자체에 집중하는 교육이어야 한다.

2. 매체 언어 교육은 미디어 교육(매체언어교육은 미디어 교육을 국어교육계에서 사용하는 개념이다)의 핵심 영역에 접근한 내용을 포함하고 있어야 한다.

미디어 교육에서 말하는 미디어 리터러시 교육의 핵심 영역(매체교육의 길 찾기: 전국국어교사모임 산하 매체연구부, 2005)

제 작: 테크놀로지, 유통과 배급, 미디어산업, 접근과 참여

언 어: 의미, 코드, 장르, 선택, 조합, 테크놀로지

재 현: 진실을 말하기, 편견과 객관성, 전형화, 해석

수용자: 목표 수용자 정하기, 수용자 지칭하기, 유포 및 배급, 이용, 이해, 즐거움, 사회적 차이

매체 언어 교육 수업사례

가. 매체언어교육의 첫걸음 - 교과서에 실린 매체단원 재구성하기
- 신문읽기 / 텔레비전 읽기

나. 매체 언어교육의 두 번째 걸음 - 교과서 매체 관련 단원 재구성하기
- 비판하며 읽기 / 보조자료 활용하여 말하기 / 읽기와 매체에서 광고 대본 완성[3]

이 논의는 교육현장의 입장에서 매체언어교육의 방향성과 주체적인 접근 사례를 제시하고 있다. 매체가 도구나 수단으로 활용되는 것

---

3 심상민(경동고), 「매체 언어교육의 실제」, 앞의 책, 274~296쪽.

이 아니라 목표나 내용이 되어야 한다는 점을 분명히 하고 있다. 도구가 아니어야 한다는 데에 대해서는 대체적으로 동의하는 바이면서도 그것을 실제화할 수 있는 대안 제시가 잘 이루어지지 않았던 저간의 상황을 감안할 때 교육 수업의 사례를 상세하게 제시한 측면에서 의미를 가진다. 이 기획주제와 관련해서는 코드나 의미 해석, 재현의 측면 등이 구체적으로 어떻게 이루어질 수 있을지 구상하는데 참조가 되었다. 그러나 여전히 문학은 별개의 범주 속에 놓여 있다는 아쉬움을 지니고 있다. 문학 자체를 하나의 미디어장르로 보는 관점은 고려되고 있지 않다는 판단이기에 그러하다.

이상의 논의들을 검토하면서 문학이 '매체언어텍스트'와 그 생산과 유통, 수용과정에서 경쟁관계에 있는 텍스트임을 살펴야 하는 일이 필요하다는 판단을 하게 된다. 문학은 조심스럽게 감싸 안아야 하고 함부로 다룰 수 없는 어떤 존재가 아니라, 그동안 독점적 지위를 누려온 언어문화텍스트였으나 이제 강력한 흡인력을 지닌 다른 '매체'의 발흥과 융성에 따라 경쟁의 자장 속에 놓이게 되는 존재로 인식할 수 있어야 할 것이다. 문자 또는 장르가 매체로 설정되는 '매체텍스트'인 점을 새삼스럽게 생각해 볼 일이다. 즉 위에서 살펴 본 논의들과 같이 미디어 교육 논의에서 아직은 문학이 적극적인 접근 대상이 되지 않고 있다는 점에서 논의의 방향성을 찾아야 할 것이라고 보았다.

문학을 제재로 한 단원에서 매체 언어적 접근이 토대가 되는 활동들이 구상되고 제시되어야 매체언어교육의 실효성과 생산성을 확보할 수 있으리라는 판단이다. III장에서 제시할 양상들이 문학 단원에서 실제로 제시될 수 있는 활동들의 한 양상이 되어야 할 것이라는 제안인 셈이다.

2. 문학 교육과 매체 관련 교육 내용 검토

현재의 문학교육에서 매체와의 관련성이 어떻게 이루어지고 있는지 살펴 볼 필요가 있다. 이를 위해서는 〈문학〉 과목의 매체 관련 단원의 편성 내용을 살피는 일이 가장 효율적일 것이다. 몇 가지 교과서의 내용을 표로 정리해 보도록 한다.

교과서	구분	해당 내용
A	단원 편성	I. 문학과 문화/ 2. 문학은 인접예술과 어떤 관련을 맺는가/ (2) 문학과 매체
	단원 구성	문학과 시각 매체의 관계 이해하기 - 문학과 만화 문학과 영상 매체의 관계 이해하기 - 문학과 영화
	주요 활동	소설 '복덕방'과 만화 '복덕방'의 인물의 모습 비교, 느낌의 차이 말하기 (설명문)문학과 만화가 어떤 점에서 상호 보완적인가 소설 속 인물의 외양이나 성격 묘사 부분을 만화로 그려 비교 평가하기 영화 속 복선 찾기, 주제 드러내는 대사 찾기 내레이션 시로 써보기
B	단원 편성	IV. 문학 문화와 인접 문화 / 2. 문학 문화와 현대 매체 (1) 대중매체와 문학 소통 (2) 전자 매체와 문학 소통
	단원 구성	대중 매체 - 대중문학의 이해 / 문학과 영화(현실적이고 사실감) 전자 매체 - 웹진, 하이퍼 텍스트, 전자책
	주요 활동	원작과 영화의 차이 알아보기, 하이퍼 텍스트 문학 감상 쓰기 전자책 만들기 - 화면 구성과 배경 음악(불신시대)
C	단원 편성	IV. 문학 문화의 발전 / 2. 문학 문화의 확장
	단원 구성	문학을 바라보는 관점의 변화 매체의 발달과 문학 문화 - 매체 중심 문학(대중 /미디어/사이버) 문학 문화의 확장 - 광고, 만화, 영화는 넓은 의미의 문학
	주요 활동	시를 광고로 꾸며보기, 판타지 문학 이해하기(설명문)

		소설 작품의 영화화 사례- 수용상의 공통점과 차이점,
D	단원 편성	V. 문화의 변동과 문학의 대응 / 4. 현대의 문학과 인접 문화 (3) 문학과 매체 (4) 매체에 따른 문학의 변환
	단원 구성	통신 매체의 발달과 문학 / 통신 문학의 특징 - 컴퓨터 통신 문학 동호회 새로운 매체의 편의성과 매체 변환 - 인터넷과 문학의 변화 인터넷의 매체적 특징/문학의 변화 - 작가와 독자의 소통, 하이퍼- 등
	주요 활동	컴퓨터 통심 상의 패러디 시 작품 원작과 비교하기 하이퍼 텍스트 소설과 이전 소설의 차이 탐구하기, 소설 이어쓰기
E	단원 편성	I. 문학과 문화 / 3. 문학의 인접 영역 / (2) 다양한 매체 속의 문학
	단원 구성	문학이 소통되는 다양한 양상 0 문학의 다양한 매체의 특징 다양한 매체의 문학에 대한 비판적 이해
	주요 활동	문학과 컴퓨터의 관계 - 컴퓨터를 매체로 한 문학 읽기 특성 말하기 영화나 드라마로 만들어 진 문학 작품 감상하고 느낌 말하기
F	단원 편성	IV. 문학의 문화적 소통/3. 현대사회 속의 문학 (1) 다매체 시대의 문학 (2) 인터넷 시대의 문학
	단원 구성	문자 매체에서 다매체로 시각예술에서 시청각예술로, 영화와 문학
	주요 활동	매체들(연극과 영화, 영화와 TV드라마)의 공통점과 차이점 광고 문안의 문학적 표현 찾기, 광고 재구성하여 문학 작품 창작하기
G	단원 편성	X. 한국문학과 문화 / 3. 문학과 매체
	단원 구성	매체를 통한 문학의 수용, 매체를 통한 전환 메체를 통한 창작
	주요 활동	〈동의보감〉의 드라마화, 하이퍼 텍스트화 하기 영화의 장면을 소설의 서술 방식으로 고쳐 표현하기 주어진 만화에 이어질 냉뚕을 구상하여 시나리오로 만들기

교과서들의 내용을 검토해 보면 문학과 다른 매체 텍스트의 관계는 대체적으로 가치, 존재성, 권력 등의 요소를 중심으로 주/부, 우/열 관계로 설정되어 있음을 부인할 수 없다. 학습자가 수행해야 하는 활동들을 보더라도 그러한 관계 인식이 깔려 있음을 부인하기 어렵다. "문학의 존재 의의, 현재적 당위성 등을 분명하게 내세워야 한다"[4]고 하더라도 학습자들에게 압도적인 무게로 작용하고 있는 다른 매체 텍스트와의 관계를 이런 방식으로 가져간다면 학습자들의 '교실 밖 인식'은 오히려 역전될 가능성이 크다고 본다. 경쟁텍스트의 비교우위적인 매력과 특성이 고스란히 제시되지 않고 상대적으로 덜 경쟁적인 요소들, 비교열세적인 요소들을 중심으로 접근하는 일은 장기적인 안목에서 바람직하지 않다. 문학과 경쟁텍스들과 상호작용을 하는 텍스트로서 기능하게 하고 '공존 관계'의 인식 형성을 도모하는 일 필요할 것이다.

2002년 이후의 연구 성과들이 반영되고 교육과정의 내용 요소 등에도 변화가 있을 것이므로 이후 교과서에서는 상당히 다른 양상을 보이겠지만 문학 영역 특히 소설 양식과의 관련성에 대한 접근은 보다 섬세하고 적극적으로 이루어질 수 있기를 기대한다. 다른 매체 텍스트들과의 경쟁 속에서 가장 열세를 보이고 있는 장르가 소설이라는 점에서 그러하다.[5]

4 교육과정의 저변에 흐르는 인식을 이렇게도 정리할 수 있을 것이다.

5 최근의 출판연감 등을 보면 소설의 전반적인 침체는 상당히 장기적이고 본질적인 양상을 보여준다.

3. 소설과 매체 서사의 원리적 상호작용의 사례들

매체와의 연관 교육에서 문학은 다른 매체 텍스트와 경쟁 텍스트로서 상호작용을 통해 교육적 효과를 얻을 수 있는 방향에서 다루어지는 것이 필요하다고 하였다. 다른 매체텍스트와의 경쟁관계에서 그 위상을 분명히 하기 위해서는 상호작용을 전제로 한 소통이 이루어져야 한다고 본다. 거의 전제와 같은 문학의 옹호는 오히려 역효과를 낳을 수 있을 것이다. 상호작용의 틀 안에서 원리적인 접근을 통해 이해와 수용이 가능해질 때 학습자의 입장에서는 합리적이고 균형있는 수용 능력을 기를 수 있을 것이다.

그 구체적인 이해를 돕기 위해 서사성을 바탕으로 삼고 있는 매체 텍스트들과 소설과의 원리적 상호작용이라는 측면에서 몇 가지 사례를 검토해 보고자 한다. 각 사례들은 일단 소설의 주요 요소들과 상호작용이 충분히 가능한 요소들을 지닌 매체텍스트들을 그 존재 양상별로 범주화하여 선정하였다.

1) 서사 요소 1: 플롯과 인물 – 광고와의 상호작용

분석 대상으로는 매체텍스트로서 휴대전화 광고인 '카이홀맨 - 전학편'과 외국 광고인 '타이거 맥주 광고'를 설정하였다.[6] 카이홀맨 광고는 10대 청소년을 대상으로 한 기획 광고로 방영 당시 큰 호응을 얻어 성공적 광고 전략의 대표적인 사례로 꼽히는 경우이다. 타이거

6 카이홀맨 광고: LG텔레콤 홈페이지(lgtelecom.com) - 회사소개 - 홍보자료실 - TV광고보기 - 카이홀맨 전학편.
타이거 맥주 광고: 포털사이트에서 '타이거 맥주' 광고(동영상) 검색 가능.

맥주는 외국의 광고임에도 불구하고 맨 마지막에 등장하는 영어 상표만 볼 수 있다면 전체를 수용하는데 별다른 문제가 없는 '보편적인 텍스트'이다.

이 광고들과 대응시킬 수 있는 텍스트는 '입사장애(入社障碍)모티프'를 내포하고 있는 서사물이나 '욕망 구조' '변신(變身)모티프'를 분명하게 보여줄 수 있는 서사물이면 된다.

먼저 수용자들의 1차적인 반응을 제시해 보도록 한다. 대학 1학년생들을 시청자로 삼아 아무런 사전 설명없이 이 광고를 보여주고 그 '광고의 목적에 따른 줄거리'를 자유롭게 적어보거나 말하도록 하였다. 그 내용을 그대로 옮겨 본다.[7]

[카이홀맨 광고]

시청자 1: 홀맨이 전학왔는데, 머리가 커서 비웃음을 샀다.

시청자 2: 홀맨이 교무실에서 선생님께 설명을 듣고 있다. 조금 다른 외모 덕에 아이들의 시선을 끈다. 교실에서 아이들이 떠들면서 놀고 있는데 이 때 선생님이 홀맨을 데려온다. 아이들의 이목이 주목되고 홀맨이 들어오려고 하는데 과분수의 머리 덕에 교실로 들어오지 못하고 있다. 그 모습을 본 아이들은 그 모습을 보고 웃고 핸드폰을 꺼내들고 사진을 찍는다.

7 논의의 맥락 상 말로 설명한 텍스트를 제시해야 쓰기 텍스트와의 비교를 통해 문제의 소재가 분명하게 드러날 수 있겠으나 논문이라는 형태의 특성상 첨부하여 제시할 수 없어 생략한다.

[타이거 맥주 광고]

시청자 1: 늙은 할아버지가 트럭에서 내리자마자 남자가 마시고 있는 맥주를 보고 입맛을 다시며 다가가는데 차에 치인다, 치이고 눈을 뜨니 새 둥지에서 다시 눈을 뜨는데 갓 태어난 새끼인지 날지 못하고 다시 떨어져 죽는다? 다시 태어나니 어항 속인데 또 다시 밖으로 나가서 죽게 되고? 또 다시 태어나니 우유를 먹는 고양이로 환생, 자기 손을 전자어댑터에 꼽고 다시 태어나니 젊은 남자로 태어나서 먹고 싶던 맥주를 마시나 팬더에 깔림.

시청자 2: 동양인 할아버지가 맥주 마시는 걸 보다가 사고가 난다. 물고기가 맥주 마시는 거 보고 어항에서 탈출. 고양이가 감전돼서 사람이 되었는데 맥주 마시다가 팬더에게 눌림.

시청자들이 보여준 반응을 살피건대 이 텍스트에 대한 이해는 만족스럽지 않다. 해당 텍스트를 통해 전달하려는 메시지가 무엇인지, 궁극적으로는 그것이 광고물로서 무엇을 광고하고 있는지, 어떤 효과를 얻게 될 것인지에 대한 이해로 나아가기에는 어려움이 있어 보인다. 우선 그 바탕이 되는 서사성에 대한 이해가 부족한 것으로 판단되기 때문이다. 특히 전자의 광고에서는 휴대폰이 어떤 역할을 하는지, 후자의 광고에서는 맥주가 어떤 속성을 지닌 대상인지에 대한 언급이 이루어지지 않고 있다는 점에서도 그러하다. 여기에서는 제시하지 않지만 줄거리 파악을 바탕으로 이 광고들의 메시지를 파악해보는 단계에서 그러한 문제들이 여실히 드러남을 확인할 수 있었다.

이 텍스트들의 수용을 위해 서사이론과의 접목을 시도해 보았다. 플롯과 인물의 두 요소를 중심으로 접근해 갔다.

플롯의 측면에서 시청자들에게 '입사장애모티프'를 설명해 주었다.

한 인물이 다른 환경으로 전입해가고 그곳에 성공적으로 입사하려는 과정에서 장애를 겪기도 하는데 그 단계에서 방해자나 조력자를 만나게 되기도 한다는 점을 설명해 주자 시청자들의 해석 내용은 현저하게 달라졌다. 휴대폰이 장애를 극복하는 조력자로 기능하게 된다는 점까지 나아가게 된다. 일반적인 서사의 원리가 광고 텍스트의 해석에 능동적으로 기능하게 되는 셈이다. 타이거 맥주의 경우에는 서사 구조를 '갈등 구조' 대신 '욕망 구조'로 설명하기도 한다는 점과 '변신 모티프'를 예로 들어주었을 때 구조적 의미의 파악이 보다 수월하게 이루어짐을 확인할 수 있었다.

이 광고 텍스트를 어느 정도의 수준에서 수용할 수 있는 여지를 얻게 된 시청자들을 대상으로 서사성에 대한 교육이 이루어지는 과정은 '광고텍스트를 통한 서사 원리의 이해'라는 작용을 바탕으로 삼게 된다. 여기에서는 해석 과정에서보다 세밀한 분석을 시도하게 된다. 즉 인물의 형상과 장애 상황에 대한 분석이 그것이다.

카이홀맨의 형상은 민담형 인물, 평면적 인물[8]로, 짧은 시간에 구현되어야 하는 광고 텍스트의 속성 상 '서사적 지체'를 최대한 줄이기 위한 형상화 방식이다. 물론 초기 단계에서는 낯선 형상이라는 점에서 기본적인 지체가 이루어지겠지만 성격의 단순화라는 점에서 이후 지체는 일어나지 않는다는 점에서 효과적이다. 민담의 인물이 매우 단순화된 성격으로 형상화되는 이유를 이와 더불어 설명할 수 있다.

---

8 그동안 우리 문학교육에서 가장 기본적인 이론 개념에 대한 접근이 매우 소략하고 부주의하게 이루어져 왔다는 점에 대한 반성적 고찰이 필요한 시점이라 본다. 교과서에서 가장 많이 다루고 있는 시점(4개의 시점)과 인물(평면적, 입체적 인물)의 명칭이나 개념 규정이 매우 불안정하게 정립되어 왔다. 이에 대해서는 다음 참조.
졸고, 「소설교육에서의 '시점' 개념에 대한 반성적 고찰」, 『문학교육학』 30집, 2009.

인물에 대한 구체적인 묘사 대신 '어떤 젊은이' '구두쇠 영감' 등의 단순화된 설정은 구연 상황에서 청자들이 인물에 관심을 갖게 해서는 안 된다는 구비서사의 특성 상 매우 중요한 일임을 이해할 수 있을 것이다.

또한 장애의 상황도 유의미하다. 일반적으로 학습자들이 이해하는 갈등의 양상은 추상적이다. 개인과 사회, 개인과 환경 등으로 알고 있지만, 신분제도 · 학력 · 젠더 등의 구체적인 요소가 아닌 경우에는 '사회'나 '환경'의 요소를 이해하는데 어려움을 겪게 된다. 이 텍스트에서는 출입문보다 머리가 크다는 점을 '환경=장애'라는 점을 예로 들어 갈등 요소의 속성을 이해하는데 필요한 맥락을 제공할 수 있다. 머리가 크다는 요소와 출입문이 그보다는 작게 만들어져 있다는 점들이 무엇을 의미하며 우리의 문제로 환원할 때 어떤 요소들이 그에 해당하겠는지를 사고할 수 있는 계기를 마련해 줄 것이다.

타이거 맥주 광고의 경우에는 변신의 계기나 양상에 대한 접근과 그에 따른 욕망 구조의 이해를 목적으로 텍스트에 접근할 수 있는 여지를 보여준다. 절대적인 욕망이 불가능한 변신도 가능하게 하며 변신의 양상이 서사의 성격 구현(풍자적, 비극적, 희극적, 환상적 등)에 어떤 영향을 미치는지에 대한 구체적이고 심도있는 논의를 가능케 해 주었다. 욕망 구조와 변신이라는 모티프의 결합 양상을 통해 학습자들은 서사성의 한 범주에 대한 이해를 도모할 수 있게 되는 셈이다.

2) 서사 요소 2 – 형상화, 시점, 거리: 만화와 포스터와의 상호작용

전쟁 상황을 다룬 소설의 한 장면을 상정해 보기로 한다. 예를 들어 현행 〈문학〉 교과서의 두 세 곳에서 볼 수 있는 삼국지와 적벽가와의 연계 수업을 보기로 하자. 다음과 같은 활동이 설정되어 있다.

'적벽가'는 '삼국지연의'의 적벽 대전 대목을 판소리로 각색한 것임에도 불구하고 창작 수준에 가깝다. 그렇게 말할 수 있는 근거를 말해 보자.

만화, 소설 등으로 출간된 '삼국지'가 오늘날에도 널리 읽히는 이유에 대해 토론해 보자.[9]

'적벽가'는 중국의 '삼국지연의'라는 소설을 모태로 하고 있지만 이 타령 부분은 원래의 소설에 없는 내용으로 (중략) 다른 민족 문학을 받아들이되 우리의 주체성과 감각을 잘 살려 창조적인 방향으로 이끌어 나갔음을 말해 준다.

자신이 알고 있는 고전 문학 작품 중 전쟁을 다룬 문학작품을 생각해 낸 다음 '적벽가'와 비교하여 두 작품의 차이는 무엇인지 이야기해 보자. 이때 전쟁의 양상과 인물의 형상을 기준으로 삼아 비교해 보자.[10]

여기서 제시된 설명이나 활동을 들여다 볼 때 학습자로서 그 요체에 도달하기는 쉽지 않다고 한다. 수업을 이끄는 교사로서도 학생들의 활동을 유도해 나가기가 수월치 않다는 반응이다.[11]

이런 경우에 하나의 방법을 강구해 볼 수 있다. 만화라는 매체의 원리를 활용하는 방식이다. 〈삼국지연의〉 중 전쟁 상황을 묘사한 대

9 교과서 F, 126쪽.

10 교과서 G, 47쪽.

11 이 경험과 관련해서는 다음 책에서 언급한 바 있다. 만화를 활용한 방법에 대한 구상도 밝혀 놓았다. '문화교육으로서의 국어교육'과 '미디어를 통한 고전의 재생산'이라는 두 측면에서 동시에 접근이 가능한 양상으로 보았다. 여기에서는 내용을 수정하여 이미지 자료와 함께 구체화하여 제시한다.
졸저, 『문학연구와 문학교육』, 한성대학교출판부, 2004, 331~332쪽, 344~346쪽.

목을 주고 그 내용을 3~4컷 정도의 만화 또는 애니메이션으로 만들어 보는 과제를 준다.

만화로 그려가는 과정에서 일단 학습자들은 인물의 형상이나 상황의 묘사에서 난관에 부딪힌다. '삼국지연의'에서 해당 대목들을 적출해 보자.

> "주태는 양떼 틈에 뛰어 든 호랑이처럼 그 배에 타고 있던 조조의 군사들을 닥치는 대로 베어 죽였다."
>
> "이날 조조의 군사들이 떨어진 처지는 참담했다. 창에 찔리고 화살에 맞아 죽은 자에 불에 타고 물에 빠져 죽은 자를 더하면 그 수를 다 헤아릴 수 없을 정도였다."[12]

이 장면을 만화로 그리는 일은 우선 상황에 대한 구체적인 재해석을 요구한다. 그려야 하는 행위가 구체적으로 드러나야 하기 때문이다. 늘 그렇듯이 뛰어난 능력을 지닌 장수도 있어야 하고 그의 칼이나 창끝에 나가떨어지는 군사들의 모습도 집단이 아닌 개인으로 묘사되어야 한다. 위 인용문에서 밑줄을 그어 표기한 인물들은 소설에서는 집단으로서도 충분히 가능하나 만화에서는 개별화되어야 한다. 한 무리를 뭉뚱그려 그린다 해도 기본적인 개별화는 이루어지게 된다. 예를 들어 고우영의 〈만화 삼국지〉는 빠른 서사 진행을 추구하게 되어 이 개별화가 덜 이루어지는 편이지만 그 양상은 볼 수 있다.

12 나관중, 이문열 평역, 『삼국지연의』 6권, 민음사, 2002, 110, 140쪽.

13

만화적 속성과 원리를 경험을 통해 알고 있는 학습자들은 주어진 장면들을 만화로 그려내면서 만화적 묘사를 하게 되고 그 결과는 일차적으로 소설 속에서는 그 존재가 거의 무에 가까운 군사들을 하나의 의미를 지닌 존재로 그려 낸다.

우선 학생들이 제출한 사례를 제시해 본다.[14]

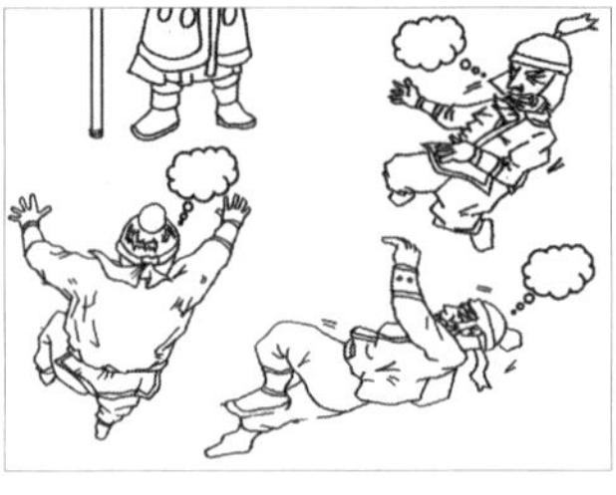

13 고우영, 『삼국지』 5권, 애니북스, 2002, 153, 154쪽.

14 이 사례는 '메밀꽃 필 무렵'과 연관된 활동을 수행한 결과이다. 바로 앞 단계에서 배운 '메밀 꽃 필 무렵'의 인물들이 전쟁터에 나가게 된다는 상호텍스트적인 설

왼쪽부터 시작해서 주어진 장면을 만화로 그려가는 과정에서 학생들은 일단 '조조의 군사'라는 집합적 존재를 개별적인 존재화해야 함을 생각하게 된다. 그리고 만화의 기본

속성의 하나인 말풍선을 생각하게 되고 세 번째 그림을 구상한다. 이어 아래 줄의 컷처럼 군사 개인들의 '말'을 만들어냄으로써 과정을 완성한다.

바로 이 대목에서 〈삼국지연의〉는 새롭게 태어나게 되고 〈적벽가〉의 '창의성'에 대한 학습자들의 이해가 심도 있게 이루어진다. 영웅 중심의 시각에서 군사 하나하나의 삶과 개인사의 시각으로 전이되는 것이며 그 결과가 '군사설움타령'같은 부분의 창출로 이어지는 것임을 인식하게 된다. 이는 만화가 단순히 활동의 도구로 활용되는 것과는

정을 한 경우이다. 보다 구체성을 획득하기 위한 방안이었다.

다르다. 기왕의 수업에서는 '만화로 그려 보는 일 자체에 만족'하는 경우가 거의 전부라 해도 과언이 아니었다.[15] 만화와 소설의 표현 방식의 차이 정도가 도달할 목표가 되는 셈이다. 그러나 중요한 것은 표현 방식의 차이가 아니라 그 표현 방식의 차이로 인해 생기게 되는 의미와 재현의 문제이다.

이 차별성은 형상화 및 시점의 문제와 연관되며 소설에서의 형상화와 시점 변화가 어떤 의미를 지니는지에 대한 심도있는 이해를 가져다 줄 수 있으며 그 반대도 성립한다는 점에서 상호원리적인 작용의 양태로 보기에 충분하다. 즉 소설에서의 시점의 역할과 효과를 만화와의 작용 속에서 이해할 수 있으며 시점의 문제에 대한 이해를 바탕으로 만화에 대한 수용 태도를 고려할 수 있게 된다. 사실 만화의 시점에 대한 관심은 그리 크지 않지만 다음 경우를 본다면 교육적인 검토의 대상이 되어야 함을 판단할 수 있을 것이다.

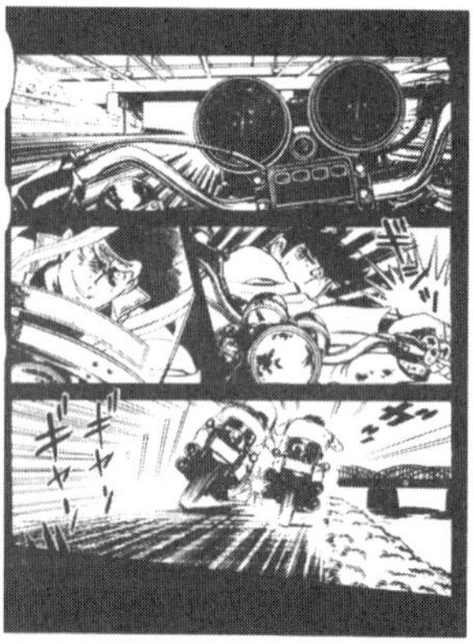

15 소설과 만화를 직접적으로 제시하고 있는 교과서 A의 경우를 보더라도 학습자들이 인물의 모습을 비교하고 그 느낌을 말하거나 '그림이 전달하지 못하는 것을 글로 보완·처리 하는' 특성을 이해하는 활동을 하도록 되어 있다.

일본 만화들인 위 자료들 중 왼쪽은 '자살'을 감행하는 장면에 해당하고 오른쪽은 폭주족이 폭주를 시작하는 장면에 해당한다. 그런데 그 시점의 변화가 흥미롭다. 두 경우 모두 관찰과 주체의 시점이 동시에 구현되고 있다. 왼쪽은 독자가 자살하려는 사람을 객체로 관찰하는 시점에서 독자가 주체가 되는 시점으로 변화되는 것이며, 오른쪽은 첫 컷에서 독자를 폭주의 주체로 인식하게 하는 시점의 전환이 이루어지고 있다. 이는 일본 만화의 중독성이나 감염성의 위험에 대한 교육 내용의 설정이 매우 중요함을 간접적으로 말해 주고 있다. 만화의 세계로 빠져 들게 되는 이유를 아는 것과 그렇지 않은 것 사이에서 존재하는 학습자 또는 향유자의 태도는 매우 다르게 될 것이다. 매체 언어교육의 한 방향성은 여기에서도 찾을 수 있을 것이다.

이제 '포스터'의 경우를 예로 들어 시점과 거리의 문제를 생각해 보기로 한다. 다음은 얼마 전 상영된 영화 〈님은 먼 곳에〉의 포스터이다.[16]

포스터는 기본적으로 상영될 영화에 대한 사전 정보 제공의 기능을 담당한다. 그런데 그 정보의 구성 방식은 소설의 그것과 매우 다르면

16 2008년 7월에 개봉되었으며, '15세 관람가' 등급이다.

서도 유사하다. 이를 소설의 스토리와 플롯의 관련 양상으로 설명해 보기로 한다. 필자는 스토리와 플롯의 관계에 대해 다음과 같은 양상으로 설명하는 것이 바람직하다고 본다.

스토리의 내용 요소(가정): A1 A2 A3 A4 …… A21, A22 ……A97, A98. A99, A100

플롯 1: A1, A3, …… A22, …… A98 → 메시지 1

플롯 2: A97, A98. A99, A 100, A21, A22 …… A1 → 메시지 2

플롯 3: (A1, A2) A21, A22, A97, A100 → 메시지 3

.

.

.

이 관점에서 본다면 스토리를 구성하는 내용요소들은 어떤 기준에 의해 선택되거나 배제되어 하나의 플롯으로 조직되게 된다. 즉 정보의 배제와 선택에 의한 조직이 플롯이 되므로 하나의 스토리에 다른 플롯은 여러 가지가 존재하고 주제도 달리 존재하게 된다. 이때 정보의 선택과 배제의 기준으로 창작 주체의 의도와 시점을 상정할 수 있다. 의도와 시점 중에서는 시점이 보다 확정적 원리가 된다.

위의 포스터들은 스토리와 플롯의 관계를 설명하는데 유용한 텍스트이다. 즉 영화의 내용과 포스터의 내용이 각각 스토리와 플롯에 대응되는 것으로 설명 가능하다. 주요 인물의 모습들도 원 영화에 나오는 여러 장면 중 하나에 해당하는 것으로 선택했으며 서로 다른 이미지를 지니고 있다. 각 포스터를 통해 영화를 아직 보지 않은 관객들이 전경화하게 될 스토리라인은 서로 다르게 나타나게 된다. 각 포스터가 드러내는 메시지도 당연히 달라지게 된다. 포스터 생산자는 자신의 의도에 따라 원 영화의 스토리 라인을 구성하는 요소들(정보들)에서 필요한 것들만 선택하여 제시하게 된다.

또한 이 포스터는 소설과는 달리 선택된 요소들을 시간적이 아닌 공간적인 조직을 하게 되는데 여기에서 '거리(distance)' 개념이 선명하게 드러난다. 첫 번째와 두 번째 포스터를 놓고 볼 때 여성이 제일 앞에 배치되고 두 남자가 뒤에 배치되는데 첫 번째에 비해 두 번째는 두 남성의 위치도 선후관계를 드러내고 있다. 즉 인물을 대하는 서술자(제작자)의 거리감이 드러나는 셈이다. 이 거리감은 인물들에 대해서만이 아니라 사거 자체, 텍스트 자체에 대해서도 작동된다. 세 번째 포스터는 '왕의 남자의 감독'이라는 정보를 보다 중요하게 배치하여 관객과 영화요소 간의 거리감을 의도적으로 조절하고 있다. 편집이라는 기술적 요소의 기능이 분명하게 드러나는 대목이다.

포스터를 통한 스토리와 플롯의 관계에 대한 이해는 다시 포스터의 해석이라는 상호작용으로 이어지게 된다. 포스터는 영화 속의 정보들을 일정한 의도 아래 선택하고 배열하는 것이며 그 배열 방식에 다라 전달하는 메시지가 다르다는 점, 포스터를 통한 스토리의 전경화가 이루어진다는 점 등을 이해하게 된다면 상호작용은 매우 긍정적으로 이루어지는 셈이다.

3) 서사 요소 3 – 서술자, 묘사: 사건과 기사의 상호작용

앞서 살펴 본 연수 자료에서 다루는 매체 텍스트 중에 신문기사는 매우 중요한 양식으로 다루어지고 있다. 신문기사는 매체언어텍스트의 교육내용에서 핵심의 하나로 거론되는 '비판적 리터러시'의 대상으로서 조건들을 지니고 있기 때문인 것으로 판단된다. 실제 교과서 단원들에서도 다양한 매체에 담긴 '이야기'를 신문기사화하는 유형의 활동들을 찾아 볼 수 있다. 그런데 신문기사화하는 과정에서 '사실과 의견' '정확성과 공정성' 등의 조건을 제시하고는 있지만 정보의 재조직 단계에서 발생하는 원리의 문제는 간과되고 있는 것으로 판단된다. 이제 그 맥락을 〈사랑손님과 어머니〉라는 소설을 예로 들어 살펴보도록 하자.

〈사랑손님과 어머니〉의 '이야기'는 시대적 · 사회적 맥락을 중시해서 접근해 가게 되면 그 사연에 대한 관심을 갖게 된다. 과연 그 시대에서 그러한 사연은 어떠한 의미를 지니는 것인가? 흔히 말하는 대로 한 여성의 재혼에 대한 기대가 사회적 관습이나 가치관에 의해 매몰되게 되는 사연인가 라는 생각들을 갖게 된다. 그리고 이 생각은 곧 소설의 주제의식과 맞물리게 된다.

이런 활동을 꾸려보기로 하자. "이 소설의 내용을 바탕으로 신문기사문을 작성해보라." 흔히 볼 수 있는 활동이다. 그렇다면 어떤 기사문이 적절한 것인지를 판단해 보기로 한다.

> "00촌의 00학교에 근무하는 교사 정모씨는 방학을 맞아 고향으로 떠나면서 다음 학기에는 이곳에서 근무하기 않기로 했다고 한다. 그 이유는 그가 하숙을 하고 있던 집의 미망인과의 연정이 문제시될 것을 두려워 한 때문이라고 한다. 상대 여성이 미망인이 된 상황이나 여건을 볼 때 그다지 큰 문제가 되지 않을 수도 있으나 주변 사람들의 말을 두려워한 미망인의 뜻에 따라 떠나게 되었다고 한다. 여성의 재혼에 대한 부정적인 의식이 한 유능한 젊은 교사를 이 고장에서 떠나게 한 것이다."

> 슬픈 사연
>
> 지난 달 어느 학교 방학식. 아이들은 젊은 교사를 에워싸고 눈물을 흘리고 있었다. 사연인 즉 그 젊은 교사가 다음 학기부터는 근무를 하지

않기로 한 때문이었다. 교사의 개인적인 문제 때문이라고 하는데, 하숙집 주인인 젊은 과부와의 로맨스가 문제가 될 것을 염려한 때문이라고 알려졌다. 미혼인 남자 교사로서 앞길이 창창한데 로맨스로 인해 비난을 받을 수 있다는 점과 젊은 과부로서의 주변의 눈초리를 견디기 어려웠을 것이라는 점이 결정적인 이유였을 것으로 보인다. 인습과 전통도 중요하지만 젊은 남녀의 입장에서는 참으로 안타까운 사연이 아닐 수 없다.

두 기사문은 대학 1학년 학습자가 1학기 초에 작성한 것이다. 고등학교 때의 활동 내용을 기억한 것이다. 나름대로 기사문의 성격을 부여하려고 노력한 점이나 사건의 요건을 갖추려 한 점은 인정된다. 그런데 사건으로서의 성격이나 기사문으로서의 정체성이 불분명하다는 문제를 안고 있다. 사건 기사로서 보려는 의도가 강하게 작용하고는 있지만 무엇보다도 사실성과 공정성의 문제가 드러난다. 그 일차적인 문제는 소설이라는 양식이 지니는 속성에서 비롯된다.

소설에서 정보전달자(서술자)는 옥희이다. 그런데 옥희는 사실성을 중요시하는 기사의 정보제공자로서 결격 사유를 지니고 있다. 옥희는 전형적인 '신빙성 없는 화자'이다. 어휘력의 부족과 판단력의 미숙, 거짓말을 잘 하는 습성이 그러한 판단의 근거이다. 그렇다면 그런 화자가 제공하는 정보를 바탕으로 하는 기사는 근본적인 문제를 안게 된다.

소설에서 서술자는 여러 요인에 의해 가공된 정보를 제공한다. 시점을 통해 제한받기도 하고 플롯의 원리에 의해 중요 요소를 배제하기도 한다. 따라서 온전한 사건을 재구하는 일이 소설읽기의 주요한 활동이 된다. 그런데 위 기사문들은 그러한 활동이 제대로 수행되지 않은 읽기 결과를 바탕으로 작성한 것이 된다. 서술자에 대한 이해가 충분히 이루어지지 않은 상태인 것이다.

이 활동에서 요체가 되는 것은 옥희가 제공하는 주관적 정보와 객관적 정보의 구별과 그 처리 방식에 있다. 두 사람의 관계를 파악하는 데 근거가 될 주요 정보는 소설의 내용 상 주관적인 정보에 해당하므로 '옥희와의 인터뷰'와 같은 방식을 통해 제시되어야 할 것이다. 그리고 그 기사의 성격도 사건기사보다는 기획기사 정도가 적당할 것이다. 다음은 소설의 서술자에 대한 수업을 받은 연후에 위 작성자(두 번째 - 여학생)가 다시 제출한 기사문이다. 물론 당시 사회상에 대한 맥락 자료[17]도 검토된 이후이다.

기획 시리즈 – 우리 시대의 결혼 풍속: 재혼과 여성의 자기 검열(면담과정에서 추가한 문구)

우리 사회에서 이혼과 재혼의 문제는 이제 희소한 가치를 지닌 일이 아니다. 인테리 여성들을 중심으로 이혼이 빈번하고 성공적인 재혼에 대한 관심도 높아졌다. 그러나 여전히 그 벽은 높기만 하다. 무엇보다도 여성들 스스로가 몸을 사리는 형국이다. 옛 남편의 친구를 하숙생으로 둔 어느 여성의 이야기는 그 전형적인 예이다. 그녀의 딸에 따르면 그녀는 옛 남편의 친구에 대해 관심이 많았으나(이 부분은 발표자와의 면담과정에서 추후 인터뷰 형식으로 바꾸기로 함) 스스로 시험에 들지 않겠다고 하면서 결국 포기하게 되었다고 한다. 적극저적인 의사표현도 없이 구체적인 진척도 없이 자기 스스로의 문제로 그리 된 셈이다. 우리 사회의 여성들이 지닌 가장 큰 짐이 아닐 수 없다. (이하 생략)

---

17 7차 개정 교육과정에서 설정된 '지식'과 '맥락'의 구체화 방안은 매우 시급한 문제이다. 무엇(지식과 맥락)을 어떻게 제공할 것인가에 대한 사회적 합의가 이루어져야 할 것이다. 「사랑손님과 어머니」의 경우 새 〈고등국어〉나 〈문학〉 교과서에서 매우 높은 빈도로 실리게 될 개연성이 크다. 그러나 이 작품과 관련된 지식과 맥락이 어떻게 구성되어야 하는가에 대한 탐색을 하다보면 여러 문제에 봉착하게 된다.

이 수정된 기사문은 부족하기는 하지만 서술자의 속성을 고려하여 정보의 처리 방식을 바꾸었다는 점에서 나아진 결과라 판단된다. 묘사에 대한 이해도 보다 싶어졌다. 소설에서의 묘사도 역시 서술자의 시각에서 제한되는 것이며 그 습성(자질)에 따라 본래적인 내용이 변형되는 것이라는 점을 인지한 셈이다.

이 과정을 통해 소설 양식에 대한 이해와 기사문의 속성이나 정보 구성 방식에 대한 이해가 상호작용으로 나타날 수 있음을 보여주는 사례가 될 것이다. 물론 기사문에 대한 이해가 이런 국면에만 국한되는 것은 아니지만 정보의 처리 방식이라는 측면에 대한 이해 방법으로는 매우 큰 유용성을 지니리라고 판단된다.

4. 매체언어문화 환경과 소설교육의 방향성

다양하고 강력한 매체언어문화가 존재하는 환경에서 소설교육은 보다 분명한 방향성을 모색해야 할 것이다. 필자는 그 방향성을 다음 두 가지에서 찾아보고자 한다.

1) 매체 담론의 원리들과의 소통

앞선 논의의 과정에서 대체적인 윤곽을 제시하였지만 발표자가 가장 우선적으로 설정하고자 하는 매체 담론들의 원리들과 문학의 원리들의 소통이다. '매체를 활용한'이라든가 '매체 변용된 문학'이라는 편중된 권력관계가 드러나는 소통 방식이 아닌 상호 호혜의 원칙하에 소통하는 방식을 취해야 한다고 본다. 이는 매체언어문화가 학습자의 생활을 지배하고 있다는 현실론과 그럼에도 불구하고 전통적인 문화

양식에 가치를 두어야 한다는 명분론의 접점을 찾을 수 있는 방법론이 되리라 본다.

서로 마주 놓이는 매체언어 텍스트와 문학 텍스트는 주·부관계가 아니라 경쟁 텍스트로서의 위상을 가지게 될 때 교육적 효과가 극대화되리라 본다. 한쪽 텍스트를 구성하는 원리가 다른 쪽 해석의 근거가 될 것이며, 그 반대도 성립될 것이기에 그러하다. 매체언어 텍스트와 문학 텍스트가 경쟁텍스트로서 인식하고 상호작용을 통해 향유방식을 터득하게 된다면 상생의 효과를 얻게 되리라 본다. 현재의 〈문학〉 교과서에서 자주 접하게 되는 '매체 속의 문학'과 같은 맥락은 재고되어야 한다고 보는 셈이다.

문학교육에서 흔히 이론으로 불리는 원리와 속성에 대한 접근은 여러 선언적인 견해들의 표명에도 불구하고 구체적으로 제시되고 있지는 않다고 본다. 이론의 필요성이 아주 보편적인 작품 해석을 위해 존재해야 한다고 보는 것은 물론 아니다. 그러나 고등학교 과정을 끝으로 공적인 문학교육을 끝내고 이제 홀로 서야하는 대부분의 독자 대중에게 지속적으로 작용할 수 있는 문학능력을 키워주어 이상적이 독자로 남게 하는 일은 문학교육의 가장 중요한 몫이고 방향성이다. 늘 현재적인 텍스트로 작용하는 매체텍스트와의 접점을 찾는 일은 그래서 미래적인 방향성이 될 것이다.

2) 매체 서사 텍스트로서의 소설에 대한 실천적 인식

대표적인 서사양식의 하나인 소설의 존재 방식은 다양하다. 문자와 인쇄에 의한 전통적인 양상으로 존재하는 방식, 새로운 매체 환경 속에서 변용된 양태로 존재하는 방식, 개인의 향유 과정에서 개별적인 양상으로 존재하는 방식 등이 있다. 사이버 소설이나 인터넷 소설 ·

하이퍼텍스트 소설 등의 용어나 블로그 소설, 0000 등은 전통적인 방식을 벗어나 존재하는 방식들이다.

그런데 이 새로운 존재방식에 대한 개별적 탐구가 소설과 매체의 연관적 교육의 주요 내용이 되는 차원에 머문다면 그 교육적 의미는 그리 크지 않을 것이다. 필자는 소설 자체를 하나의 매체 텍스트로 보는 인식으로의 실천적인 전환이 필요하다는 생각이다. 구체적으로는, 서사는 "설득이나 정보전달, 사회적 상호작용, 감정표현을 목적으로 하여,[18] 다양한 매체언어를 통해 구현되는 양식"이며 소설은 그 대표적인 발현 텍스트로 보자는 입장이다.[19]

지금까지 교육과정에서는 소설은 감정표현을 목적으로 하는 글의 일부로 그 속성과 위상이 설정되어 있다.[20] 그러나 이는 다매체 환경에서의 소설에 대한 접근 통로를 매우 제한적으로 설정하게 된다. 앞서와 같은 인식의 전환은, 교육과정에서 전통적인 문학의 위상의 유지를

---

18 이 목적들은 7차 개정 교육과정의 용어와 체계에서 제시된 것이다.

19 예를 들어 소설을 통해 어떤 주제에 대한 강력한 메시지를 전달하려는 창작의도(설득), 한 시대의 상황에 대해 다음 세대나 다른 사회의 구성원들에게 알리고자 하는 목적(정보전달), 사회적인 반향과 독자들의 반응을 유도하는 소통 방식(사회적 상호작용) 등을 그 근거로 삼을 수 있다.
한편 문학 자체를 하나의 매체 텍스트로 보는 것과, 한 예로 '미디어로서의 시'에 대한 접근을 주문하는 정현선의 견해는 맥락을 같이 하지만, 텍스트의 외연에 현저히 기울고 있다는 점에서(이상의 〈가정〉을 텍스트로 삼아 제시한 프로젝트의 내용은 일반적인 시해석의 차원과 본질적인 차별성을 확보하고 있지는 못하다고 판단된다) 또 다른 접근이라 생각한다.
정현선, 『다매체시대의 국어교육과 문화교육』, 역락, 2004, 187~202쪽.
매체 텍스트 읽기에서의 외연과 내포의 문제에 대해서는 다음 참조.
일레인 볼드윈 외, 조애리 외 역, 『문화코드 어떻게 읽을 것인가』, 한울아카데미, 2008.

20 이는 7차나 7차 개정 교육과정에서 텍스트를 몇 가지 유형으로 나누어 제시하고 있으며 그 중 문학 텍스트는 이 유형에 속하는 것으로 설정되어 있음을 염두에 둔 기술이다. 이러한 분류 제시는 본질적으로 수정될 필요가 있다고 본다.

중대한 방향성으로 설정해야 한다는 논지와도 배치되지 않는다. 즉 소설의 경계를 무의미하게 허물고 소설의 가치를 폄하하는 것이 아니라 다매체 환경에서도 여전히 소설의 위상과 경쟁력을 굳건하게 유지하게 하는 인식이 될 수 있다. 학습자의 의식 속에서 경쟁텍스트와의 우위를 점할 수 있는 존재로 남을 수 있도록 해줄 것이기 때문이다.

물론 문학을 하나의 매체텍스트로 보려는 인식이 새로운 것은 아니다. 그러나 그러한 인식이 실천적으로 교육의 장에서 구현될 수 있도록 하는 방법적 모색들은 잘 이루어지지 않고 있음을 분명하게 직시할 필요가 있는 시점이라 생각한다.

비평 능력 신장을 위한 읽기와 쓰기

1. 이상적 독자에 대한 기대

이 논의는 현상에 대한 분석과 그에 따른 대안 제시를 시도하되 경험적인 근거에 기대어 진행하게 될 것이다. 따라서 기왕의 문학비평 교육론 또는 문학교육론들과는 일정한 거리를 두고 이루어지게 될 것이다. 이는 연구사의 부정을 뜻하는 것이 아니라 좀더 자유로운 논의를 하기 위한 의도이다. 현재의 우리 사회 구성원들의 비평능력이 그리 바람직하지 않다는 판단이나 그 원인 진단과도 무관하지 않기 때문이다. 비평능력은 자의적인 텍스트 해석에서 출발하되 종국에는 타당성을 얻게 되는 일련의 과정을 지배하는 것이라고 보기 때문이다.

문학의 위기를 논해오면서도 그 구체적인 논의과정에서는 여전히 실제 독자들에 대한 관심과 탐색이 이루어지지 않았던 것은, 독자라는 요인이 지닌 특징적 변수 때문이기도 하지만 비평 자체에 대한 의미부여가 생산적으로 이루어지지 않았던 탓도 크다고 본다. 문학의 저변을 지속적으로 유지하거나 확대해 나가기 위해서는 독자들에게 무엇을 어떻게 읽을 것인가라는 문제에 스스로 대응해 갈 수 있는 능력을 길러 주어야 하는 것임에도 그러하지 못했기 때문이다.

문학 교육의 목표는 때로는 매우 구체적일 필요가 있다. 그리고 구체화할 수 있는 일차적인 요소는 앞에서도 언급한 바 있는 '독자'라는 대상이다. 문학 교육이 궁극적으로 지향해야 하는 '독자'의 모습을 구체적으로 설정해 보자는 것이다. 어떤 성격과 태도를 지닌 주체로 만들 것인지를 명시적으로 설정하여 그에 걸맞은 내용체계나 교수-학습 방법을 마련할 수 있다면 지금 우리가 겪는 어려움 중 상당 부분은 해소될 수 있지 않을까 생각해 본다. 연구자는 그것을 '이상적인 독자'로 상정해 보았으면 한다는 제안을 한바 있다.[1]

이상적인 독자는 언제 어떤 텍스트가 주어지더라도 자신의 '독법'에 따라 이해하고 가치를 판단하며 그것들을 내면화할 수 있는 문학적 능력을 지닌 독자로 규정할 수 있다. 물론 작가나 비평가가 될 수 있도록 배려하는 일도 필요한 일이기는 하지만 현재의 '문학 교육'의 몫으로는 아무래도 벅찬 감이 있다. 그것은 이후의 단계로 넘겨 줄 부분이 아닌가 생각된다. 그런 의미에서 그동안 논란의 대상이 되기도 했던 창작교육의 문제에 대해서는 좀더 신중한 접근이 필요하다고 본다.

이상적인 독자를 지향하는 문학 교육의 장에서는 다양한 제재를 여러 각도에서 자유스럽게 접근할 수 있는 기회를 최대한으로 제공하는 일이 무엇보다도 중요하다고 본다. 검인정의 성격을 띠고 있는 문학 교과서의 편제를 지금과 같이 '많은 것을 부분적으로라도 두루 보여주는' 형식에서 탈피할 수 있도록 교육 주체들이 공동으로 대응하는 노

---

1 '이상적인 독자'라는 개념은 필자가 고구해 본 개념으로 그 과정에서 문화현상의 유지 · 발전 단계에서의 독자의 역할을 새로운 시각으로 접근해 간 다음 논저를 많이 참조하였음.
Albero Manguel, *A History of Reding*, Viking, 1996, Part II 'Powers of the reader'.

력이 필요하다. 그것이 여의치 않더라도 참고서나 학습 관련 서적들에 대한 태도를 전향적으로 바꾸어 적극 활용함으로써 소기의 효과를 얻을 수도 있다. 주어진 여건을 최대한 활용한다는 측면에서 보다 생산적인 활동이라고도 할 수 있을 것이다. 규범적인 틀을 통하지 않고 자신의 감각과 논리를 통해 작품에 접근하고 그 결과를 설득력있게 표현할 수 있도록 이끌어 주려는 노력을 한다면 이상적인 독자의 모습은 결코 멀리 있는 것이 아님을 확인할 수 있을 것이다. 이같은 방식은 문학 교육의 중요한 변수 중의 하나인 입시 제도 즉 수학능력시험과 논술고사의 벽을 자연스럽게 넘을 수 있는 장치도 될 수 있을 것이라고 본다.[2]

독자들에게 무엇을 어떻게 읽을 것인가는 매우 실천적인 문제이다. 수없이 던져지는 작품들 속에서 선택을 한다는 행위나 그 선택에 부응하는 읽기를 주체적으로 수행하기 위해서는 일정한 능력이 필요하다. 그것을 비평능력으로 부를 수 있다면 문학계가 바라는 '이상적 독자'는 불특정 텍스트에 대한 비평능력을 갖추고 있어야 하는 셈이다. 그렇지만 우리 문학계는 이상적 독자들에 대한 관심이나 투자를 게을리 해 오고 있었음을 부정할 수 없다.

다음과 같은 표는 매우 적절한 것은 아니지만 우리 사회의 독자들의 특성을 엿보기에는 충분하리라 본다.[3]

---

2 좀더 바람직한 문학교육이 이루어질 수 있도록 유도한다는 측면에서, 또한 효율적이고 의미있는 전형 방법을 확보한다는 측면에서 각 대학에서 본고사로 채택하고 있는 논술고사의 출제 유형을 문학작품을 제재로 한 방향으로 전환하는 것을 적극적으로 모색하여 제안할 필요가 있다고 본다. 이러한 제안은 학회 차원의 대응이 필요한 맥락이다.

3 필자가 문학교육 관련 자료를 얻기 위해 재직교 및 출강교 대학생들(국문과 50%, 비국문과 50%)을 대상으로 7년여 동안 설문한 내용을 누적 통계낸 결과이다. 표본 수는 매해 50~150명 정도이다.

[표 1] 최근 소설을 어느 정도 비평(이해 · 감상)할 수 있다고 보는가?

1. 쉽게 이해 · 감상할 수 있다.	13%
2. 대체로 이해 · 감상한다고 생각한다.	22%
3. 비평문 등 도움을 얻어서야 가능하다.	37%
4. 줄거리 파악에 급급하다.	18%
5. 무슨 말인지 이해하기 어렵다.	10%

[표 2] 위 3,4,5항을 선택한 경우 그 원인은 무엇인가?

1. 소설 읽기 방법을 제대로 배우지 못했다.	29%
2. 소설을 배운 바는 있지만 다른 작품에 적용하는 방법을 모른다.	47%
3. 원래 문학적 소양이 부족하다.	22%

위 내용을 참조한다면 우리 사회의 독자들은 공교육의 현장을 떠나 사회로 진출하면서 문학현상 내에서 독립된 자아로 존재할 수 있는 능력을 갖추지 못한 채 이동하고 있다고 생각하고 있음을 확인할 수 있다. 이 논의는 이런 맥락에서 문학 비평교육과 관련해서 몇 가지 문제제기와 대안을 제시해 보고자 한다.

2. 비평교육의 전사 검토

이 장의 방향은 전사로서의 비평교육의 문제 상황을 살펴보는데 있다. 한 사회의 교육적 관습이나 저변의 흐름은 매우 긴밀하게 유지되어 온다고 보기 때문이다.

1) 정전의 형성과정과 비평의 부재

우리 사회의 실제적 독자들의 문학능력은 당연히 국어교육 또는 문학교육의 결과로 형성되었다고 본다. 그리고 그 교육의 장은 교과서라는 매체를 통해 매우 구체적으로 마련되고 있다는 점에서 교과서에서 배우는 작품 즉 교과서 정전의 영향력은 지대하다. 특히 대부분의 독자들은 교과서에서 배운 작품들을 '모범적인 작품' '대표적인 작품'이라 보는 경향이 강하기 때문에, 어떤 불특정 텍스트를 만나게 되면 정전을 통해 얻은 감각과 인식을 기준으로 작품에 접근하게 된다.

그러나 우리 교과서의 역사가 '금기(禁忌)의 역사'에 가깝다는 점을 고려할 때,[4] 교과서의 작품들의 거의 대부분은 '정전'이 아닌 '예전(例典)'으로 규정되어야 할 것이라는 것이 필자의 생각이다. 교과서 편찬을 지배해 온 여러 금기들은 필연적으로 제한적인 작품들만 정전으로 등재시키는 결과를 낳았고, 그것들을 토대로 이루어진 교육은 독자들의 텍스트 대응능력에도 문제적인 영향을 미쳤을 것으로 판단된다.

이 논의와 관련해서 교과서 정전에 대한 필자의 관심은 자연스럽게 교과서 정전의 형성과정에서 드러나는 비평의 부재 현상으로 나아가게 된다. 즉 정전으로 자리잡게 되는 과정에서 충분한 비평적 접근이 이루어져야 함에도 불구하고 그렇지 않은 경우가 대부분이었으리라 판단되기에 문제적이라 보았다. 텍스트에 대한 다양하고 심도있는 비평적 접근이 이루어져야 텍스트에 대한 교육적 접근의 방향이 설정될 수 있을 것이라 생각하기 때문이다.

교과서 정전 형성과정에서 텍스트에 대한 비평적 접근이 충분하지 않았다는 판단을 하게 된 구체적인 정황을 살펴보도록 하자. 편의상 가장 대표적인 정전인 '소나기'를 예를 들어보기로 한다. 2차 교육과정부터 7차 교육과정까지 한 번도 빠짐없이 국어 교과서를 지켜 온 작품이기 때문이다.

---

4 졸고, 「소나기의 초본(初本)과 문학교육」, 『문학교육학』 26집, 2008.8.

「소나기」가 발표된 것은 1953년[5]이고, 처음 교과서에 실린 것은 1966년 3월부터 학생들이 배우게 된 2차 교육과정 교과서 『중학국어 III-1』에서이다. 약 13년 정도의 차이가 있는데, 그 동안 이 작품에 대한 비평적 논의가 전무에 가깝다. 표면상 「소나기」는 전격적으로 교과서 정전으로 자리잡은 셈이다.

필자가 최근 조사한 바에 따르면 「소나기」가 교과서의 정전으로 자리잡게 되는 과정에 매개체가 존재하기는 한다. 그러나 그 역시 비평적 접근의 결과라 보기 어렵다는 것이 필자의 판단이다. 구체적으로 살펴보면 이렇다.

「소나기」가 공적인 텍스트로 자리를 잡게 된 것은 대학의 교재였다. 1960년에 발간된 『표준 대학국어』[6]에서는 현대소설의 대표작으로 〈할멈〉(이광수), 〈배따라기〉(김동인), 〈모밀꽃 필무렵〉(이효석), 「소나기」의 네 편을 선정하여 수록하고 있다. 최초로 교육적 목적을 위한 한국 현대소설의 대표작을 제시한 셈이다.[7] 그런데 이 작품들의 선정 기준에 대해서는 현재로서는 자료를 확인할 길이 없다. 추정해 보건대 이광수나 김동인의 작품 선정에는 그 문학사적 명성이나 이론 적용의 적합성[8] 등이 기준으로 작용했으며, '메밀꽃 필무렵'의 경우 당시 문단의 헤게모니를 쥐고 있던 김동리의 이른바 '대가비평'의 영향

5 1953년 5월 『신문학』지에 「소나기」로, 같은 해 11월 『협동』지에 〈소녀〉로 발표됨.

6 국어국문학회의 대학국어편찬위원회에서 1957년에 초판으로 내놓았다.

7 1964년에 박영사에서 펴낸 『대학 교양 국어』에서는 소설 편에 「춘향전」 「양반전」 「배따라기」 「모밀꽃 필무렵」 「소나기」가, 1965년에 일조각에서 펴낸 『교양국어』에서는 「춘향전」 「장끼전」 「구운몽」 「감자」 「메밀꽃 필무렵」 「소나기」가 실려 있다.

8 당시 신비평이 주도적 분석도구로 자리잡기 시작했으며 〈감자〉의 기법에 대한 관심이 컸다는 점을 근거로 들 수 있다.

때문[9]이었을 것으로 판단된다.

그런데 「소나기」의 경우 그 판단이 더욱 어려운 형편이다. 작품이 발표된 이후 그와 관련된 논평이나 연구들이 없었기 때문이다. 필자의 추정으로는 이 작품이 1959년에 영국 『Encounter』지에 번역본으로 수상 게재된 사실이 크게 작용했을 것으로 판단된다. 그러나 이 역시 하나의 외적 사실로 남아 있을 뿐 「소나기」에 대한 비평으로 이어지지는 않고 있다는 점에서 문제적이라 보았다.[10]

그렇다면 「소나기」가 텍스트에 대한 본격적인 비평적 접근이 없이도 교과서에 실리게 된 데는 대학교양국어교재에 수록되었다는 점이 큰 영향을 주었을 것으로 판단할 수 있다. 이 대목에서 텍스트에 대한 철저한 검증과 분석적 결과에 바탕을 둔 정전의 형성이라는 현상과 만나게 된다.[11]

그러다보니 다음과 같은 '익힘 문제'를 통해 가장 기초적인 '읽기'를 수행하도록 하고 있다. 그런데 그 내용들을 볼 때 학생들의 비평적 능력을 함양해 주기에는 어려움이 있어 보인다. 아주 초기 단계부터 우리 문학교육은 '비평'능력과는 거리가 먼 접근을 추구하고 있었던 셈이다. 어떤 작품에 대해 어떻게 접근해 갈 것인가 하는 문제가 충분히 고구된 연후에라야 바람직한 교육적 접근의 방향이 설정될 수 있다고 보기 때문이다. 그런 의미에서 텍스트에 대한 비평의 부재가 비

---

9 김동리의 평가에 대해서는 졸고, 「문학교육의 관점에서 본 소설 읽기 방법의 재검토 - 메밀꽃 필무렵을 중심으로」(『문학교육학』 22집, 2007) 참조.

10 처음 대학교재에서는 하다못해 연습문제도 제대로 주지 않았다. 64년도 박영사판에 다음과 같은 '연구문제'가 주어진 것이 최초의 '비평적 접근'의 편린이다. 1. 이 작품의 주제는 무엇인가 2. 이 작품의 배경이 이 작품의 분위기와 어떻게 조화되고 있는가를 생각해 보라. 3. 극적 방법에 의하여 성격의 내면을 묘사한 부분을 찾아보자.

11 이같은 진술은 「소나기」의 작품성이나 문학사적 가치에 대해 논하는 것과는 다른 맥락이다.

평교육의 부재를 이끌게 된 것은 아닌가라는 판단이 든다.

〈익힘문제〉

1. 이 작품의 줄거리를 간단히 요약하여 말해 보라.
2. 주인공의 성격이나 인품이 잘 나타난 곳을 찾아서 따로 적어 보라.
3. 이 글에 나타난 어린이다운 생각이나 느낌과 행동을 주의하여 읽어 보라.
4. 잘 모를 말이 있으면, 사전을 찾아서 그 듯을 밝히는 것도 좋지만, 그 말이 쓰인 부분을 여러 번 거듭 읽어서 전후의 관계나 문맥으로 그 뜻을 짐작하여 보도록 하여 보는 연습도 필요하다.
5. 이 글을, 뜻을 생각하며 차근차근 읽어서 끝가지 다 읽은 시간을 재어보라.
6. 이 글의 주제, 즉 이 글에서 지은이가 나타내려고 하는 것이 무엇인가를 알아보자.[12]

2) 이원적 구도: 교과서 비평 대 참고서 비평

누차 강조하게 되지만 어떤 텍스트에 대한 교육적 접근의 방향은 텍스트에 대한 다양의 비평의 수렴에서부터부터 출발해야 할 것이다. 그래야 그 텍스트에 대한 적확한 이해・감상이 이루어지고 그를 바탕으로 본격적인 비평능력의 신장을 위한 토대가 하나씩 마련되어 갈 수 있을 것이다. 그러나 현재의 상황에서 교과서 정전들에 대한 비평적 접근의 현황을 살피건대 교육적 접근에 필요한 성격과 내용을 담고 있는 비평들을 접하기는 쉽지 않다. 각종 교과서 편찬과정에서 편찬자

12 문교부, 『중학국어 III-1』, (1966) 72쪽.

들이 겪는 가장 큰 어려움 중의 하나가 해당 텍스트에 대한 적절한 수준의 비평적 글을 찾는 것이라는 점은 이를 잘 말해준다. 교과서에 실을 작품에 대한 비평적 자료들을 찾다보면 대부분 문학연구자들 간의 상호 소통에 적절한 성격과 수준을 지닌 것이지 연구자와 현장 교사, 학생들과의 소통이 가능한 것은 찾아보기 어렵다. 이른바 교과서 비평이 매우 필요한데도 불구하고 거의 찾아보기 어렵다는 말이다.[13]

이와는 달리 이른바 참고서에서 이루어지는 비평은 매우 빈번하게 접할 수 있다. 오히려 참고서에 실린 비평적 접근의 내용이 교과서에 역으로 흘러들어오는 경우를 충분히 상정할 수 있을 정도이다. 예를 들어 발표자가 지금까지 확인한 한 「소나기」에 대한 거의 최초에 가까운 비평적 접근은 다음과 같은 참고서의 내용이었다.

〈주제〉

이 작품을 통해서 작가가 표현하고자 한 중심이 되는 것은 '순진한 소년 소녀의 마음에 싹튼, 아지랑이같이 아렴풋하고 티 없이 맑은 사랑'이다.

〈감상〉

1. 이 작품은 시적인 향기로 가득 차 잇다. 소설이 하나의 시의 높이까지 승화되고 있는 것이다. (중략) 그것은 작자가 캐어 낸 때 묻지 않은 영혼의 향기인 것이다.
2. 한편 이 소설의 시적인 정취는 또한 배경으로 말미암은 것이다.

13 교과서 비평이라는 용어는 발표자가 편의상 사용하는 용어이다. 교과서라는 맥락에 어울리는 성격과 수준의 비평을 의미한다. 문학연구물의 대중화가 시급하다는 연구자의 판단은 여기에서 비롯된 것이다.

(중략)

3. 이 소설의 문장은 하나의 군더더기도 없이 꽉 짜이고 다듬어져 극도로 간결하면서, 심리적인 뉘앙스와 사건의 전개를 교묘하게 묘사해 냈을뿐더러 (중략)
4. 등장인물인 소년 소녀의 성격 묘사에 있어, 직접적인 설명에 의하지 않고 행동과 대화를 통해서 독자들이 스스로 짐작할 수 있도록 (중략)
5. 이 작품은 예술성이 높고 시적인 정취에 넘쳐 있으나 한편 현실과의 거리사 느껴지는 약점을 지니고 있다. (중략)
6. 작가 황순원은 원래 시를 썼던 사람으로— 줄기찬 산문정신에 의해서 사회현실과 인간성을 추구하는 폭과 깊이를 가진 작가이기보다는, 높고 맑은 시적인 정취를 담은 소설을 쓰는 작가다. 이 점에서 이효석의 후기 작품경향과 일치한다. (하략)[14]

이런 정도의 접근 결과는 「소나기」에 대한 거의 최초의 비평적 접근의 내용임에도 불구하고 상당한 폭과 깊이를 확보하고 있다. 그리고 이러한 내용은 이후에 발간된 참고서들을 통해 지속적으로 이어지고 수정되면서 교과서 수록 작품을 위한 상당히 규범적인 비평 틀까지 형성하는데 이르게 된다. 하나의 전통을 수립하게 되는 셈이다. 그렇게 볼 때 교과서 수록 작품들을 정전으로 유지하게 해 준 일등공신으로 참고서 비평을 꼽지 않을 수 없게 된다. 그렇다고 참고서 비평이 바람직한 방향성을 지니고 있다는 말은 아니다. 대부분의 참고서 비평은 이런 저런 사실과 맥락, 평가 등을 두루두루 종합해 놓은 것이기에 올바른 비평능력을 형성시켜 줄 수 있는 여건을 갖추지 못하고 있

14 편집부, 『새 교과서에 따른 중학국어 모범자습서 III-1』, 성문각, 1967, 73~74쪽.

다. 암기 위주의 문학교육을 논의하게 되는 이유 또한 이러한 비평의 성격에서 비롯된 측면도 있다.

그렇지만 교과서 내에서 이루어지는 정체성있는 비평적 접근은, 앞에서 살핀 것처럼 사실상 찾아보기 어렵다는 점에서 교과서 비평의 비교 열세가 분명히 드러나고 있다. 그러한 현상은 이후에도 지속적으로 영향을 미친다는 점에서 비평교육의 전사로서 여러 문제를 제시해 주고 있다. 이런 상황에서는 비평교육의 수행을 기대하기란 상당히 어렵다고 판단된다.

3) 활동 및 평가의 함정

필자가 문제적인 현상으로 검토하고자 한 또 다른 양상은 어느 시점에서부터인가 상당한 영향력으로 작용하기 시작한 학습 활동의 양상이다. 즉 비평교육의 실제적인 토대가 되는 학습활동이 비평능력 향상에 오히려 장애를 줄 수 있다는 우려를 하고 있다. 다음 두 가지 양상을 검토해 보았다.

(1) 내재적 접근

일차적으로 학생들의 비평능력은 어떤 활동에 따른 반응의 평가에 의해 측정될 수 잇을 것이다. 물론 수업 중 활동을 통한 평가가 바람직하다. 그러나 현실은 그러한 평가보다는 대부분 지필고사를 통해 이루어진다. 그런데 문학작품을 제재로 한 학습의 결과를 객관식 문항으로 평가하는 데는 일정한 한계가 따른다. 그러다 보니 "위 작품을 내재적 측면에서 감상한 내용으로 적절하지 않은 것은?"과 같은 유사한 유형들의 문항이 성립하게 된다. '내재적 접근'과 같은 정치를 두지 않고서는 객관식 평가의 답을 마련하는 기준이 쉽지 않아 오답 시비가 발생할 수 있기 때문이다. 이러한 문항은 그 이후 직접적인 모습을 감추었지만 여전히 그 내적 논리를 유지하고 있고 학교 현장에서 강력하게 작용을 하고 있다.

학생들의 입장에서는 수업을 통해서는 자유로운 접근이 하고 있지만 정작 매우 중요한 영향력을 가진 것으로 인식하고 있는 평가를 통해서는 매우 제한적이고 한정적인 접근을 요구받고 있다. 물론 내재적 접근 자체가 문제가 되는 것은 아니다, 분석적 접근 능력은 이러한 내재적 접근과 긴밀한 연관성을 지니고 있기 때문이다. 문제는 그러한 내재적 접근이라는 맥락이 학생들에게 무의식적으로 가장 객관적이고 신뢰할만한 것이라 여긴다는 점이다. 비평 능력 평가의 방법에 대한 탐구가 절실한 연유이다. 다음 장에서 제시할 어휘나 이론적 접근의 결과에 대한 평가는 한 대안이 될 것이다.

(2) '오냐 오냐'의 부작용

내재적 접근이 지니는 문제와 대비되는 것으로 수행평가의 활동에 대한 평가가 지니는 문제를 지적할 수 있다. 많은 대학생들이 자신의 문학적 능력의 저조함에 대해 수행평가의 영향임을 지적하는 대목은 주목해 볼 일이다. 이런 지적의 요체는 수행평가의 활동들이 상당히 자의적인 측면을 지니고 있기 때문에 그 활동 내역에 대한 교사의 평가가 대체로 '좋은 의견이다' '가능한 견해이다' '그것도 옳다'라는 식으로 이루어진다는 것이다.

물론 문학작품에 대한 접근 내역이 딱히 정해진 것은 아니라는 점에서 교사들의 그러한 평가는 당연한 것일 수도 있다. 그러나 학생들의 입장에서는 자신이 작품을 바라보는 시각이나 접근 통로, 분석의 타당성 등에 대한 분명한 평가가 없는 상황에서는 발전을 위한 노력을 할 수 없다는 의견이다. 무엇이 부족하여 개선할 점인지에 대해 정확한 판단이 이루어져야 개선을 위한 노력이 가능하다는 것이다. 그런데도 거의 대부분의 활동내용이 긍정적으로 평가받다 보니 비평능력의 향상을 기대하기 어렵다고 보고 있다. 이 역시 평가 틀에 대한 논의가 필요함을 말해 주고 있다.

3. 문학 독서 교육의 방향성

앞서 비평교육의 전사를 검토하면서 비평능력 향상을 위한 교육과 관련된 여러 문제를 지적해 보았다. 그렇다면 그러한 문제해결은 가능한 것인가를 탐색할 차례이다. 아직 거친 단계이기는 하지만 몇 가지 안을 제시해 보기로 한다.

(1) 기본으로의 회귀

새삼스럽기는 하지만 문학은 언어예술이다. 언어에 대한 배려 없이 작품을 읽는다는 것은 불가능하다. 언어에 대한 배려란 일차적으로 어휘 차원의 꼼꼼한 읽기를 의미한다. 더군다나 비평적 접근까지 염두에 둔다면 어휘 차원의 읽기는 필수적이다.

그런데도 불구하고 독자들의 작품 '읽기'는 허허롭다. 앞선 설문의 결과 중 다른 항목을 통해 점검한 바에 따르면 독자로서의 대학생들이 소설을 읽으면서 사전을 참조하는 일은 거의 없다. 작가들은 단어 하나를 쓰기 위해 수많은 시간을 찾고 고민하고 다듬고 하는데 막상 독자들은 언제 형성되었을지 모르는, 자신의 머리 속에 저장되어 있는 어휘력에만 기대어 읽고 있는 셈이다. 이런 상황에서 작가와의 대결에서 패배란 기정사실이다.

비평능력은 작가와의 심리적 대결에서 견뎌낼 수 있을 때 형성될 수 있다. 즉 작가성과의 대결이 성립되어야 비평의 출발점이 마련되는 셈이다.[15] 그러기 위해서는 아주 어휘 단계에서부터 작가의 그것에 방불하는 사고와 고민이 필요하다. 그러기 위해서는 하나의 어휘에 대한 꼼꼼한 읽기부터 필요하다. 발표자는 그래서 다음과 같은 방법을 선택하기도 한다.

· 텍스트 읽기

1. 주어진 텍스트를 2~3차례 읽는다.
2. 빈칸 메우기 테스트를 수행한다.
3. 텍스트 재읽기를 시도한다.

· 테스트의 예 – 빈 칸에 단어 넣기

1. 소년은 개울가에서 소녀를 보자 곧 윤( )네 증손녀딸이라는 걸 알 수 있었다. 소녀는 개울에다 손을 잠그고 물장난을 하고 있는 것이다. (2자)
2. 이날은 소녀가 징검다리 한가운데 앉아 세수를 하고 있었다. ( ) 스웨터 소매를 걷어 올린 팔과 목덜미가 마냥 희었다. (2자)
3. 그러한 어떤 날, 소년은 전에 소녀가 앉아 물장난을 하던 징검다리 한가운데에 앉아 보았다. 물 속에 손을 잠갔다. 세수를 하였다. 물 속을 들여다보았다. 검게 탄 얼굴이 그대로 비치었다. ( ). (3자 한 문장)
4. 참 먹장구름 한 장이 머리 위에 와 있다. 갑자기 사면이 소란스러

15 작가성(authorship)을 인정한다는 것은 위대하다거나 작가의 능력은 일반인들의 그것보다 월등하다거나, 독자에 비해 지적 능력이나 사고능력이 우월하다고 믿는 것을 의미한다. 문학교육에서 이 작가성과 대결할 의지나 여력이 없다면 주체적인 비평은 매우 요원한 일일 것이라고 본다.

워진 것 같다. 바람이 우수수 소리를 내며 지나간다. 삽시간에 주위가 ( )으로 변했다. (3자)

이 활동들에 대한 반응은 그리 쉽지 않아 보인다. 일반적인 읽기란 대체로 어휘 차원이 아닌 문장이나 단락 이상의 차원에서 이루어지는 관습에 익숙해 있기 때문이다. 그러나 심도있는 읽기, 비평적 읽기는 그러한 관습적 차원을 통해서는 달성하기 어렵다. 기껏해야 작가가 일차적으로 말하고자 하는 바의 윤곽 정도를 파악할 수 있을 것이기 때문이다. 어휘 차원에서 출발하는 읽기는 언어예술로서의 문학작품에 대한 기본적 접근 통로일 것이다.

작가들은 한 편의 소설을 쓰면서 수많은 선택에 직면하게 된다. 이 장면을 형상화하는데 , 이 분위기를 연출하는데, 이 인물의 생각을 드러내는데, 이 주제를 암시적으로 제시하는데 어떤 어휘를 선택하여 서술할 것인가를 놓고 적게는 한 두 시간에서 많게는 수개월 까지도 고민하게 될 터이다. 그러나 독자들은 한편의 소설을 읽는데 몇 시간이면 족하다. 그 시간의 차이는 작가와 독자의 게임[16]에서 독자가 질 수밖에 없는 일차적인 원인이 되기도 한다. 교과서에 실려 있는 몇몇 작품들은 그나마 독자들이 감당하기에 수월한 편에 속한다. 그러나 조금만 복잡한 서술양상을 보이는 작품을 만나게 되면 독자들의 수용양상은 현저하게 달라진다. 심지어 스토리 라인을 파악하는 일조차도 어려워하게 되된다. 그 일차적인 이유는 다름 아닌 어휘에 대한 접근

16 소설읽기는 작가와 독자의 게임으로 보는 것이 교육적 전략으로 유효할 것이라고 본다. 사실 작가는 자신의 작품을 누구라도 쉽게 읽어내는 일을 원치 않을 것이다. 적절한 구조와 세부 장치들을 통해 자신이 감추어 놓은 메시지들을, 상당한 고민을 동원해가며 읽기를 바랄 것이다. 그런 의미에서 소설 읽기는 게임의 성격을 지니고 있다, 일정한 룰을 지켜야 한다는 점에서도 그렇다.

태도의 문제에서 비롯된다.

독자들은 통상 자신들이 경험했거나 배운 바 있는 어휘 범주와 수준에서 소설을 읽어가게 된다. 그렇다고 특별히 어휘공부를 하는 것도 아니다. 우리말이라는 조건 때문에 사전을 찾는 것도 게을리 한다. 하니 언어의 마술사로도 불리는 작가와의 대결에서 열세에 놓을 수밖에 없음은 자명하다. 그래서 어휘 차원의 읽기가 필요하다고 보는 것이다.

예를 들어 앞의 테스트에서 1번과 2번 항에는 각각 '초시'와 '분홍'이 들어간다. 그러나 이 단어들을 괄호에 넣지 않으면 대부분들의 독자들, 특히 미성숙한 학생독자들은 더욱 그러하다. 그런데 괄호 안을 채우는 과정에서 시간을 투자해서 이 단어에 대해 생각하다보면 '초시'가 소년과 소녀의 관계를 맺어주는 중요한 변수가 됨을 이해할 수 있게 될 것이다. 비록 '초시'는 제대로 된 벼슬자리를 의미하지 않음에도 불구하고 거기까지 나아갔다는 사실 자체가 다른 사람들과 구분되는 차별적 요소이며 일종의 권력관계의 단초가 된다는 점을 알게 되는 데까지 이어지게 될 것이다. 소년의 부모를 비롯한 마을 사람들이 직접적인 친인척 관계가 아님에도 불구하고 제사용 음식들을 가져가는 상황에서도 그 어휘가 지니는 힘을 판단할 수 있다. 그렇다면 소년의 소녀에 대한 관심의 출발점을 이룬다고도 할 수 있는 셈이다. 만일 '윤초시네 증손녀'가 아닌 '윤영감네 증손녀'나 '윤씨네 증손녀' 였을 때 작품의 구도는 달라질 것이다.

'분홍'이라는 색채어도 마찬가지이다. 1953년이라는 전쟁직후 시기에 분홍 스웨터는 단순한 의복을 넘어 서울과 시골, 또는 부유함과 가난함이라는 대조적 요소를 담아내고 있는 사물이기도 하다. 그런데 이 어휘를 놓치고 갈 때 그 소설읽기의 깊이는 당연히 달라질 수밖에 없다.[17]

이런 예들은 다음 장에서 설명하게 될, 7차 개정교육과정에서 중시하게 될 '맥락'이라는 요인과 밀접하게 맞닿아 있는 것이라는 점에서도 주목할 필요가 있을 것이다. 문학의 맥락은 어휘에서부터 출발하게 된다는 점을 잘 말해주기 때문이다.

(2) 체계적 이론의 제공

필자는 중등교육과정에서 시급히 필요한 일이 체계적인 이론교육이라고 생각한다. 간단하게는 분석의 도구를 주자는 것이고 좀더 복잡하게는 문학에 대한 인식능력의 틀을 제공하는 것이다. 어느 쪽이든 현재의 중등학교 교육과정에서는 체계적인 이론은 제시되고 있지 않다. 특히 교과서 자체에 이론의 모습이 명시적으로 제시되지 않는다는 점은 분명하게 재검토되어야 할 문제이다.

문학이론의 배제는 암기 위주 교육의 축출이라는 당위적 명제와 맞물려 있었다. 그러나 암기의 대상이 문제시 되어야지 암기의 한 속성 즉 지식의 저장이라는 측면이 문제시 되어서는 곤란하다 판단이다. 분석 도구가 될 이론의 도움없이 작품에 대한 비평적 접근을 시도하라는 일은 풍문에 의거하여 기사를 쓰는 일과 같다. 물론 중등학교 학생들에게 적합한 이론의 내용과 체계가 구축되어 있는가 하는 문제는 남아 있다. 그러나 그 필요성에 대한 인식이 먼저일 것이다.

적어도 대학생들 정도의 독자들이라면 최소한도의 이론적 틀, 즉

---

17 '빈칸 채워넣기와 같은 활동이 비평교육에 해당하는 것인지 판단하기 어렵다'는 평가도 가능하다. 그런데 어휘 차원의 읽기가 없이 과연 작품에 대한 심도있는 접근이 가능한지에 대해 반문할 수 있다. 교과서에서 배운 정도야 별 문제가 없겠지만 교과서 수록 작품이 아닌 불특정 텍스트에 대해 일반 독자들이 과연 어느 정도 접근하고 있는지 실태를 경험해 보았다면 이러한 문제제기는 없었으리라 본다. 비평교육이라면 비평을 할 수 있는 능력을 키워주는 것이어야 하고, 그렇다면 우선적으로 텍스트를 주체적이고 생산적으로 읽을 수 있는 능력에 대한 고려가 필요할 것이다. 비평교육을 지나치게 범주화하고 특수화하려는 노력은 오히려 장애가 될 수 있다는 판단이다.

작품을 바라볼 수 있는 창구와 통로는 마련할 수 이어야 할 터인데, 현재의 문학교육에서는 그 이론교육이 쉽지 않아 보인다. 무엇보다도 〈국어〉과 교과서에서 명시적인 기술과 수용이 필요하다고 본다.

(3) 맥락을 통한 읽기

소설을 비평한다는 일은 복합적 사고의 작용을 필요로 한다. 비평을 '자기화된 문제발견과 그 해결을 위한 논리적 사고활동'라고 정의하거나 '자의적인 발상에서 출발한 문제를 타당한 결론으로 이어지게 하는 활동'으로 보거나 '주관적 · 개별화된 읽기에서 보편적 읽기로의 전환 활동'으로 규정하거나, '자신의 관점을 타당한 것으로 받아들이게 하는 활동'이라고 하거나 간에, 다양한 맥락에서 이루어지는 사고 활동의 결과들을 재조직하는 것이라는 점은 동일할 것이다.

그런데 독자들에게 작품을 둘러싼 맥락을 통해 작품에 접근하도록 요구하는 일은 그리 쉬운 일은 아니다. 독자들은 전문가가 아니고 주어진 작품을 마주하고 있는 아마추어이기 때문이다. 그렇다고 해서 작품 내에서만 사고하고 활동하게 하는 것은 비평능력의 신장을 기대하기는 어렵다. 교과서 정전을 통해 맥락을 통해 읽는 훈련을 하지 않는다면 그 능력은 원천적으로 정체 상태에 머무를 수밖에 없게 된다.

예를 들어 앞의 「소나기」의 텍스트 형성과정에서 드러나는 다양한 변이들은 당대의 사회 · 문화사적 의미들과 밀접하게 연결되고 있으며 , 이를 통해 전쟁 직후 문학계에서의 작가들의 관심사와 같은 문학사적 사실, 정본 형성과정에서 드러나는 의미들을 생각할 수 있을 것이다.[18] 이런 텍스트 읽기 활동은 비평 능력 향상에 매우 긍정적이고

---

18 「소나기」의 경우 7~8개의 파생텍스트가 존재할 만큼 여러 차례의 수정이 이루어지는데, 그 텍스트들을 비교하다 보면 하나의 텍스트를 보는 경우와 매우 다

생산적인 영향을 줄 수 있으리라 본다.

맥락을 통한 읽기는 다양한 관련 자료의 제공을 필요로 한다. 필자는 문학작품의 교수-학습과정의 초기 단계에서 문학사적 자료, 사회·문화사적 자료, 상호 텍스트적 자료 등이 제공되어야 한다고 본다.[19] 문학사적 자료는 문학사 자체보다는 당대 문학사를 특징짓는 문학 현상들과 관련된 것이어야 할 것이다. 사회·문화사적 자료는 언어생활사 및 풍속사라고 까지 할 수 있는 자료들이다. 상호텍스트적 자료들은 작품의 개작·수정 등과 관련된 자료를 말한다.

(4) 쓰기로 마무리하기

비평은 어떤 독자를 전제한다. 따라서 그것을 독자들에게 전달하기 위한 표현의 단계로 까지 나아가야 한다. 이해·감상의 결과는 머릿속에만 존재해도 되고 입 속에 머물러도 된다. 그러나 비평을 하는 것이라면 누군가에게 전달하고 그 설득력을 얻는 일이 필요하다. 필자가 오래 전에 제시한 바 있는 '비평적 에세이'라는 개념[20]은 그 한 예가 될 터이다. 작품에 대한 접근 결과를 글로 쓰는 과정을 통해 좀 더 논리화되고 설득력을 얻기 위한 장치들이 강구될 것이다.

쓰기 교육에 대한 부담은 이해·감상의 결과를 표현하는 데까지 나

른 사고활동을 겪게 될 것이다. 다음은 그 한 예이다.

"이날 밤, 소년은 몰래 덕쇠 할아버지네 호두밭으로 갔다. 낮에 봐두었던 나무로 올라갔다. 그리고 봐두었던 가지를 향해 작대기를 내리쳤다." <- 바우 할아버지네 밤나무

19 이런 자료들은 현재 거의 형성되어 있지 않다고 본다. 물론 교육적 효과를 위해 가공한 수준과 맥락에서 말하는 자료들이다. 문학연구자와 문학교육연구자, 수행자들이 협력하여 만들어 자료들로 구체적으로 작업을 해 본 결과 매우 방대한 작업이 될 것으로 판단된다. 이와 관련하여 필자는 "문학교육을 위한 소설사 서술의 방향성과 한 사례"라는 연구를 수행하고 그 결과를 작성 중에 있다.

20 졸고, 「비평적 에세이 쓰기」, 『문학과 교육』 7호, 1999. 2.

아가는 일, 즉 비평으로 전화되는 과정을 사실상 봉쇄해 왔다고도 할 수 있다. 그렇지만 독자를 의식하는 글쓰기가 주는 부담감 자체가 논리를 공고히 해주고 발상을 새롭게 해줄 수 있는 기제가 된다는 점에서 매우 중요한 활동이다. 이는 작가성과의 대결에서도 유리한 국면을 조성해 줄 것이다.

비평문 쓰기는 학습자들에게 그리 쉽지만은 아닌 활동이다. 그렇기에 학습 과정에서 예시로서 제시할 필요가 있을 것으로 본다. 이에 "「소나기」 다시 읽기"라는 비평문을 참고로 제시해 본다. 새로운 해석의 가능성을 포함한 비평문이다.[21]

〈비평문 사례 -「소나기」 다시 읽기〉

소설을 읽는 일은 작가와 독자 간의 게임이라 할 수 있다. 작가는 자신이 설정한 주제 의식을 설명문이나 논설문과 같이 직접적으로 드러내는 것이 아니라 여러 가지 형상화 장치를 통해 간접적으로 표현하기에 세심하고 전략적인 읽기가 필요하기 때문이다. 소설의 주된 형상화 장치인 플롯에 '음모'라는 뜻이 포함되어 있다는 점은 소설 읽기가 게임이 되는 이유를 설명해 주는 흥미로운 사실이 아닐까 싶다.

작가가 전달하고자 하는 주제 의식은 매우 다양한데 그 중의 하나가 다양한 사회 • 문화적 가치에 대한 입장 표명일 것이다. 일반적으로 작가가 형상화하고 있는 사회문화적 가치가 공동체가 중요하게 간주하는 가치일 때 좀더 의미있는 작품으로 평가하기도 한다. 우리 사회에서 오랫동안 독자들로부터 사랑을 받아 온 소설들이 그만한 대접을 받아 온 이유들 중의 하나는 이런 가치관이 내포되어 있기

21 교과서에 사례가 될 비평문을 제시하는 일도 필요할 것이다. 또한 아래 비평문처럼 사진 자료들을 곁들이는 방식에 대해서도 학습할 필요가 있다고 본다.

때문일 것이다.

소설을 읽으면서 작가가 다루고자 하는 가치가 무엇이며 그러한 가치가 어떤 형상화 장치들을 통해 드러나게 되는지를 찾아보고 그에 대해 주체적으로 평가해 보는 태도는 성숙한 독자가 지녀야 할 미덕이 아닐까 싶다. 이제 소설 「소나기」를 다시 읽어 보면서 그 과정을 탐색해 보기로 하자.

「소나기」는 수업 시간을 통해서나 자기 독서 활동을 통해 읽어 보았을 것이다. 우리 시대의 독자들이라면 거의 대부분이 읽어 봤을 것이라 판단해도 무리가 없을 작품이다. 그렇다면 이 「소나기」의 주제를 대체로 어떻게 받아들여 왔을까? 「소나기」의 주제에 대해 언급한 사례들을 잠깐 들여다보기로 하자.[22]

한 여름 소나기처럼 짧게 끝난 소년 소녀의 사랑
소년과 소녀의 만남과 헤어짐
소년과 소녀의 아름답고 슬픈 사랑
사춘기 소년과 소녀의 순수한 사랑
짧지만 순수했던 소년과 소녀의 사랑

「소나기」의 주제에 대한 언급들은 '소년과 소녀의 사랑'이라는 점에서 일치하고 있으며 사랑에 속성을 드러내는 표현에서만 차이가 난다. 순수하거나 아름다운 사랑이라는 개인적 차원의 가치에 집중해서 읽어 내고 있음을 알 수 있다.

그런데 「소나기」는 과연 이러한 개인적 차원의 가치를 형상화하

22 국어 교과서에 소개된 「소나기」의 주제와 관련된 설명 내용을 요약한 것이다. 각주 23~26은 비평문에 삽입될 내용이다.

는데 머물러 있는 작품일까? 물론 개인적 차원의 가치를 다루고 있다고 해서 작품의 의미가 덜하다고 보는 것은 아니지만 다른 가치도 찾아봄으로써 작품의 의미를 좀더 풍요롭게 하는 것도 독자의 몫이 아닐까 라는 생각이 든다. 이에 작가가 다루고자 한 또 다른 가치가 있을까, 있다면 그것이 무엇일까를 생각해 보면서 「소나기」를 다시 읽어보기로 한다.

결론부터 말한다면 「소나기」는 '아름다움 사랑'이라는 주제 외에도 '한 마을이라는 공동체의 질서가 사라져 가는 현실에 대한 아쉬움'이라는 주제도 형상화하고 있는 작품으로 생각해 볼 여지가 충분하다고 보았다. '공동체적 질서 의식'이라는 가치를 다루고 있다고 보는 것인데, 이러한 가치는 우리 사회에서 중요하게 간주하는 가치라 할 수 있을 것이다. 이러한 가치를 읽어 내게 된 계기는 작품을 구성하는 여러 상징물들을 하나하나 짚어보면서 어떤 의미가 담겨 있을까를 따져 보는 재미가 컸기 때문이다. 작가와 퍼즐 게임을 한다는 생각으로 상징물들에 대해 다양한 측면에서 해석해 보고 그것들을 종합해 가다보니 자연스럽게 이런 결론에 도달하게 되었다.[23]

「소나기」에는 주제 의식을 형상화하는데 기여하는 여러 가지 상징물들이 나타난다. 제목인 '소나기'가 그러하고 소녀가 소년에게 건네는 '대추'며 소년이 소녀에게 답례로 건네는 '호두', 소년의 부모가 소녀의 집에 보내는 '닭' 등이 대표적인 상징물 등이다.

---

23 독자들로서는 문학 작품을 주체적으로 수용하는 일은 독자들로서는 쉽지 않은 일로 느끼게 된다. 그렇지만 자신이 살아오는 과정에서 얻은 경험이나 지식, 사고 능력들을 믿고 다른 자료들의 도움을 받아 접근해 간다면 즐거운 일이 될 것이다. 꼭 새로운 주제를 찾아내야 한다기보다 널리 알려져 있는 주제를 좀더 세밀하고 풍부하게 설명할 수 있는 것도 주체적인 수용이 된다. 부분에서 전체로 나아가거나, 전체에서 부분으로 나아가는 식의 방법을 선택해서 꼼꼼하게 읽어 나가면 좋을 것이다.

소설에 등장하는 상징물들은 각각의 속성에 따라 여러 가지 의미를 내포하고 있고 이것들이 유기적인 구조 안으로 들어오면서 주제를 형상화하는데 기여하게 된다. 그런데 그동안 이 상징물들은 주로 '사랑'이라는 주제어와 관련되는 측면에서 읽혀 왔다. 그렇지만 상징물에는 다양한 사회•문화적 맥락이 담겨 있기에 그 해석 또한 독자의 입장에서 다양하게 그 의미를 찾아볼 필요가 있다.

먼저 '대추'와 '호두', '닭'이라는 상징물에 대해 살펴보자.

기존의 견해들은 '대추'와 '호두'를 소년과 소녀가 서로에 대한 애틋한 감정을 전달하는 매개물로 보았고 그것들에 담긴 사회문화적 의미에 대해서는 별다른 주목을 하지 않았다. 다음 사진을 보기로 하자.

위쪽 사진들은 열매가 주렁주렁 열린 대추나무이고 아래쪽 사진들은 우리 전통 결혼식의 한 과정인 '폐백'을 드릴 때 내놓는 음식 중에 꼭 들어가는 대추와 밤, 닭이다. 폐백 음식에는 이 외에도 은행이나 호두가 들어가기도 한다.

대추나무와 밤나무, 호두나무 등은 어떤 공통점이 있을까? 과실나무 중에서도 유난히도 많은 열매들을 맺는 나무들이다. 그리고 밤나무와 호두나무는 껍질이 매우 단단한 열매를 맺는 나무이다. 거기에 닭이라는 가축은 다른 가축들보다 더 자주, 많은 알을 낳는다.[24]

이쯤해서 우리는 「소나기」에 등장하는 주요 상징물들의 공통적인 속성을 발견해 낼 수 있다. 그것은 사회문화적인 측면에서 비롯되는 '다산(多産)'이나 '풍요(豊饒)'라는 의미를 지닌다는 점이다. 결혼을 하는 자식들에게 자손의 번창과 풍요로운 삶을 바라는 어른들의 뜻이 고스란히 담겨 있는 셈이다.

이렇게 볼 때 소녀가 소년에게 '대추'를 건네는 대목은 애틋한 감정의 교류를 넘어 다른 의미도 생각해 볼 수 있다. 역설적이게도 이제 곧 한 집안의 대를 끊게 되는 운명에 놓인 소녀가 '다산'과 '풍요'를 상징하는 대추를 누군가에게 마음의 표현으로 주는 것이다. 소녀의 운명과 대추 사이에는 역설적 정서가 놓이게 되는 셈이다. 이 대목에서 소년과 소녀의 이야기를 바라보는 작가의 시선이 좀더 넓은 곳을 바라보고 있는 것은 아닌가 하는 생각을 할 수 있을 것이다.

다음으로 '닭'으로 시선을 옮겨 보자. '닭' 역시 다산과 풍요라는 의미를 지니고 있음을 닭이 결혼식 폐백 음식의 주요한 자리를 차지한다는 점을 통해 이미 살펴보았다. 이제 이 '닭'이 소설 속에서 어떤 장치로 등장하는가를 살필 차례이다. 소년의 아버지는 소녀의 집안

24 여기서 「소나기」에 등장하지 않는 밤나무를 언급한 것에는 다른 이유가 있다. 「소나기」에는 여러 판본이 있는데 초기 판본에는 소년이 소녀에게 건네주는 것이 '호두'가 아니라 '밤'으로 되어 있다. '밤'이 '호두'로 바뀐 이유는 알 수 없으나 여러 가지 추측은 가능할 것이다. 호두가 밤보다 더 단단하고 오래 간다는 점 등도 고려할 수 있을 것이다. 폐백 음식으로 사용하는 데는 '더 오래 오래 건강하게 살라'는 뜻이 담긴 것으로 볼 수 도 있다.

제사에 맞춰 집에서 기르던 암탉을 소녀의 집에 가져다준다. '수탉'으로 가져가라는 소년의 말에 '더 실속이 있다'며 암탉을 챙기는 소년의 아버지의 말에서 닭의 의미가 분명하게 드러난다.

그런데 친척도 아닌 집의 제사에 쓰라고, 그리 넉넉하지 않은 집에서는 귀한 가축일 수밖에 없는 '닭'을 가져다주는 소년의 아버지와 어머니의 생각이 자못 궁금하지 않을 수 없다. 소년의 아버지는 소녀의 집을 '윤초시댁'이라 높여 부르며 발걸음을 하고, 돌아와서는 소녀의 죽음을 전하면서 그 집안이 몰락하고 있음을 무척이나 안타까워하고 있다. 소년의 아버지와 같은 마을 사람들에게 '윤초시 댁'은 어떤 의미일까?

소녀는 작품 첫 부분에서 '윤초시 네 증손녀'로 먼저 지칭된다. 소녀의 개별적 특성보다는 그녀가 '윤초시 네' 사람임이 강조되는 셈이다. 그리고 소년이나 마을 사람들에게도 '윤초시네'에 귀속되는 인물로서 먼저 인식되고 있다. 소년과 소녀가 산으로 가는 길에 송아지를 타는 장면을 보고 소를 귀하게 여겨야 하는 농부가 혼을 내려다가도 소녀가 '윤초시 네'임을 알아보고 별다른 말없이 '소나기가 올지 모르니 집에 가라'며 점잖게 보내준다.

그렇다면 '윤초시'는 마을 사람들에게는 집안의 어른을 넘어서는 마을의 '어른'이 아니었을까? 비록 현실적인 힘을 갖고 있지는 않지만 '초시'라는 호칭은 이 자그마한 시골에서는 존경에 가까운 대접을 받을 수 있는 위치를 지니고 있음을 보여주는 것이라 판단된다. 이 작품이 1953년에 쓰인 작품임을 감안하면 '초시'는 어찌 보면 지난 시대인 조선 시대의 과거제도의 산물에 불과할 수도 있으나, 자그마한 시골에서는 흔치않게 글을 배우고 과거 시험을 치러 첫 관문을 통과한 만큼 마을의 '어른'으로서의 역할을 해왔을 것이라는 추측이 가능하다. 그렇다면 소년의 아버지를 비롯한 마을 사람들의 태도는

'어른'을 중심으로 이루어지는 한 마을의 질서를 의미하는 것을 아닐까 라는 생각에 이를 수 있을 것이다.

그런데 이제 그 '어른' 댁의 대가 끊기고 몰락을 걷고 이 마을을 떠나게 되는 상황이 되었다. 소녀의 죽음에 대한 안타까움은 바로 그 질서의 사라짐에 대한 안타까움이 아닐까? 여기에서 우리는 작가가 마지막 장면을 통해 드러내는 안타까움이 '공동체적 질서가 사라져 가는 사회적 상황에 대한 안타까움'이 될 수 있다는 판단을 할 수 있을 것이다.

그렇다면 그러한 상황을 초래한 요인은 무엇일까를 생각해볼 차례이다. 제목인 '소나기'는 그 단초를 제공해준다. '소나기'는 몸이 약한 소녀에게 치명적인 영향을 미쳐 결국 죽음에 이르게 되는 원인이 된다. '소나기'는 사람들의 경험이나 생각에 따라 다양한 의미로 해석될 수 있다. 무더운 여름에 내리는 '소나기'는 청량제일 것이고, 가뭄에는 달디 단 기상 현상이 될 것이다. 그러나 가을 '소나기'는 소녀 같은 사람에게는 악재일 수밖에 없다. 소녀의 죽음 나아가 '윤초시네의 몰락'을 초래한 '소나기'는 어떤 사회문화적인 의미를 지닐까? 작품의 시대적 배경을 고려할 때 전쟁과 같은 현상을 상징하는 것은 아닐까 싶다.

개화기와 일제 강점기를 거치면서 미풍양속을 지닌 전통적인 공동체들이 서서히 무너져 가고 있던 시점에서 들이 닥친 전쟁은 짧은 시간에 급속도로 공동체를 와해시키는 역할을 했었다. 그 전쟁은 자그마한 마을에 사는 사람들에게는 갑자기 내리 쳐 온 몸을 흥건히 적셔 버리는 '소나기'였지 않았을까?[25]

---

25 「소나기」와 비슷한 시기에 발표된 염상섭의 「취우(驟雨)」라는 작품에서도 전쟁을 '소나기[취우]'라 지칭하고 있는 점도 흥미롭다.

소설교육의 방법적 모색

초판 1쇄 인쇄 2018년 5월 10일
초판 1쇄 발행 2018년 5월 15일

지은이 김동환
펴낸이 박성복
펴낸곳 도서출판 월인
주소 01047 서울특별시 강북구 노해로25길 61
등록 1998년 5월 4일 제6-0364호
전화 (02) 912-5000
팩스 (02) 900-5036
홈페이지 www.worin.net
전자우편 worinnet@hanmail.net

ISBN 978-89-8477-634-0 93810

값은 뒤표지에 있습니다.